イタリア物権法

イタリア物権法

岡本詔治著

信 山 社

はしがき

　本書の企画をたてたのは，イタリア不動産登記制度の研究の見通しがある程度ついた時期であったので，すでに十数年以上も経過している。最近では，つかず離れずの状態にあり，新しい情報を入手する余裕もなくなって，心残りではあったが，ほとんど諦めかけていた。ところが，この1，2年の間，しばらく雑務からも解放されて，時間的にも恵まれた状況にあったので，このようなチャンスにはなかなか巡り合えないものと思って，色褪せたノートを眺めながら，思い切って本格的に取り組むこととした。

　当初は，担保物権については，抵当権の登記との関連で簡略な解説程度にとどめる予定であったが，担保物権法が随分とシンプルであることにも興味がひかれたので，不十分ではあるものの，その全体像を本書に収録することとした。抵当権が中心であり，質権と先取特権は文字通りの概説に終わったが，他日に期したい。

　ところで，イタリアでは，いわゆる非典型担保が一切認められていない。これは，物権法定主義との関連で問題となったというよりも，債務者の保護，ひいては債権者平等という観念が，長い歴史的な経緯のもとで「公序」となっていることによるものである。いうまでもなく，ローマの時代から金融取引では伝統のあるイタリアの取引実務で，いわゆる非典型担保群が手を替え品を替え利用されなかったわけではない。理論と裁判実務がそのような取引実務に翻弄されなかったように思われる。

＊　　＊　　＊

　イタリアでは，物権法だけを独立にした概説書は必ずしも多くはない。また，登記制度や担保物権を物権法の箇所で解説するという一般的な傾向もないようである。民法典上の体系的位置づけが，わが国とは全く異なるからであろう。もっとも，イタリアでも，新民法典の改革作業のなかで担

保物権や登記制度を物権法のなかに位置づけようとしたことがあり，そのような草案も策定されているが，結局のところ，伝統的な体系自体が維持されている。

　本書では，わが国の物権法を念頭においているので，登記制度が欠落しては，そもそも問題にならない。本書の上梓は，まさしくイタリア不動産登記制度をどこまで理解できるかに左右されていた。この分野が相当な量を占めているのは，以上のような理由によるが，その複雑で精巧な構造につき，どこまで客観的に描き出せたかは，読者の批判にまつしかない（「対抗問題」論争等の詳細は別稿を予定している）。

　ところで，10年ほど前になるがローマ大学に留学していた折りに，ローマ市の郊外にある不動産登記所に案内してもらったことがある。ローマ大学ピエトロ・レシーニョ正教授（民法学の大家）の当時の助手ジュゼッペ・カナール氏の案内で登記官から登記簿類の説明を受ける機会に恵まれた。その帰途でかねてより文献の記述で疑問に思っていたことにつき，カナール氏に教示を仰いだことがある。結論だけにするが，イタリアの学説では，登記簿の人的編成主義が対抗要件主義（フランス法圏の立場）と対応する反面，物的編成主義が登記主義（ドイツ法圏の立場）に対応するものと理解されていることが，判明した。このような相関関係自体は別に目新しいものではないが，イタリアでは，一部の地域で物的編成主義がとられているという事情もあって，かかる相関関係が厳格に維持され，いわば表裏一体と捉えられているようであり，そこで，わが国が物的編成主義をとるにもかかわらず，対抗要件主義であることを説明したら，カナール氏は随分と驚きの表情をみせたことを，今でもはっきりと覚えている。現に，彼は日本法に関心を示し，英語版がないかと尋ねられたほどである。

　しかし，肝心の登記簿のことについては，現物をみせてもらったにもかかわらず，教示を受けた内容の記憶が今はほとんど薄れてしまった。わずかに登記された権利関係の調査には4つの帳簿をみる必要があるという程度である。

はしがき　vii

＊　＊　＊

　本書では，イタリア民法典の条文の内容には十分に触れないで，条文のみを掲記した箇所も少なくない。その邦訳は基本的には故風間鶴寿教授の『全訳イタリア民法典（追補版）』（法律文化社，1983）に依拠しているので，併せて同著をも参照していただきたい。むろん，その後に改訂された条文も少なくないし，また，同著の訳文に全面的に従っているわけでもない。しかし，いずれにせよ，この訳文がなければ，本書は日の目をみなかったであろう。一方，1865年イタリア民法典と日本民法典との関連については，大島俊之教授の一連の貴重なる労作がある（「イタリア旧民法の規定を継受したわが物権法規定」神戸学院法学24巻3・4号171頁ほか）。この問題は本書では十分には言及できなかった。将来の課題としたい。

　加えて，わが国でのイタリア法やフランス法関係等の文献からもさまざまな恩恵を受けている。その学恩に深く謝意を表するとともに，いちいちの引用を避けたことにつき，ご寛恕を懇う次第である。

　なお，本書が引用した破毀院（破毀裁判所）の判例については，直接原典を見れたものは少ない。ことに最近の事例は判例コンメンタールによっていることをお断りしておかねばならない。

＊　＊　＊

　私は，イタリア民法に関しては従来から幾つかの小稿を発表してきた。その後に法改正や判例の発展もあるが（この点は本書で補充している），本書の内容に関連するものを以下に掲記し，本書の説明不足は，これらで補完していただきたい。私の拙いイタリア民法研究の足跡でもある。

「イタリアにおける占有訴権(1)(2)(3)(4)」島大法学25号1頁，同22巻1号1頁，同23巻1号1頁，同24巻2, 3号1頁(1976～1981)
「イタリア占有訴訟手続の特異性について」島大法学25巻2, 3号1頁(1982)
「イタリア取得時効制度の構造と特質(1)(2)(3)完」民商100巻3号361頁，同4号

562頁，同5号757頁(1989)

「イタリアの土地所有権制度について——完全所有権の史的展開」乾昭三編『土地法の理論的展開』220頁(法律文化社，1990)

「イタリア都市計画法制の史的展開——私的土地所有権論序説（上）(下)」島大法学37巻4号39頁，同38巻1号47頁(1994)

「イタリア住居賃貸借制度の構造と特質（上）(中)(下)」島大法学45巻4号173頁，同46巻1号29頁，同46巻3号1頁(2001〜2002)

　本書は，もともとは出来るだけシンプルな概説書にする予定であったところ，初稿段階で全体を通してみて，意に満たないところが多々あったので，急遽，随分と補充したが，それにも限界があった。他方で，シンプルにすることの困難さと自らの能力の限界を痛感させられた。ことに，各制度の解説につき濃淡があるほか，わが国との制度的な比較を明確にできなかった点も少なくない。また，個別の各制度を重点的に取りあげたため，体系的な解説を貫徹できなかったところもある（ことに「担保物権」の章）。思わぬ誤解や誤謬をおかしているのでないかと懼れているが，この方面の研究に何らかの道筋を示し得たとすれば，望外の喜びとするところである。

　終わりになるが，本書の公刊につき，信山社の今井貴，有本司の両氏には積極的なご支援を頂いた。厚くお礼を申し上げる次第である。

　平成16年7月

岡 本 詔 治

目　次

はしがき (v)
参考文献 (xv)

序　章　イタリア民法の沿革と特質 …………………… I

　　はじめに (3)
　Ⅰ　1865年民法典 (3)
　Ⅱ　1942年民法典 (9)
　Ⅲ　その後の改革 (14)
　Ⅳ　判例と学説──「法源」小論 (15)
　Ⅴ　憲法裁判所の意義 (20)

第1章　物権法総論 …………………… 23

　Ⅰ　物権法定主義 (25)
　Ⅱ　物権の特質 (27)
　Ⅲ　物権の種類 (29)
　Ⅳ　物権の客体 (30)
　Ⅴ　物権の効力 (36)

第2章　物権の変動 …………………… 39

　　はじめに (41)
　第1節　物権契約 …………………… 42
　第2節　不動産物権変動と公示 …………………… 46
　　Ⅰ　登記制度の沿革と近時の動向 (47)
　　Ⅱ　登記制度の構造と機能 (48)
　　Ⅲ　登記に服する行為 (52)

Ⅳ　登記の対抗力 (62)
　　Ⅴ　「登記の連続性」の原則 (69)
　　Ⅵ　対抗問題に関する事件類型 (73)
　　Ⅶ　「裁判上の請求」と登記 (77)
　　Ⅷ　附記登記と抹消登記 (87)
　　Ⅸ　登記手続 (89)
　第3節　動産物権変動と公示 …………………………… 98
　　Ⅰ　動産の公示制度 (98)
　　Ⅱ　動産の即時取得 (100)

第3章　所有権 …………………………………………… 105

　第1節　所有権の意義と性質 ……………………………… 107
　　Ⅰ　所有権の特質 (107)
　　Ⅱ　所有権の内容 (110)
　　Ⅲ　所有権の制限 (113)
　第2節　土地所有権制度 …………………………………… 114
　　Ⅰ　近代的所有権の成立 (114)
　　Ⅱ　土地所有権の範囲と制限 (119)
　　Ⅲ　相隣関係 (123)
　　Ⅳ　都市的土地所有権——（付）農用地所有権 (129)
　第3節　所有権の取得 ……………………………………… 134
　　Ⅰ　先占・発見等 (134)
　　Ⅱ　附合 (138)
　第4節　所有権の保護訴権 ………………………………… 142
　　Ⅰ　所有物返還請求訴訟 (142)
　　Ⅱ　否認訴訟と所有権確認訴訟 (146)
　　Ⅲ　境界確定訴訟等 (148)

第4章　用益物権 ………………………………………… 151

第1節　地上権 …………………………………153
　Ⅰ　地上権の意義と性質 (153)
　Ⅱ　地上権の成立・内容等 (156)
　Ⅲ　都市不動産の賃貸借 (158)

第2節　永借権 ……………………………………159
　Ⅰ　永借権の意義と沿革 (159)
　Ⅱ　永借権の成立と効力 (161)
　Ⅲ　永借権の特質 (163)
　Ⅳ　その余の農事契約 (165)

第3節　用益権・使用権・住居権 ………………166
　Ⅰ　用益権 (166)
　Ⅱ　使用権と居住権 (172)

第4節　地役権 ……………………………………174
　Ⅰ　地役権の意義と性質 (174)
　Ⅱ　強制地役権 (181)
　Ⅲ　任意地役権 (186)
　Ⅳ　地役権の効力 (189)
　Ⅴ　地役権の保護訴権 (192)

第5節　入会権と物上負担 ………………………193
　Ⅰ　入会権 (193)
　Ⅱ　物上負担 (195)

第5章　共同所有 ……………………………………197

　はじめに (199)

第1節　共有一般 …………………………………199
　Ⅰ　共有の意義と態様 (199)
　Ⅱ　共有者の権利義務 (201)

第2節　建物における共同所有 …………………205
　Ⅰ　制度の意義と沿革 (205)

Ⅱ　共有の成立と管理問題等 (206)

　第3節　特殊の共同所有……………………………………………210
　　Ⅰ　Multiproprietà（いわゆる季節共同所有権）(210)
　　Ⅱ　その他の共同所有 (212)

第6章　占　有　権……………………………………………215

　第1節　占有の意義と特質………………………………………217
　　Ⅰ　占有制度の意義 (217)
　　Ⅱ　占有と所持の性質 (218)
　　Ⅲ　占有の承継と転換 (225)
　　Ⅳ　占有の取得と喪失 (227)

　第2節　時効取得と占有訴権……………………………………230
　　Ⅰ　時　効　取　得 (230)
　　Ⅱ　占　有　訴　権 (233)

　第3節　新工事・危害告発訴権…………………………………241
　　Ⅰ　告発訴権の特質 (241)
　　Ⅱ　新工事告発訴権 (242)
　　Ⅲ　危害告発訴権 (244)
　　Ⅳ　訴　訟　手　続 (245)

第7章　担　保　物　権………………………………………247

　第1節　担保物権の性質…………………………………………249
　　Ⅰ　担保物権の意義と機能 (249)
　　Ⅱ　抵当権と質権の特質 (251)
　　Ⅲ　担保目的物の滅失・毀損 (253)
　　Ⅳ　流抵当・流質特約の禁止 (254)
　　Ⅴ　担保物権の不可分性 (254)

　第2節　抵　当　権………………………………………………255
　　Ⅰ　沿　革　小　史 (255)

Ⅱ　抵当権の成立と登記 (260)
　　Ⅲ　抵当不動産と利用・管理問題 (265)
　　Ⅳ　抵当権の対象 (270)
　　Ⅴ　抵当権の更新 (274)
　　Ⅵ　抵当権の順位と移転 (276)
　　Ⅶ　第三取得者と物上保証人 (280)
　　Ⅷ　抵当権の縮減と消滅 (285)
　　Ⅸ　証券的債権と抵当権 (289)
　　Ⅹ　登 記 手 続 (292)
第3節　質権と先取特権……………………………………295
　　Ⅰ　質　権 (295)
　　Ⅱ　先 取 特 権 (300)
第4節　不動産収益担保 ……………………………………308
第5節　いわゆる非典型担保論 ……………………………310

【参考文献】

参照することのできた民事法関係の文献のうちで主な著書を以下に掲記する。ことに最近の法状況は，F. Galgano と A. Trabucchi との著作（いずれも詳細で代表的な体系書）のほか，V. Franceschelli，G. Cian-A. Trabucchi 並びに Pescatore-Ruperto の著書によっている。

1　一般の体系書・概説書等

F. Messineo, *Manuale di diritto civile e commerciale*, vol. 1-7, Giuffrè, 1957-1962.

P. Rescigno, *Manuale del diritto privato italiano*, nova edizione, Casa ed., 1990.

M. Bianca, S. Patti, G. Patti, *Lessico di diritto civile*, Giuffre, 1991.

E. Girino, M. Bianca, *Manuale di diritto civile*, Cedam, 1992.

P. Rescigno, *Introduzione al Codice civile*, sec. ed., Laterza, 1992.

G. Alpa, *Istituzioni di diritto privato*, sec. ed., Utet, 1997.

F. Galgano, *Diritto civile e commerciale*, vol. I-IV, terza ed., Cedam, 1999.

A. Trabucchi, *Istituzione di diritto civile*, quarantesima ed., Cedam, 2000.

V. Franceschelli, *Introduzione al diritto privato*, sec. ed., Giuffrè, 2000.

F. Galgano, *Sommario di diritto civile*, terza. ed., Giuffrè, 2001.

P. Gallo, *Istituzione di diritto privato*, G. Giappichelli Ed., 2001.

2　注釈書

Cendon, *Commentario al codice civile*, 1-6 volume, Utet, 1991.

G. Cian-A. Trabucchi, *Commentario Breve al Codice Civile*, 5 ed., Cedam, 2001.

3　判例・コンメンタール等

Mario Bessone, *Casi e questioni di diritto privato*, vol. 1, Giuffrè, 1993.

S. Rezzonico, *Repertorio immobiliare*, Il Sole-24 ore, 1999.

Pescatore-Ruperto, *Codice Civile annotato la giurisprudenza*, tom. 1 e 2,

5 ed. Giuffrè, 2000.

4 民法典編纂史

Besta, *Storia del diritto italiano*, vol. 1, fonti legislazione, 1925.

A. Azara, *Codice civile*, in *Novissimo digesto italiano*, Ⅲ, 1956, p. 386.

Nicolò, *Codice civile*, in *Enciclopedia del diritto*, Ⅶ, 1960, p. 240.

R. Bonni, *Disegno storico del diritto privato italiano*, 1980.

5 不動産登記制度

S. Pugliatti, *La trascrizione, la pubblicità in generale* Ⅱ, in *Codice civile commentario*: Artt. 2643-2645, Giuffre, 1957.

F. S. Gentile, *La trascrizione immobliare*, Giuffrè, 1959.

Ferri, *Della trascrizione*, in *Commentario del codice civile*, a cura di Scialoja e Branca, 1964.

Mariconda, *La trascrizione*, in *Trattato di diritto privato*, diretto da Rescigno, 1985.

A. A. Ettore, L. Silvestri, *La pubblicità immobiliare e il testo unico delle imposte ipotecarie e catastale*, Giuffrè, 1991.

F. Gazzoni, *La trascrizione immobiliare*, tom. 1, Giuffrè, 1999.

R. Teriola, *Della tutela dei diritti, La trascrizione*, in *Trattato di diritto privato*, diretto da Bessone, vol. IX, G. Giappichelli, 2002.

6 所有権等

Besta, *I diritti sulla cose nella storia del diritto italiano*, 1964.

S. Rodotà, *Proprietà*, in *Novissimo digesta italiano, diritti vigenti*, vol. 14, 1970.

A. Gambaro, *Jus aedificandi e nozione civilistica della proprietà*, Giuffrè, 1975.

Costantino e Sarvtlis, *Il diritto di proprietà, la proprieta immobiliare*, in *Trattato di diritto privato*, diretto da Rescigno, tom. 7 (Proprietà 1), Utet, 1982.

Comparti, *Le servitù prediali*, in *Trattato di diritto privato*, diretto da

Res-cigno, tom. 8（Proprietà 2）, Utet, 1982.

S. Rodotà, *Terribile diritto, studi sulla proprietà privata*, Il Mulino, 1990.

7　抵当権等

G. Golra-P. Zanelli, *Del pegno, Delli ipoteche*, in *Commentario dell codice civile*, Scialoja-Branca, a cura Galgano, Art. 2748-2899, Zanichelli, 1992.

C. Cicero, *L'ipoteca*, Giuffrè, 2000.

S. Cervelli, *Trascrizione ed ipoteca*, Giuffrè, 2002.

8　売買・賃貸借

Rubino, *La compravendita*, in *Trattlato di diritto civ. e comm.*, diretto da Cicu e Messineo, Giuffrè, 1962.

A. Lepri, *La commpravendita immobiliare*, Giuffrè, 1993.

G. Grasselli, *La locazione di immobili nel codice civile e nelle leggi speciali*, Cedam, 1999.

9　旧民法典

L. Borsari, *Commentario del codice civile*, tom. 1-6, 1871-1881.

10　民事訴訟法

C. Mandrioli, *Corso di diritto processuale civile*, G. Giappichelli, 2002.

【判例集】

　以下の雑誌が，憲法判決や破毀院・下級審裁判所の裁判例の登載誌としては，代表的なものであり（文献・立法資料も含む），本書もしばしば引用している。いずれも，学者・実務家による判例解説がついている。また，民事の破毀院判決の簡便な要約である Massimario（本書では *Mass.* と略記）もこれらに併せて公刊されている。

La *Giurisprudenza italiana*（*Giur. it.* と略記），fondata nel 1860, Utet.

Il *Foro italiano*（*Foro it.* と略記），fondata nel 1876, Casa editrice.

　なお，比較的新しい類似の判例集としては，1951年発刊の La *Giustizia civile*（*Giust. civ.* と略記）などがある。

序　章

イタリア民法の沿革と特質

序　章　イタリア民法の沿革と特質

はじめに

　イタリアは，フランスの統制のもとに近代化を実現したことから，近代の法制はフランス法の強い影響下で進捗し，1865年制定の旧民法典もナポレオン民法典の生き写しともいえるほど，酷似していた。しかし，その後，イタリア法学界は，ことにドイツ法の影響を受けて，独自の展開を示すようになり，第1次世界大戦後に民法典の編纂を含む一大立法改革事業が開始された後，約20年ほどの期間をかけたうえで，漸く敗戦の直前，ムソリーニ政権下で，新民法典（1942年）が施行されたが，この民法典が現行法となっている。現行法の特徴を一言でいえば，その編成様式については，単に民法だけではなく，商法や労働法も組み入れて，「私法の統一」を企図した点にある。また，内容面では，フランス法とドイツ法とを巧みに融合させている面があるほか，時代を先取りするような斬新な制度を導入しているところもあるが，他面で，ローマ法の伝統をなお堅持しようとする姿勢が随所にみられ，制度の沿革にことのほか配慮しているように思われる。なお，近時は英米法の影響も強い。

　ところで，本論に入る前に，民法典の成立史とその後の改革や現行法の特質について簡単に言及しておこう。ことに物権法ないし所有権法を理解する上では，有益な知見となるであろう。

I　1865年民法典

1　統一前の状況

　イタリアも近代国家の樹立前では，各領邦国家に分割していたところ，ナポレオンの進軍により，ほぼ全土がその支配下に入り，その当時はナポレオン民法典が施行されていたが，ナポレオン没落後も統一国家は成立を

みなかった。オーストリアの直接的,間接的な影響のもとに,いわゆる王政復古の時代に入り,各領邦国家はナポレオンの影響を極力廃絶しようとして,それぞれ独自の民法典を制定したが,その中身はフランス民法典の影響からは免れることはできなかった。

ことに 1837 年のサルデーニャ民法典(当時の啓蒙君主,「アルベルト」の名を冠することもある)が著名であり,この民法典が基本的には統一後の旧民法典の軸となる。

1859 年に,サルデーニャ王国(ピエモント地方とサルデーニャ半島)が,フランス(ナポレオン 3 世)の支援のもとに,オーストリアの支配を打破して,北部ロンバルディーアの併合に成功したのを契機として,またたく間に,パルマ,モデーナや中部のトスカーナを制圧し,さらに教皇領,南部イタリアにまで及んで,1861 年にイタリア全土をほぼ統一し(ベネートはオーストリア,ローマはフランスの治世下にそれぞれ残された),サルデーニャ王国の王ヴィトリオ゠エマヌーエレ 2 世が初代イタリア王国の国王に就き,ここに統一法典制定事業の機運が醸成されることとなった。その後,ローマの奪還が試みられたが失敗し,イタリア王国は 1865 年にフィレンツェに遷都した。

2 カッシーニス (Cassinis) 草案

以上のような迅速な統一国家のプロセスと歩を合わせるかのように,民事法秩序の統一もきわめて短期間で完成している。

まず,1859 年 12 月 24 日 Rattuzzi 司法大臣のデクレートによって,アルベルト民法典の改訂作業が開始され,ピエモントとロンバルディーアの法律家がその作業に当たった。同様にエミーリア地方(パルマ,モデーナ,ロマーニャ)の執政官であった Farini は,サルデーニャ王国の法理とエミーリア地方の法理との調整を準備する作業を法律家に委ねた。1860 年 2 月 25 日のデクレートで,カブール (Cavour) 内閣のカッシーニス司法大臣が,右の作業と委員会とを合併し,新立法委員会を設立した上で,トスカーナの

若干の法律家をその委員に追加する措置を講じた。政治的な配慮によるものであろう。

　当該委員会は迅速に作業を進めたので，カッシーニスは1860年6月19日に下院にアルベルト民法典の改正草案を提出することができた。その2週間後には，同草案はサルデーニャ王国の各司法官に送付され，その鑑定意見が取りまとめられた。

　この草案は，構成面では，従来型の3編（「人の法」「物の法」及び「所有権取得の法」）方式ではなく，4編となっており，その第3編は「相続・贈与」と「債務」とに区分されていた。実質面では，つぎのような新たな改革を導入した。外国人にも，相互保障の条件を問わずに，完全な民事上の権利の享有を保障したこと。民事婚を創設したこと（ただし，これには直ちに反論が提起された）。妻の財産管理能力を承認したこと。後見につき，司法機関の監督権を強化し，親族の権限を制限したこと。自筆証書遺言を導入したこと。直系尊属・卑属の遺留分を増大し，非嫡出子にも遺留分を認めたこと。これに対して，所有権制度については特別の改革はなされなかった。

　このカッシーニス草案は，実質的には65年民法典の編纂作業の基礎となり，かなりの部分が採用されているので，注目されている。

3　カッシーニス草案の帰趨

　60年代の終わりにサルデーニャの議会は解散され，新統一王国での第1回目の国会が召集され，この時に，カッシーニスは上院と下院の議会に同草案を審議する立法委員会の設置を求めた。彼は，新民法典の立法作業を迅速に進め短期間で終結させるため，両院に同時に草案を提出した。しかし，従来の慣行に反するとして，下院はこれを否決した。下院が否決した実質的な理由としては，同草案が新民法典とはいうものの，アルベルト民法典の改訂版にすぎず，しかも，立法委員会には新たに王国に帰属した州の代表者が入っていなかったことなどが指摘されている。

　ともあれ，草案は下院の議を経て上院の議決を経由するという通常の手

続きを践まねばならなくなったが，草案の中身については，良かれ悪しかれ，イタリア民事立法の伝統に従うことが迅速な審議・議決を得る途に通ずると考えられ，ナポレオン1世侵攻当時の1808年にナーポリで公布されたナポレオン民法典をモデルとして，編纂作業を開始した。61年に「第2次草案」が起草されたが，しかし，カブール(Cavour)の死に起因する政変によって，この第2次草案は下院に提案されることなく終わった。

　つぎのRicasoli内閣の司法大臣であるMigliettiは，この立法作業を承継して，カッシーニス草案も参照にしながら，62年1月9日に民法草案を議会に提出したが，この内閣も短命に終わり，つぎのRattaz内閣の司法大臣Confortiがこれを引き継いだ。この時に，従来から「南部」の意見が草案に反映していないという不満があったので，Miglietti草案をナーポリの破棄院の検討のものとに置くこととなった。

4　ピサネッリ(Pisanelli)草案

　つぎのファリーニ内閣のピサネッリ(Pisanelli)司法大臣は，Miglietti草案をトリノ，ミラノ，フィレンツェ，ナーポリ及びパレルモで任命された各法律家からなる立法委員会の審議に委ねた。招集されなかったフィレンツェの委員を除いて，各委員はPisanelliに鑑定意見を提出したので，このことによって，従前の作業も加わり編纂事業は急速に進展し，1863年7月15日の議会では第1編，同年11月26日の議会では第2編と第3編をそれぞれ提議することができるようになり，同時にその委員会報告書(relazione)も添付された。

　ただし，上院の委員会は，ピサネッリ草案における伝統的制度の「改革」に対して保守主義的な立場から修正を迫ったものがある。たとえば，外国人の権利能力については，イタリアに住所をもつことを条件としたこと，夫権による財産管理権を旧に復したこと(ただし，ナポレオン民法典等に比らべれば，かなり限定的である)，草案では欠落していた養子制度を復活したこと，浪費者にもいわゆる禁治産制度を拡張したこと，嫁資の絶対的禁

止を復活したこと，あるいは不動産の売買と交換にも証書の作成を義務としたことなどである。

5　統一民法典の成立

(1)　民法典の成立経過

　右のような保守層からの根強い抵抗のほか，当時の混乱した政情の下では，最終草案に至るまではなお長い困難な作業・道程が必要かと思われたが，1864年9月15日，フランスとの9月協定(ローマからの仏兵の撤退とフィレンツェへの遷都)による首都問題は，国王にも国民にも王国での法統一の制度化を必需のものと痛感させることとなり，ここで立法作業に終止符を打つ時期を迎えたわけである。

　1864年10月19日の議会で，9月協定・遷都問題が議論されたときに，遷都により緊急に必要な範囲内で王国の立法・行政の迅速な統一を推進するための法案が承認された上で，これに基づいて，Pisanelli の後任である Vacca 司法大臣は，11月24日の議会で，法典を単に政令・デクレートで公布・施行できる旨の権限を政府に授権することのできる法案(「統一立法に関する法律(案)」)を提出した。

　このような異例の措置は政府に立法権限を与えるに等しいこととなるので，当然のことながら反論が提起されたが，多くの識者は，従来のような審議・議決の手続では，混乱と時間の徒過が避けられないことのほかに，統一立法は国民的希求でもあったことから，これをやむを得ないものとして受け容れた。この「統一立法に関する法律」は，1865年2月22日に下院，同3月29日に上院の議決を経て，4月2日に公布された。

　さらに，民法典等の各法典の最終案の編纂と，法典相互の調整作業にあたる委員会が設置され，この委員会は後に各法典ごとの特別委員会に分岐されている。民法典編纂委員会は，国会の議決を経た草案に対し種種の修正を施したが，その大部分は形式的なものであった。実質面での修正は，Vacca によって採用されなかったものもある。修正された点としては，夫

婦財産管理につき夫の授権を必要とする場合を限定したこと，浪費者を禁治産者から単なる無能力者に変えたこと，買戻特約の禁止を廃止したこと，及び永借権契約を復活したこと(議会でも，その復活が求められていた)である。

かくして，1865年6月25日勅令第2358号によって，イタリア統一民法典が公布され，翌年1月1日から施行される運びとなった。

(2) 民法典の構成

民法典は，第1編「人」，第2編「物，所有権及びその変容」及び第3編「所有権その他物に関する権利の取得及び移転の方法」によって構成されている。「物権法」は第2編に収録され，所有権と他物権とが中心となっている。民法典は，フランス民法典と同様に，所有権を中心とし，体系的には物権と債権とは未分離状態にあって，いまだ洗練された構成には達していなかった。それ故，「債権法」という編はないが，第3編では，債権の通則のほか個々の債権契約も規定されていた。

ところで，興味深いのは，今日では物権である永借権(enfiteusi)が，債権契約である売買・交換の直後に置かれており，その永借権に続けて賃貸借が位置づけられていることであろう。周知のごとく，永借権はその封建的性格からフランス民法典自体には採用されなかったが，イタリアではその性質が物権かどうかにつき当時から争いがあり，旧民法典は，これを債権契約である賃貸借とリンクさせていたこととなる。なお，家族法は第1編の「人の法」のなかで規定されていた。

総じて，ローマ法に由来する法学提要方式(Institutionen)に止まっていたと言えよう。

6　商法典の成立と改革

商法典も，統一当時はアルベルト法典が若干の修正を施された上で，1866年1月1日から施行されたが，その生い立ちから統一王国の立法とし

ては不適合なものと考えられていたので，翌年に改革の立法委員会が設立されたところ，1882年10月30日に新商法典が公布され，翌年1月1日から発効している。

この商法典は，ナポレオン法典を模範としていたが，それよりも広範な内容をもち，不十分ながらも，私法の統一を目指そうとしていた。第1編(商取引総則)では，商行為，売買，手形小切手，委任，運送，保険，質権，及び寄託が規定され，最後の第4編(商事訴権の行使とその存続期間)では，商事訴権の行使，仮差押え，差押え及び消滅時効を規律していたからである(第2編は「海商」，第3編は「破産」)。

II　1942年民法典

1　立法の背景

イタリアでは，立法当初からフランス民法典の自由・個人主義的な立場には疑問がもたれていた面もあったので，20世紀に入って，各界では立法の改革の動きが見られた。第1次世界大戦はヨーロッパ諸国の政治的・経済的・社会的構造を大変革したところ，イタリアでも，深刻な都市・農村問題に直面していたが，このような時代背景のもとで，民法典を含む各法典の大改革事業が敢行され(1923年第2814号法と1925年第2260号法が政府にその課題を課した)，当時のファシスタ国家のもとでも継続し，ほぼ20年近くの期間を経てムソリーニ政権下で完成をみた。後述のように，新民法典は6編から成るが，各編は同時に制定・施行されたのではなく，順次制定された段階で公布・施行されている。第1編の1938年の制定，翌年7月の施行に始まり，第2編の1939年制定・翌年4月施行を経て，第3編から第6編までは1941年制定，3編(物権法)のみが同年10月に先に施行され，結局，新民法典は全体として各編の相互的な調整(条文数など)がなされたうえで，翌年の1942年4月21日に施行されたわけである(1942年3月

16日勅令第262号)。

　新法典は，頭書に「法に関する一般原則」(序編1条～31条)を掲げた上で，第1編「人及び家族」，第2編「相続」，第3編「所有権」，第4編「債権関係」及び第5編「労働」と続けて，最後に，第6編「権利の保護」を置いている。条文数は全部で2969ケ条(施行令256ケ条)に及ぶ大民事法典である。一見して，その体系性はドイツ民法典から学んだことは明らかであるが，第6編に登記と訴訟上の証拠に関する規定を用意したのは，イタリアの伝統によるものである。

　新民法典の改革事業では，ファシスト国家の指導理念である「労働憲章」(Carta del Laboro〈1927〉)にいう「生産の増大」と「共同体の利益」が強調され，そのイデオロギーによって立法が促進されたことは否定しがたい。実際，立法関連記録には，「集団の利益」等の指導理念の趣旨が明確に記されているし，制定当時の民法典も「労働憲章」の法的価値を承認していた。それ故，民法典の個々の条文にはその影響もなくはないが，むしろ実質的には，社会経済的・文化的危機の克服に動機づけられた長期間にわたる改革運動の学問的成果として，現行民法典が結実しているので，ことに旧民法典の難点を克服していることから，その法技術性において学ぶべき点が多いように思われる。ファシスタ国家のなかで誕生したにもかかわらず，その崩壊後も民法典がそのまま生き残ったのは，右のような事情が重要なる要因となっていたように思われる。所有権についても，「集団の利益」と「社会的義務」がイデオロギー面では強調されていたが，かかる視点自体は自由な共和国のもとで法制度的にはかえって深化している面もある。

　ともあれ，ここでは，かかる体系的な民法典に結実するまでの一連の立法作業にも簡単に触れておかねばならないであろう。その改革の趣旨・基本理念などに言及するのが有益であると思われるからである。

2 改革作業と新民法典の特徴

(1) 民法典の編纂過程

　王室委員会(委員長は偉大なロマニステンであるScialoja〈1856～1933〉，その死後はD' Amellio)は，1930年以降，順次完成した，いわゆる「予備草案」とその理由書(全4巻)を公表した。第1編「人と家族」(1930年9月27日)，第2編「物と物権」(1937年8月14日)，第3編「相続と贈与」(1936年3月23日)および第4編「債務関係と契約」(1936年8月15日)の全部で4編である。次にこれを基礎にして司法大臣(Guardasigilli)の下での委員会でも，1936年以降，順次段階的に「最終草案」が起草され，さらに議会での立法委員会の討議を経由して，1939年に入ると，かかる立法作業の「第一段階」が一応の終結をみた。

　改革の基本方針と手法は，旧民法典の「基本原則」を損なわないことであるので，旧民法典に「修正」を加えることを眼目とし，「観念のラディカルな変更」は要請されなかった。

　具体的には，形式の改善，実質的な加筆，古き形式の廃棄，さらには，旧法典では十全には日の目をみなかった幾つかの制度のより深い社会性(società)の意味づけとより完全な規範化によって，かかる制度の近代化と現実化・活性化を図ることであった。

　ただし，「債務関係と契約」(第4編)を独立させて所有権法(第2編「物と物権」)から分離するとともに，債務法に「総則」を新設したのは，王室委員会での大きな改革・成果であった。もっとも，この債務法は，フランスの学者との協同作業で立案された1928年の「債務関係と契約の仏伊統一法典案」(Progetto per codice franco-italiano delle obbligazioni e dei contratti)に依拠していた。一方，第2編の所有権の章では「土地所有権」が独立させられ，これに関する詳細な規定は現行法に承継されている。また，第2編には，他物権として用益物権のほかに，担保物権としての先取特権と抵当権が規定されるとともに，不動産登記制度(「登記主義」を導入)も用意されていた。現実の取引実態に合わせる趣旨と思われるが，この編成様式自体の

改革は現行法では採用されず，旧法の立場に戻っている。

　個別的には，中世以来の歴史のある「永借権」を債権法から物権法に移行させている点が興味深い。一般的にみて，内容的にも修正された箇所が少なくないが，理由書がいうように，いずれも基本的には小さな改訂にとどまっている。ただし，旧法典下における解釈論上の論争が立法的に解決された点も少なくないので，フランス法の難点を克服している面があり，ひいてはわが国の解釈論でも，参考となる点が少なくないように思われる。

(2) 民法典の再編と私法の統一

　以上のように，1939年段階で法案の起草・審議は一応終了したが，立法の最終段階(1939年～1941年)で，各編(とくに「債務関係と契約」)と民法典全体の構成に強い疑義が提起され，立法作業は「新たな段階」に移行することとなった。すなわち，すでに施行されていた第1編と第2編を加えて，全体を6編に編成替えするとともに，各編の名称を変更した。結局のところ，現行民法典のような構成と内容に落着いたが，「商法典」の規定を民法典(第5編「労働」)に組み入れたことが特筆に値しよう。

　前述のように，債務法の最終草案はすでに40年に完成していたが，急遽，商事契約(及び労働契約)をも民法典に組み入れることとなり，立法者は，王室委員会の商法草案(1925年)と商法典の大臣草案(1940年)を考慮しながら，かつ，民商法典の二つの大臣草案に意見を述べている議会での立法委員会の討議録をも参考にして，債務法を練り直した，という。

　立法者は，債務の法的原因となるもののうちで契約を最重要視したが，かかる観点から債務を生み出す生産活動(農工商)のすべてを統一し，もって債務法を統一するために商業活動も民法典の債務法(obbligazioni)の中に組み入れたものと思われる。このようにして私法の統一化が図られたが，イタリアでは，すでに旧法時代の当初から民商法統一論や私法の統一論があり，立法改革当時では，商法の独自性擁護論とともに，活発な議論がなされていたようである。ただし，新民法典の構成は，旧民法典と先述した1882年商法典とを単純に総合したものではないことは，一見すれば明ら

かである。

　たとえば，債務の一般原則や契約の一般原則が導入されているし，このこととリンクして，個々の契約についても，単に従来の商法典の典型契約を民法典の典型契約に接近させるというのではなく，民事契約・商事契約の区別は基本的には撤廃され，一つの典型契約と構成されている。したがって，典型的な売買契約についていえば，新民事法典では一つしかないわけである。

　ともあれ，イタリア新民法典は，現在でもヨーロッパ諸国(フランス，ドイツ，スペイン，ベルギー，ポルトガル)のどこにもみられない特質を示している。

(3)　同時代の特別法

　民法典はすべての事項につき私法を統一化したわけではない。民法典の体系からはずされた法分野もある。手形と小切手には，すでに特別法(1933年)があったし，航海法典(船舶と航空機の私法取引に係わる規定もある)は同時代に別に立法化されている。また，民法典は「権利の保護」の編をわざわざ用意して，手続的な規制に強い関心を示しているが(強制執行手続なども規定されている)，民事訴訟手続には別の法典がある。

　一方，商標権，特許権，工業所有権及び著作権については，民法典に基本的な事項が定められているが(第5編「労働」第9章「知的作品と工業的発明に対する権利」)，細部にわたる事項はそれぞれ別に特別法が用意されている。なお，破産法は商法典から外され，民法典に1ケ条(民2221条)用意されているが，詳細は特別法にゆだねられている(ちなみに，個人破産は認められていない)。

III その後の改革

1 民法典の改正

　イタリア民法典は成立後すでに半世紀以上を経過しているので，今日まで，相当な程度の改訂がなされている。個別の改正は本文に譲るが，ここでは本書との関連でとくに重要な制度的改革に限定して，いくつかの点につき簡単に言及しておこう。なお，労働法・会社法関連の改正も目立つほか，債権法での改正（消費者保護・製造物責任，ごく最近では，ファクタリングや集合債権の流動化・証券化など）も少なくないが，これらは割愛せざるを得ない。

　家族法では，特別養子制度の導入(1967年)，離婚禁止を解放した離婚法(1970年)のほか，1975年の家族法の大改正では，従来の特別法による改訂や憲法裁判所による違憲判決をもとり入れて，民法典自体の条文を直接改訂し，相続法との調整をも図ったが，夫婦平等の理念を強調・徹底するとともに，家族の「基本財産制度」を導入した。ことに本書との関連では登記法の改正に影響を与えている。

　土地利用関係については，農用地賃貸借に関する特別法(1967年，1971年)や広く農事契約に関する特別法(1982年)のほか，1978年の都市不動産賃貸借特別法(いわゆる「適正賃料法」)と，これを大改正した最近の住居賃貸借特別法(1998年)の制定（集団的な組合協定の導入）が注目される。

　そのほか，行政法との関連ではあるが，都市的土地所有権に対する重要な改変もある。1977年の土地の建築権限に関する行政法規(改正都市計画法)は，都市でのすべての建築行為に対して行政の「許可」（都市基盤整備の経費負担と引き換え）を必須の要件とし，さらに1985年法はこれを徹底したため，自由なる私的土地所有権(建築所有権)の構造が問題とされた。

　なお，そのほか欧州共同体ないし連合との関連で，国内法が改正されることも決して珍しくはないが，本書との関連では，個別的に本文のなかで

言及することにとどめている。

2　脱法典化の時代

19世紀は法典化の時代であったが，20世紀初頭から今日まで，さまざまな特別法が氾濫し，民法典自体を直接改訂する立法もあるものの，民法典の外で民法典自体を改廃する法律の実際上の重要性が指摘されている。このような現象を脱法典化 (de-codificazione) と称しているが，なかでも，1978年の都市不動産賃貸借特別法は，その内容の一般的な性格から，従前の一時的・暫定的な賃貸借特別法とは質的に異なっていたので，当時，民法典からほぼ完全に決別したともいわれていた。

この種の特別法が無秩序な拡散を繰り返すならば，民法典自体を空洞化し，ひいては法の体系性と完結性を失うこととなろう。今日，「民法典への回帰」が議論される所以でもある。あらためて，その内的関連性を省察しなければならない時代を迎えたといえよう。

IV　判例と学説──「法源」小論

1　私法の法源と法解釈

(ア)　法　源　私法の法源体系は，憲法を最上位におくことはいうまでもないが，EC・EU の共同体規則 (regolamenti comunitari) や一定の範囲内では共同体指令が法律以上の拘束力をもつほかに，国際慣習法も国内法よりも上位に位置づけられている。このことを前提として，民法典は，法源として，法律，regolamenti，組合規範及び慣習の四つを掲記し，この順番で上位関係が構築されている (序編「法の通則」1条以下参照)。ここにいう regolamenti は国や地方公共団体など行政の執行機関の立法で，今日では州のほかに，県，市町村などの規範が代表的なものであるが，いずれも法

律に反することができない。「組合規範」は廃止されたファシスト時代の「協調組合」(corporazione) を念頭においたものだが，現行法のもとでは主として労働組合の集団的な協定がこれにあたる。最下位の慣習も法律に違反するものは認められない。

以上の各規範を体系的に位置づければ，今日では，つぎのように構築され，かつ解釈されている。

① 国家法。なお，法律には緊急命令(decreto legge)と委任命令(decreto legislativo)を含む(これらは民法典のいう regolamenti に当たり，民法典では法律に次ぐ第二順位となっている)。いずれも政府が発する命令・デクレート(decreto)であるが，前者は法律の効力をもつ政府の緊急的・暫定的措置で議会によって 60 日以内に法律に転換される予定のもの，後者は法律が政府に立法権限を委任したものである。

② 州(Regione)の立法。ただし，憲法の定める事項の範囲内で制定され，かつ国家法の基本原則に反することができない(憲法 117 条)。なお，県や市町村などの立法は，さらに州の下位にある。

③ 組合規範。

④ 慣習（慣習法については，第 1 章 I の 3「慣習法上の物権」も参照）

　(イ)　**解釈の基準**　なお，「法律の解釈」についても民法典に明文の規定がある(序編「法の通則」12 条)。まず，法律の文理ないし立法者の意思に従うべきことが原則となり(同条 1 項)，それで紛争を解決できない場合には，類似の法規の適用が認められる(同条 2 項前段)(ただし,刑事では類推解釈は禁止される)。類推解釈で事件が解決できないか，又は判断に疑問を残す場合には，最終的には「法の一般原則」(principi generali)に従って決定されることになっている(同項後段)。

2　判例と学説

法源は以上に尽きるが，イタリアでも，判例と学説が法源たりうるかという議論は古くからなされているので，簡単にこの問題に触れておこう。

判決はいうまでもなく個々の紛争の解決でしかないので，個々の判決が一回限りのものであって，英米法とは異なり，先例に拘束力がないことはイタリアでもわが国と事情を異にしない。それゆえ，判決の総体である「判例」(giurisprudenza)も法源とはなりえない。このことは，破毀院の判決でも同様であり，唯一拘束力が生ずる場合は，破毀されて差し戻された裁判所での裁判だけである（民訴法384条）。しかし，法律的にはそうであっても，実際上の判決例，ことに唯一で最上級審の破毀院の判決は日常生活でも実務でもきわめて重要な位置を占めている。既存の判例から，ある種の事件の将来の判決を「予測すること」はできないが，判例の一定の方向性は認識できると解されている。このことから判例集の持つ意味が大きく，弁護士も判例を知らないでは裁判もできない状況に置かれている。

　実際，先の準則や上位の準則を模倣したり，継続させたりすることは人間の本性による面が強いことは社会学の研究対象となっており，それ故，先例は単なる精神的な意味だけではなく，それが繰り返されることによって，実際上も著しい重要性を帯びることとなり，判例にもこのような傾向があることを指摘する学説もある。ことに最高裁判所としての破毀院が担わねばならない司法行政の統一性という機能が，このような傾向とも通ずる面がある。

　あわせて，抽象的な法規を具体化するという機能も重要であり，イタリアでも，判決例を通して，いわゆる「生ける法」(c. d.《diritto vivente》)が認識できることを重視する学説もある。のみならず，ことに法が欠缺する場合には，判例の法創造的機能を指摘する学説もあり，この見解によれば，前述した「法律の解釈」規準である「一般原則」が判例によって形成されることになるという。

　他方で，「学説」(dottrina)については，過去の歴史（ローマ時代）において法形成に直接関与した事実が指摘されるが，今日では学問的な意義しかないことでは一致している。ただし，法のガイドとしての「理論」の役割は微妙であって，ことに法の技術は法体系が備えている技法によって犂の入れ方を適切な方向へ導びくことを本質としていることから，法の科学とし

て理解されるべき法解釈学(dogmatica)の重要性が指摘されている。高名な民事法学の大家である Carnelutti(1879〜1966年)の言を引用する学説もある。すなわち，法の実務家は，理論や解釈学をなおざりにしたり嫌悪したりすると，あたかも設計者の計算どおりに準備されていた仕事に従属するしかなくなる職人にたとえられたり，あるいはまた，航海室にいる航海長のコンパスに管理された航路を辿るしかない船乗りに比べられることとなるであろう，と。

3 衡　　平

　イタリアでは，法源論と関連して，「衡平」(equità)なるものが常に議論される。衡平は具体的な事件における正義感に対応するものであり，一般的用語としては，裁判官が具体的な事件を解決するために形成する原則であるが，イタリアでは，英米法のように法を形成する判決の基礎となるものではなく，法律によって特に認められた場合にのみ，意味をもつにすぎない。したがって，衡平も法源ではない。単なる法の適用の基準にすぎない。具体的には，損害額の評価につき(民1226条)，当事者双方の利害を考慮する場合に(民1371条)，契約の解釈につき(民1374条)，売買委託の手数料に関する合意ないし慣習がない場合に(民1733条)，あるいはまた，制限能力者の負担する損害賠償額の評価(民2047条2項)や労働契約からの離脱につき(民2118条)，それぞれ衡平に従うべきことが明記されている。

　このほかに，訴訟法でも衡平原則が採用されることもある。当事者は，任意に処分できる権利であるかぎり，衡平にしたがって裁判・裁定をすべきことを通常裁判官及び仲裁人に対し共同して申し立てることができる(民訴114条・822条)。この場合には原則的に不服申立は許されないこととなっている。

　　＊「破毀院」と「事実審裁判所」
　　破毀院(Corte di Cassazione)は，民事部と刑事部に区別され，それぞれの

各セクションでは，裁判長と四人の判事が一組になって裁判を行う。民事では，管轄権に関する事件につき，連合部を設置し，また重要な法原則に係る問題があるときには，連合部で審議ができることとなっている(民訴374条)。

この破毀院はわが国の最高裁とほぼ同様の機能を果たす最上級審の裁判機関であり(民訴360条以下に訴訟手続規定が用意されている)，法律審として，事実審である下級審裁判所の判断に法律違背がないかを審理し，かつ，法の解釈の統一によって法の統一的な適用を図ることを目標としている(かつて破毀院は複数存在したが，民事では1923年にローマ市所在の破毀院に統一された)。そのために法規の適用を誤った下級審の判決を取り消して，同じ審級の別の事実審裁判官に差し戻すことができる。差し戻された裁判所は，破毀の理由に拘束される(民訴384条)。破毀最高裁判所 (Corte Suprema di Cassazione) ともいわれるゆえんである。

事実審裁判所としては，第一審の地方裁判所(Tribunale)，第二審の控訴院(Corte d'Appello)が用意されている。地裁はかつて合議による裁判が原則とされていたが，これが裁判遅延の一因となっていたので，第一審はすべて単独裁判官によることとなった(90年改正民訴法)。このほかに軽微な事件や和解を担当する「名誉裁判官」(Giudice di pace)が新設される(1991年)とともに(民事では500万リラ以下の訴額の動産に関する事件に係る第一審裁判官となるほか，訴額の多寡にかかわらず，界標設置訴訟など若干の事件の専属管轄権をもつ)，最近の改正(1998年)では，占有訴訟等の緊急的な裁判につき専属管轄権を有していたプレトール(pretore)は制度的に廃止された。結局，地方裁判所は，名誉裁判官の管轄権に属しないすべての事件の第1審裁判所であり，かつ名誉裁判官所轄の事件の「控訴審」でもある。未成年者に関する事件については，未成年者裁判所 (Tribunale dei minorenni)も用意されている。

なお，事実審裁判所の審理は，ことに90年代からの一連の改革を経て，現在では，労働訴訟を模範とする簡易・迅速な手続構造になっており，口頭弁論期日前に当事者の主張・証拠方法が明らかにされねばならず，これを怠ると失権することとなる。また，口頭弁論も基本的には1回で終結するのが，原則である。

ところが，裁判所の機構自体が慢性的な機能麻痺に陥っているとの批判もある。実際，最近の政府中央統計局の調査(98年度実績)によれば，第1審に係属した民事事件は325万件余，控訴審では31万件余で，平均裁判日数は地

裁では1376日，控訴院では1075日で，いずれも95年度よりは若干の減少傾向をみせているものの，改善の見通しは暗い。名誉裁判官の事件では，95年度は119日であったものが，98年度では254日と著しく増加している。

V 憲法裁判所の意義

　イタリア民法関係の著書を読んでいる場合に，一つの特徴に気づくこととなる。民法の規範が憲法規範に反して違憲とされることが，決して少なくないからである。むろんイタリアでも法律の改廃自体は立法者の仕事ではあるが，憲法裁判所（Corte costituzionale）の判断が民法典や民法関連規定の効力に直接的な影響を与えることになっているので，民法体系書類では必ずといってよいほどどの著書もこの問題に言及している。

　ことにイタリア憲法は（1947年12月27日公布・翌年1月1日施行），民法典が施行された後に制定されているので（それまでは，サルデーニャ王国の憲法がイタリア近代国家の憲法として効力をもっていた），新しい人権秩序との整合性が問題とされてきた。なかでも家族法関係と労働法関係においては顕著である。たとえば，別居の裁判は不倫等によって請求できるが，夫の不倫の場合だけ，それが妻に重大な侮辱を与える事情が必要とされていた規定（民151条2項）は68年第127号判決により，また，夫婦間の贈与を禁止する規定（民781条）は73年91号判決で，それぞれ違憲とされ，労働関係でも労働者に不利な規定（退職金ないし賃金の短期消滅時効に関する規定など）が違憲とされていた。

　今日では，民法典自体との整合性はほぼ落ち着いているが，さまざまな新規の民法特別法との関連が違憲判決を誘発している。たとえば，78年と92年の借家特別法との関連では，所有権の保障や平等原則に違反することから，種々の違憲判決が宣告されている。また，ごく最近では，ことに83年第184号法の未成年者養子に関する法律について，同法が養親と養子との年齢差の最大限（40歳）と最小限（18歳）の年齢数を具体的に法定して

いたところ，たとえいずれの制限年齢に違反しても，縁組が養子の利益になる場合には，裁判官は養子縁組を許可できるとして，その規定の違憲性を認めた判決(1996年第303号判決〈40歳以上〉，1998年第349号判決〈18歳未満〉)が注目されている。

* 「憲法裁判所」とは

　イタリアの憲法裁判所は憲法134条から137条に基づいて1955年の末頃に設置された機関であり，その権限は，立法審査権のほかに，国の機関同士又は国と自治体との権限に係る裁定，大統領の刑事訴追及び法律の廃止に関する国民投票の承認についての判断に限定されている。裁判官の定員は15名で，選出母体は，元首・大統領(5名)，議会(5名)，破毀院(3名)，国務院及び会計検査院(各1名)であり，それぞれ法定の裁判官を選出する。法廷の審議は合議でなされ，判決が有効なためには，個々の事件を処理する審議に少くとも11名の裁判官が継続的に出席している必要がある(大統領の訴追には要件が加重されている)。

　違憲立法審査権は，具体的な民刑事訴訟等の係属中に何らかの問題を解決するために必要な法律ないし法規についてなされ，違憲問題が解決するまでは，当該訴訟は一時中断される。違憲判決が宣告されると官報で公示され，その翌日から当該法律は効力がないものとなる(憲136条)。また，中断されていた民事等の訴訟では，その法律の失効を主張することができる。一方，合憲判決が宣告されても，別の訴訟で別の理由に基づいて当該法律の違憲性を主張することは妨げない。

第1章

物権法総論

I　物権法定主義

1　意　　義

　イタリアでも，物権の種類・類型(tipicità)は限定され(numero chiuso)，債権契約の自由主義(民1322条)と対比される。したがって，民法典の定める物権と異なった種類・内容の物権を創設する自由はない。この原則の趣旨は，一般に説明されているものと異にしない。とりわけつぎのような法政策的指針を表明している。つまり，法律によって明記された負担以上の負担を所有権に課さないこと，「完全な所有権(piena proprietà)」を創設して物を自由に売却できるようにすること，及び所有者ないし他物権者と一定の取引関係に入る当事者に自己の権利の範囲を正確に認識できるようにすることが，その重要なる目標とされている。それ故，所有者の保護と，所有者と取引する第三者の保護が，この制度の眼目である。

　かかる限定主義の歴史的意義は，いうまでもなく前近代社会の封建的・共同体的な所有観念を克服したことにあり，したがってまた，それを支えていた種々の封建的・共同体的な制約からの解放を実現したフランス革命の所産でもある。

2　制度の沿革

　物権が限定されることは，物権が不変であるということを意味しない。このことは過去の歴史が明らかにしているし，また，ナポレオンの法典以前でも，現代とは異なった多くの種類の物権が存在したことをも想起すべきである。たとえば，征服地の植民地化と奴隷制の普及とによって増大した多くの類型の役権を考えてみよう。主人(パトロン)の支配下で隷民・従者・臣下・家子を束縛した種々の人的な役権(servitù personale)や，ある土地が他の土地に従属する純然たる物役権，及び両者の混合した役権があり，

混合役権にも，たとえば，水車を動かす義務のように物に人が拘束されるものと，使用権・用益権・居住権のように人に物が拘束される物的な役権が挙げられる。奴隷制の廃止によって，民法典は物的な役権に役権を制限した。

旧法とは異なり，現行法で新たな物権として明示されたものがある。他人の所有地上で建物を所有するための「地上権」である。地上権は，近年，都市計画の観点から，ヨーロッパ諸国では見直されており，イタリアでも民法典のほかに特別法でも言及されている。これについては，地上権のところで説明する。

3　慣習法上の物権

（ア）わが国では，とくに慣習法上の物権が物権法定主義と調和するのかどうかが論じられている。イタリアでも「慣習上の物権」（入会権など）の存在は認められている。しかし，一般的な観点からは，物権限定主義との調和につき，とくに議論されていないようである。立法的に処理されていることによるものと思われる。

慣習(usi, consuetudine)は，法源の体系からみれば，最も下位に位置しているので，法律を改廃・変更する慣習は認められていない（民・序編「法の通則」8条）。法律で認められた慣習は有効であることはいうまでもなく，民法典自体にも慣習を認めた規定が散見される（民230条の2，892条，1374条等）。また，法律を補充する慣習法もあり，この種の一般論は民法学でなされることについては前述した。

（イ）とくに，近時，特殊な共同所有権，つまり，一棟の別荘建物を一年の一定の時期に限定してその時節の利用を独占するために複数人が共同して所有するという，いわゆるmultiproprietàが注目されているが，これは不動産取引市場の慣行から生成した権利といえるかもしれない。一般にイタリアの学説が物権限定主義との関連で言及する代表的な権利である（5章3節1参照）。

そのほか,ある帯地状の土地に関する地役権(servitù prediale)について,「排他的な利用権」〈diritto al godimento exclusivo〉として設定できるかどうかが問題となった事例(下級審判決)があるが,かかる特殊な権利は所有権の内容を示すことになり,制限物権としての地役権と調和しないと判示したものがある(Corte Appe., di Torino, 18-3-1959)。

なお,「入会権」については,民法典には規定がない。その歴史的経緯はわが国と同様の問題状況にあり,近代的所有権成立のプロセスにおいて入会権の廃絶という政策がとられたが,結局,成功せず,現在では特別法に委ねられている。これについては「物上負担」とともに後述する。

II 物権の特質

1 物権と債権の区別

所有権(proprietà)及びその他の物権(altri diritti sulle cose)は,人の物に対する権利であり,人に対する権利である債権(diritto di obbligozione, diritto di credito, diritto personale)とは区別される。

債権は,人的な給付,人の一定の行為に対する権利であるが,物権は物の上の権利である。また,物権は絶対権(diritto assolute),つまり他のすべての人に対する権利であるのに対し,債権は一定の人に対する相対権である(diritto relativo)。たとえば,一定の高さ以上の建物を建てないことを内容とする地役権(物権)を隣人に対して有する者は,隣地の買受人にも主張できるが,同じ内容の債権契約では,それはできない。さらに,物権は絶対的な効力を備えており,自己の権利行使に異議を申し出るすべての人に対して訴えを提起できるが,債権者は債務を負う者に対してしか訴えを提起できない。

このように,物権と債権とは概念的・理念的には明確に区別されている。しかし,イタリア法は物権行為の独自性を認めていないので,両者は「峻

別」されているとまではいえないであろう。また、賃借権は債権とされているが、とくに、その期間が9年を超える不動産賃貸借の場合には、契約締結の書面が効力要件とされ（民1350条）、かつ、登記に服することによって（民2643条）、物権と同じ扱いがなされており、さらに、第三者に対する対抗力についても、とくに厚い保護が与えられている（民1544条）。なお、通常の動産の賃借権も、それが第三者の取得より前の確定日付を備えている場合には、悪意の第三者に対抗できるとされている。

ところで、地上権と貸借権との区別も重要であるが、この問題は「地上権」のところで解説する（4章1節Ⅰの2「地上権の性質」参照）。

2 物権の実際的機能

所有権などの物権は、それだけで物の利益から満足をうることができる性質をもっているが、しかし、現実には土地や企業の所有者は自分だけで物からの利益を獲得できないことが多い。土地を耕作したり、企業を経営するためには、他人と契約して、その労務の給付請求権を取得せねばならないし、また、所有権の内容である処分権能を行使するためには、たとえば、他人に物を売却する必要があるが、かかる場合、所有者は買主に対する債権を取得することになる。他方、人の経済的優越性は財貨の所有権に必ずしも依存しない。企業経営者は生産手段の所有者でなくとも経営の委託を受け、必要な資本を銀行から借りることもできる。かかる場合には、経営者は物権を有しない。上のような場合がたとえ一時的事象であるとしても、現代では、農業を中心とする前産業社会で支配的地位を占めていた物権の重要性が後退しているという一般的な傾向がみられる。

このように、イタリアでも、今日、所有権・物権が債権の侍女的地位に退いていることが指摘されている。

III 物権の種類

1 所有権と他物権

　民法典は，第3編「所有権」のなかに，物権の客体である「物」，所有権及びその他の物権のほか，占有権などに関する規定を置いており，わが国のように，「物権」という名称は使用していないが，学説は一般に物権の意義や債権との区別を論じている。

　物権のうちで，基本的・代表的な権利が所有権であり，所有権とは，主体が物の上に行使できる権能のうちで最も包括的な権能，つまり考えうる無制限な範囲の権能を許容する権利である。かかる所有権と比べて，他物権（制限物権）は内容的に制限され，かつ部分的で，より小さな権利であり，いかなる場合でも，単なる〈facoltà〉に尽きるという非常に制限された内容によって特徴づけられる。また，他人の物（所有権）の上の権利であるので，同一物につき所有権と並存し，かつ，その内容に応じて所有権を縮減する権利でもある。

　なお，他物権は用益物権と担保物権とに区別される。

2 他　物　権

(1) 用　益　物　権

　用益物権（diritti reali di godimento）の種類は，日本法とほぼ同様に考えてよいが，わが国では採用されなかった「物権的人役権」が存在する。この物権はローマ法に遡り（主として，家長の死亡後に家族ないし家族に準ずる者を保護するため，遺言で設定されたという），フランス民法典に承継されており，後のドイツ民法典もこれに従っている。わが国では，立法者によれば，かかる慣行もないことなどから，その必要性がないと判断された。

　「永借権」は，周知のように，その封建的な性格から，フランス民法典自

体には存在しないが，イタリアでは，とくに南部の慣習法の影響もあり，この制度の根強い生産活力に期待されたこともあって，温存された。わが国の永小作権の規定は，このイタリア法を参酌している。

「占有権」については，その効力に関するすべての規定(時効取得，占有訴権，善意取得など)を1章にまとめており，フランスやドイツにはみられない体系性をもっている。この点では，わが国にきわめて酷似している。

(2) 担保物権

担保物権(diritti reali di garanzia)については，民法典は，所有権編ではなく，第6編「権利の保護」のなかで「責任財産の保全」という体系的な位置づけをしているので，債権者代位権や詐害行為取消権などと系統づけて規定している。しかし，学説は，これを他物権として位置づけて用益物権と対置するのを常とする。ただし，質権と抵当権のみが担保物権であり，先取特権はこれと機能的には近似した権利であると考えられているにとどまる。留置権はそもそも独立の制度ではない。一方，民法典上は債権契約による担保ではあるが，登記が認められ，物的担保と同様の機能を果たすもの(不動産収益担保契約)がある。なお，イタリア金融取引法の歴史はローマ・中世にまで遡る伝統があるが，担保物権法はきわめてシンプルであり，後述のとおり，わが国のような複雑な非典型担保は一切排斥されている（7章5節）。

IV 物権の客体

1 財　物

物権の客体は「財物」(beni)であり，財物とは権利の対象となりうる「物」(cose)である（民810条）。つまり，民法典によれば，財物とは人の必要を満足させるものが観念されているので，物理的な意味での物つまり有体物

(res corporales) よりも狭い意味で使用されている（ただし本書では単に「物」と表現することもある）。もっとも，今日では，無体財産（beni immateriali）の重要性はいうまでもないので，民法典の財物の定義は，物権の客体を示す場合にのみ，重要性をもつと解されている。

　財物とは，絶対的概念ではないので，社会と時代に応じて変化する。ローマ法は，触知可能性の基準を採用した（res quae tangi possunto. D.1. 8.1.1. Gaius）。この考え方そのものは，基本的には近代法・現代法に承継されているが，しかし，ガス・電気・放射能など自然のエネルギーも人間の需要に応じてこれを支配・利用しうる限りで財物と考えられ，イタリア法は，明文により，これを動産と規定する（民814条）。

　財産権つまり権利が財物といえるかについては，イタリアでも争われている。「権利の上の権利」なるカテゴリーを認められるかどうかであるが，旧民法典415条は，権利の客体として動産・不動産のほかに財産権（役権など）を挙げていた。このような立場は，ローマ法からの沿革が影響している。ローマ法では，元来，所有権とその客体たる物が往々にして混同され，したがって，所有権以外の権利である他物権や債権と，所有権＝物とは区別され，所有権は res corporalis（体のある物・有体物），他物権などは res incorporalis（体のない物・無体物）と称されており，物は所有権の客体でしかありえず，他物権などは，「権利の上の権利」と観念されていた。占有についても，物の占有は所有権としての占有だけであり，一定の他物権者にも占有保護が認められたが，それは，いわゆる「権利の上の占有」と称された。このような考え方が旧民法典の立法者をも支配したが，現行法では，かかる構成は採用されておらず，「権利の上の権利」なる観念はなくなったといえるが，依然として学説ではこれを認める見解もある。

　しかし，現行法でも，債権は質権や用益権の対象になるし，また抵当権は用益権や永借権も目的とすることができる（民2784条，2810条，980条参照）。もっとも，これらの場合でも，抵当権については，究極的には物が対象となっており，債権の上の質権も，具体的には一定額の金銭の上に行使されるとして，このような点に注意を喚起する学説もある。

2 財物の種類

財物は種々の観点から区別できるが，ここでは物権との関連で必要な範囲に限定して解説する。

(1) 不動産と動産

所有権等の物権の客体が「財物」でなければならないことは前述したが，この関係では，動産と不動産の区別がとくに重要である。イタリアでも，両者に関連する取引原則が根本的に異なるからである。

旧民法典は，フランス法に従い，不動産については，性質によるもの（土地のほか不動産性をもつ建物・樹木など），用途によるもの（耕作のための動物・用具のごとし），及び関係する客体によるもの（所有権以外の権利）とに区別し，動産についても，性質によるものと，法律の規定によるもの（無体物）とに区別していたが，現行法は，かかる人為的な制度に代え，もっぱら自然主義的区別に従っている。また，その実質を変えることなく移動できるか否かという物の状態・性状にも影響されている。

(ア) 不　動　産

不動産 (beni immobili) については，つぎのように法定されている。

土地，地下水，水流，竹木，建物及びその他の工作物は，不動産であり，たとい一時的に土地に付着されたものであっても，不動産となる。また，自然にもしくは人工的に土地に一体化されたものも不動産である（民812条1項）。

まだ独立していない生育中の植物や種子については争いがある。これをも不動産（その一部）とする説が有力である。ただし，移植するために仮植えされたときには，それは不動産ではない。

浮動性の建築物（水車小屋・船橋など）は，河岸・河床に固定されて係留されるか，あるいは，その利用につき永続的な方法でそこに設置されているときには，不動産とみなされる（民812条2項）。なお，土地と地上物との法的取扱いについては，「附合」のところで説明するが，ここでは，わが国

とは異なり，建物も土地所有の一部分になるということだけを指摘しておこう(民934条)。

(イ) 動　　産

民法典は，不動産以外の物が動産 (beni mobili) であるという消極的な規定の仕方をしている。しかし，学説では，より具体的に，それ自体が動く物(動産)，または場所的移動がなされうるような状態にある物が動産であると考えられている。ただし，人為的ないし自然に土地に結合している物は除かれる(民812条)。

経済的価値のあるエネルギー(電気・熱など)も動産とされている(民814条，刑624条)。また，権利を化体している債権証書(手形・小切手・株式など)も動産とみなされている(ただし，通常の動産よりもより以上の保護を享受できる)。

動産については，登録制度が設けられている場合がある。航海法典 (codice della navigazione) により登録された船舶・浮遊物(同法137条，146条)や航空機(同法749条，753条)，及び自動車登録簿に登録された自動車については，民法典は，登記や抵当権に関して，一定の範囲内で不動産と同様の原則に服せしめている(民2673条以下参照)。

なお，登録された動産については善意取得制度が適用されない(民1156条)。

(ウ) 区別の意義

(a) 不動産の所有権の法的保護がとくに厚い。所有物返還請求権については，動産の場合，善意取得制度(民1153条)によって，その実現を制約されることが少なくない。

(b) 不動産の占有と動産の集合物 (universitates) のみが，占有妨害の訴え (azione possessoria di manutenzione，民1170条参照)により保護される。

(c) 不動産に関する合意・契約は，原則として証書が必要とされており(民1350条)，かつ，不動産物権には登記制度がある。登記を要する動産は限定されている (民2683条以下)。

(d) 抵当権の目的となるのは，不動産だけである。動産の場合は登記

された動産に限定されている。

(e) 訴訟上の裁判管轄は不動産の所在地で決まる(民訴法21条)。

3 その他の財物の区別

　財物の区別は，動産と不動産との区別が最も重要であるが，ここでは，そのほか物権法を理解するうえで必要と思われる区別について，若干説明しておこう。

　(ア) 単一物・複合物

　単一物の多数が集合・結合・混合し，かつ，各々の物が常に識別でき，場合によっては分離も可能な物が複合物(cose composte)であり，複合物は次の二つに分かれる。

　一つは，個々の物が物理的に統一されている場合である(建物，船舶のごとし)。他は，個々の物が分離し，その間に結合がないが，経済的・機能的には統一的な用法に従う場合である。後者は，いわゆる「集合物」(universalità)であり，家畜の群れ，図書館の図書，美術館の作品などのほか商店や企業も含まれる。

　(イ) 集 合 物

　集合物は「事実的集合物」と「法的集合物」とに区別されている(ただし，その区別の要件，法的性質については争いがある)。

　「事実的集合物」(universitates facti)とは，同一の所有者によって社会経済的な目的のため，統一的に集合された独自の有体物の総体をいうが，原則としてこの集合物は法的には一個の物としての取扱いを受けない。民法典は，「同一人に帰属し，統一的な用法に従う複数の物の総体を動産の集合物という」(民816条)との定義を与えているが，個々の物は，それぞれ独立して法的行為の対象となる。

　ただし，商店や一般の企業については，その複合体(什器，商品の動産，不動産，顧客関係など)が，一定の関係(譲渡，賃貸，用益権〈usufrutto〉の設定など)において，一つの物として取り扱われることがある。

第1章　物権法総論　　　　　　　　　　　　　　　35

「法的集合物」(*universitates juris*)とは，法律が複数の物を統一的に構成するため，特に形成された物の結合であり，その法律関係の総体をいう。代表的なものが，相続財産である。さらに，破産財団，不在者の財産，嫁資(旧法)，及び夫婦共有財産を含ませる見解もある。

　(ウ)　区別の実益

　単一物と複合物の区別の実益は，附合理論であらわれる。そのほか，集合物については，単一物とは異なった法的取扱いがなされることもある。たとえば，善意取得が適用されない(民1156条)。しかし，時効取得や占有訴権では不動産と同様の保護を享受できる(民1160条，1170条)。

4　公　　物

　国・県(provincie)・市町村(comuni)に帰属する財物のうちで，最も重要な区別は，行政財産(beni demaniali)と普通財産(beni patrimoniali)との区別である(民822条，826条)。後者は，特別法の規定がない限り私物と同様に取り扱われるが，行政財産は公の目的のために使用されるので，特別な規制に服する(民823条)。

　行政財産については，さらに，国だけが権利の主体たりうる物(海岸，入江，港湾など)(民822条1項)と地方公共団体も主体たりうる物(道路，鉄道，飛行場など)があり，後者が国に帰属するときは国有財産となり，地方公共団体に帰属するときは，国有財産と同様の規律に服する(民822条2項，824条)。行政財産は譲渡し得ない(不融通物)(民823条)。ただし，行政財産に対しても，私人は，行政庁の許可(concessione)によって，または，特別法の規定によって，権利を取得できることがある(民823条)。しかし，行政財産は私法上の占有には適さないので，時効取得の可能性はない(民1145条)。行政財産の保護は行政法的手段によることもできれば，私法的救済(この場合は占有訴権保護)も可能である。

　普通財産の上に行使される行政庁の権利の性格については争いがあるが，これを公所有権(proprietà pubblica)として，私法上の物権的関係と解する

立場が有力である。公所有権は，自然保護，文化財の保護に奉仕することもある。たとえば，1977年法律第968号は，森林の動物群を国家の財産であると定めているし，民法典は，歴史的価値ある物(建築物・芸術品)を公物と規定している(民822条2項，826条2項)。

5 万人の共用物

ローマ時代の市民生活では，すべての人が利用しうるもの(自然資源)については，その豊かさの故に誰もの利用に供され，かつ誰にも帰属(appartenenza)しないものとして，「すべての人のもの」(res comunis ominium)という観念が存在した。

法上の財物は，いうまでもなくある物が特定の人に「帰属」し，その物の利用から他の人を排斥する関係において，はじめて権利の客体たりうるものであることから，上記のような共用物は，財物とはいえない。先占の対象からも外される。ただし，かかる共用物も歴史的・相対的概念であることはいうまでもない。今日では，ことに環境財の取り扱いと関連する概念であろう。

V 物権の効力

1 物権の特徴と効力

(a) すべての人に対する追及可能性 (perseguibità) が認められる。

物権は物に対する直接的支配を本質とするので，物が何人の下にあろうとも追及できる(フランス法はこれを〈droit de suite〉と称す)。所有者は占有者から自己の物の返還請求をなしうるが(*ubi cumque rem meam invenio, ibi vindico*)，債権は当事者間(債権者と債務者)でのみ主張できるにすぎない。したがって，物権は *actio in rem* により，債権は *actio in personam*

第1章 物権法総論

により保護される。

(b) 先行取得の優先効 (pozionità) がある。

物権相互間では，同一の物につき同一の前主から譲り受けた複数の権利のうちで，それらが互いに相容れないとき，先に取得された権利が優先し，後で取得された権利を排斥する(*prior in tempore, potior in iure*)。抵当権の場合には，この原則は，prelazione(優先効)の順位(ordine)を生じさせる。公示に服する行為ないし取得については，物権の先行性・優先効は，登記の日付(data)によって決定される。これに対して，債権は，平等の地位で債務者の全財産に重複(競合)し，時による先行性・優先効は認められない。

(c) 物権の侵害は積極的行為を本質とする。

物権に対応して，他の法仲間にはすべてこれを尊重する(astensione)という一般的義務が課せられる。したがって，物権の侵害は，権利の客体たる物に対する不法な干渉という積極的な行為によってしか生じ得ない。これに対し，債権は給付が目的とされるので，原則として債務者の消極的な行為(不履行)が債権の侵害となる。

(d) 物権の目的物は常に一定の限定された物であり，「種類物」(species)の上の物権を観念できない。

(e) 物権のみが時効取得に適合する。

(f) 物権は永続性をもつ。債権は原則として一時的である。賃貸借も，本質的に存続期間の制限に服する(民1573条)。

2 物権的請求権

イタリアでは，わが国のように，ドイツ法流の物権的請求権という一般化された抽象的な観念は存在しない。歴史的経緯から所有権の保護訴権を中心として，これを他物権に適宜修正して適用するというかたちになっている。所有権の保護訴権としては，所有物返還請求訴権 (azione di rivendicazione) と否認訴権 (azione negatoria) が代表的なものであるが，両者は沿革を異にし，それぞれ固有の特質（要件・効果）をもっている。したがっ

て，いわゆる「返還請求権と妨害排除請求権との衝突」問題は生じない。原状回復の費用については敗訴被告が負担することを前提とした規定もある（民948条1項）。他方で，用益物権の保護訴権は，所有者の否認訴権に対置するものとして，伝統的に「認諾訴権」(azione confessoria)と称されている。イタリア民法典では，地役権につき明文の規定（民1079条）があるが，用益物権の権利行使や事実的行使に対する妨害を排除するための一般的な救済手段となっている。

なお，不動産賃借権に妨害排除権能があるかという一般的な議論はなされていない（この問題については，4章1節Iの2「地上権の性質」を参照）。

ともあれ，本書では関連する箇所で個別的に取り上げることとした（第3章4節，第4章4節Vなど）。

第 2 章

物権の変動

はじめに

　イタリアでも，物権の変動は，意思表示による場合が中心であるが，時効取得や相続的承継もあり，変動の原因については，わが国と同様に考えてよい。
　問題は，物権行為の独自性を認めているかであるが，この点はフランス法と同じ立場にある。また，物権の設定・移転を目的とする意思表示につき，形式（登記・占有）が必要かという点でも，フランス法に従っている。それ故，登記や占有は第三者に対する対抗要件となる。
　ところで，イタリアでは，不動産登記の問題は，所有権編（物権）のなかで規定されているのではなく，伝統的に「権利の保護」のために必要な形式として考えられていることから，現行民法典では裁判上の「証拠」（書証・人証）などと同じ体系的な位置づけが与えられている（第6編「権利の保護」第1章「登記」第2643条以下，第2章「証拠」第2697条以下）。もっとも，登記が実体法的な意味をもつことから，意思のみによる所有権移転と登記の効力との関係等の議論については，わが国と同様のレベルでなされていることは，後述の通りである。そこで，イタリアでの概説書とは異なり，本書では，わが国の物権法との比較を念頭においていることから，各論の解説の前で物権の変動と不動産登記を取り扱うこととした。
　動産については，どうか。その取引基準の形式は基本的には占有であり，これは占有法のなかで規定されているが，形式（登記）の必要な動産については，不動産登記と同様に「権利の保護」の編で規定されている。本書では，動産の取引法理も便宜上ここで解説することとした。

第1節　物権契約

1　物権契約と債権契約

　イタリアでも，物権的効果の発生を直接目的とする契約と債権的効果の発生を目的とする契約とは区別されている。

　契約の効果は設定的効果，消滅的効果及び確認的効果(accertativi effetti)に区別され，設定的効果の範囲内では，設定される権利の性質に従って，債権的効果，物権的効果及び授権的効果(autorisativi effetti)に区別される。

　契約はそれが生み出す効果により資格付けられるので，債権的効果(債権の成立・移転・変更)を生み出す契約を「債権契約」(contratto obbligatorio)と称し，物権的効果(物権の設定・移転・変更)を直接生ずる契約を物権的効果を目的とする契約(contratto ad effetti reali)という。

　なお，このほかに「譲渡契約」(contratto di alienazione)という観念がある。これは，上記の契約類型とはレベルを異にするもので，権利の移転又は制限物権の設定を目的とする契約であり，その権利取得は前主の権利の帰属を前提にするものである。学説では，債権的な利用契約を譲渡契約から除く傾向がある。

　この譲渡契約は，移転的性格でも，債権的性格(将来所有権を移転することを目的とする契約)でもありうるが，通常，譲渡契約が一定の物の所有権の移転や物権の設定・移転(その他の権利の設定・移転)を目的とするときには，移転的効力をもつ。なお，譲渡契約の観念は，ことに所有権・物権の取得の「権原名義」と「形式」との分離・融合の関連を問題とする場合に，その重要性が理解されることとなろう。

2 意思主義

(1) 制度の沿革

「譲渡契約」の移転的効力の要件については，ローマ法以来の形式主義が近代法に至るまで基本的には維持されてきた。つまり，元来，ローマ法では売買は純然たる債権契約であり，それ自体としては所有権移転を全く予定していなかった(したがって，譲渡契約ではなかった)。所有権移転の法律行為(物権行為)は，売買とは別に行われる一定の形式・儀式を必須とした。そこで売買契約では売主は「物を引渡す債務」(物の「占有」と平穏な利用を確保すること)を負担するにとどまった。その後の発展によって，売買契約で所有権を買主に移転すること(売買契約の移転的性格)が認められるようになったが，しかし，買主に所有権が移転するのは，合意の直接の効果ではなく，あくまでも引渡し(*traditio*)の効果であると構成されてきた。

普通法では，この原則が，取引の実需により，二方面から変容を余儀なくされる。一方では，譲渡行為には取引の安全性・確実性の観点から公示手段が必要であるということを再認識させ，他方では，所有権移転の要件としての「引渡し」の意義を希薄化させた。前者の関係では，普通法の取引実務・慣行は一定の公示方法を生成させている。

後者の *traditio* の原則はなお維持されたが，物の引渡しという要件は後退し，約款書に占有の移転という条項があればそれで代用され，さらに，裁判実務は書面がなくともそれを黙示的合意で足りるとした(占有移転の観念化)。

フランスでは，ポティエはまだ「所有権移転は，引渡しか又は時効取得か，いずれかの方途によるしかなく，単なる合意では移転しない」と考えていたが，以上のような取引慣行の下では，実質的には所有権移転の単なる合意でも移転的効力が発生していたわけであり，かかる慣行がナポレオン民法典に承継されたものといえよう(意思主義の採用)。したがって，フランス法が抽象的な原則である契約の自由，私的自治の原則を表明したというよりも，むしろロマニステンの伝統のもとにあるフランスの地方の慣

習を導入したという方が，より正確であるといわれている。

なお，ドイツ法は，周知のごとく，形式主義・登記主義を採用した。これは，ゲルマンの伝統的な慣習の影響もさることながら，金融取引社会を背景とした商取引の実際から，所有権移転を公示する外部的徴表がなくしては財貨の交換がきわめて不安定になる，という現実的な政策判断によるものといえよう。

(2) イタリア法の立場

イタリアでも，すでに旧法時代から所有権は単なる合意で移転する旨の原則が採用されていた(旧民法典1125条)。

しかし，売買については，イタリア旧民法典1448条は，以上のような沿革を引きずっており，「売買は，いまだ物の引渡しがなされていない場合でも，物と代価につき合意がなされたときには，当事者間で完成し，かつ，所有権は売主との関係で買主によって取得される」と規定した。

売買契約の効力につき所有権移転のことまで規定したのは，本条の前に売買契約の定義につき，「一方が物を供与する義務を負担し，他方が代金を支払う義務を負担する契約」とする規定(旧民1447条)を置いていたことと関連する。この規定だけでは，売買契約が単なる債権契約であり，移転的性格をもたないのではないか，との疑念が生じうるからである。現行民法典も，意思主義を採用したが(民1376条)，あわせて，「売買の節」の冒頭に売買が所有権等の権利の「移転を目的とする契約」である旨の原理を掲げた上で(民1470条)，例外的に売主が買主に所有権を取得させる義務を負う場合を定めて，売買契約の移転的性格を明確にした。

この規定の仕方からいえば，売買によって原則として所有権移転の物権的効果が生ずることとなる。しかし，売買が所有権を移転させる義務のみを発生させることも可能である。イタリアでは，この種の売買契約を「債権的売買」(vendita obbligatoria)と称している。

かかる債権的売買も単なる債権を発生させるだけの純然たる債権契約ではなく，将来は所有権の移転を目的にしているので，移転的契約(contratto traslativo)ではあるが，契約締結時には所有権は移転しないで，その後に売買契約上の一つの債務の履行の結果として移転する，と構成される。民法典(1476条2号)もこのことを予定しており，売主の基本的な義務につき，「所有権取得が契約の直接の効果でないときには，買主に対し物の所有権または権利を取得させる債務」を負担する旨をわざわざ明記している。

なお，所有権の移転，その他の物権の設定・移転には，伝統的に書面が必要とされているが(民1350条)，かかる証書主義はここで問題としている形式とはレベルを異にするものであることに注意すべきである。

3 所有権の移転時期

所有権の移転は単なる合意で生ずるほか，物権的売買が原則であるので，契約締結時に所有権が買主に移転する(民1476条2号)が，一定の場合には，合意以外の行為ないし事実が必要とされる場合もある。それが売主の行為であるとしても，処分行為(法律行為)ではない。このような場合には，売主は前記の「所有権を取得させる義務」を負う。かかる義務が，とくに問題となるのは，「他人物売買」である。

他人物売買の場合には，売主による履行の通常の方法は，その物を真の所有者から取得することであり，売主が所有権を取得した時に買主は所有権を取得する(民1478条)。売主が目的物を時効取得することによっても，この義務を履行しうる。

所有権留保売買(民1523条)，始期付売買，及び買主又は第三者が選択権をもつ売買の場合にも，合意以外の事実ないし行為(代金完済，期限の倒来，及び選択権の行使)が所有権移転を生じさせる。

第2節　不動産物権変動と公示

　イタリア民法典の「登記」(trascrizione)に関する一団の規定(第6編第1章「登記」民2643条〜2696条)は、「不動産に関する行為の登記」(第1節)、「登記簿の公開と登記官の責任」(第2節)及び「特定の動産に関する行為の登記」(第3節)に分かれている。ここでとくに検討しなければならないのは第1節であるが、本節は、まず不動産登記が必要な行為を列挙した上で(民2643条)、その登記の効力(つまり対抗力)(民2644条)を定め、さらに、その他登記に服する不動産に関する権利や処分につき明記するとともに(民2645条)、最近の法改正で補充された「予約の登記」(民2645条の2)などを始めとして、一連の条文を用意している。

　詳論は後に譲るが、その特徴を一言でいうならば、登記に服する行為がきわめて詳細に規定されている点であろう。わが国では解釈論上問題となっている「登記の必要な物権変動(取消し、解除、相続など)」についても、通常の物権変動とは異質なものとして、こと細かな規定が用意されており、また、解決の基準も異にする。加えて、実体的な不動産物権の取得のみならず、それに係る「裁判上の請求」の登記が必要とされているところに特色がある。

　むろん、かかる登記事項の拡大が「意思主義」の原則を動揺させるものではないことは、いうまでもない。

　なお、「抵当権の登記」(iscrizione)は、フランス法の伝統の影響もあって、通常の登記とは別に取り扱われているので、本書でも抵当権のところで解説する。

I 登記制度の沿革と近時の動向

1 制度の沿革

イタリア登記制度は，沿革的にはフランスの1855年の登記法(及び1851年ベルギー抵当権法)の影響下にあり，これが基本的には1865年民法典のなかに取り込まれたが，現行民法典は，かかる登記制度を承継しながらも，旧法時代での問題点を克服するため幾つかの改革を加えて，今日に至っている。個別の改革については，それぞれ関連する箇所で解説する。

2 近時の動向

70年代以降，実体的な制度の改革に対応して関連する登記法の規定が廃止されたり，修正されたりしている。ことに75年の家族法の大改正の一環である夫婦財産制，家族財産制によるものが重要であるが，ごく最近の改正では，「予約の登記」が新設されたことも注目に値する。その他，廃止された個別の条文も含めて，近時の改革については，それぞれ関連するところで，解説する。

登記法固有の改革については，85年2月27日法律第52号による改革が重要であり，その概略を説明しておこう。

(a) 権利能力なき社団の登記能力

本法は，取引実務の実態にあわせるかたちで登記の主体適格を法人格をもたない団体にも拡張した。元来は共有の形式でしか登記の方法はなかったが，取引実務はその代表者名義で登記をすることを求め，結局，破棄院もこれを認めた。85年法はこれを立法的に確認したものである。

(b) 登記官に一定の範囲内で不実登記の申請に対する留保の権限を認めたことも，注目に値する(後述参照)。

(c) 登記のコンピュータ化

さらに登記簿の電子情報処理システムを導入した。従来の制度の下では，登記官が先になされた登記の存在しないことを確認することは困難な状況にあり，これを解決することを目的としていた。主要な改革は，コンピュータ化に適合したモデルによる登記申請書の様式や登記簿の様式，及び不動産課税情報を介しての登記コンピューター情報の調査可能性につき，検討することなどである。

これとの関連で，登記の申請方式・書式や登記簿の様式などが修正されていることは，後述の通りである。

II 登記制度の構造と機能

1 不動産登記制度

(1) 登記の効力

不動産物権の変動を当事者以外の第三者に対抗するためには，その旨の登記が必要とされている(民2644条)。前述のように，当事者間では意思表示だけで所有権移転などの物権の変動は発生し(民1376条)，対抗要件として登記が必要とされているにすぎないので，この点はフランスやわが国と同様に考えてよい。さらに，意思主義と登記の効力との関係をどのように説明するかについても，同様の議論があるが，この問題は後述する。

破毀院によれば，登記とは，同一の前主から同一の権利を譲り受けた複数の取得者間における権利の優先効を決定し，そのことを通して第三者の信頼と権利を保護することを目的とする公示手段の一つの形式である(Cass., 5-7-1996, n. 6152)。したがって，行為自体の有効性や効力に影響を与えるものではない (Cass., 1-8-1995, n. 8441)。かかる登記の公示手段としての形式的効力に関する見解は，さまざまなケースとの関連で，破毀院によって繰り返し説示されているので，確定した判例理論といえよう。それ故，登記の本質的な機能は，不動産の財産権に関する取引の経緯について

情報を提供することではなく，もっぱら複数の取得者間の紛争を解決することにある。

学説でも，登記は法律行為の表象であるから，登記が権利を生み出したり，法律行為の瑕疵を治癒したりすることができるものではないとする点では，一致している。ある著名な学説によれば，登記はつぎの二重の意味において「純粋の公示制度」である。すなわち，第三者の利益保護しか予定していない。かかる目的のために，かつ，かかる利益保護が必要としている限りにおいてのみ，機能する。また，登記は権利の変動の法律事実になることがない。このような公示制度こそが，公示としての本来の機能を果たしうるもであって，登記主義をとるドイツ法は後進的であるとも，付言する。

なお，イタリアでも，登記事項は法定されているので，任意に登記可能性を拡張できない。この点に関しては，わが国のような仮登記もないことから，たとえば，将来の売買に関する先買権の約定 (patto di pre-lazione) は，債権的義務しか成立させないので，登記できない (Cass., 13-5-1982, n. 3009, *Giust. civ.*, 1982, 1, 3085) ことが指摘されている (ただし，後述のように，最近の改正によって，これを「予約」とすれば，登記が可能となった)。

(2) 「抵当権の登記」との関係

登記には，通常の登記 (trascrizione) のほかに，抵当権の登記 (iscrizione) があり (7章2節 X 参照)，これら相互間の優先効も登記の先後で決まることになっている。

なお，取得の登記が同一の日付であるならば，受付順位の早い方が優先する (Cass., 20-4-1971, n. 1132, *Giust. civ.*, 1971, 1, 1651)。

2 登記の欠缺の証明責任と未登記物権の承認

事実審理裁判官は，登記の欠缺につき，職権で審理することはできない。その旨の主張をする者が，証明責任を負担することは確定した判例となっ

ている(Cass., 6-3-1978, n. 1105; 11-10-1969, n. 3288; 24-1-1968, n. 186 ほか)。判例によれば，物権変動は当事者間の意思のみで生じ，登記は二重譲受人間の優先効を決めるものにすぎないからである。

一方，未登記の権利取得(地役権が典型例)であっても，承役地所有権の取得者がこれを承認するという意思表示は有効である。ただし，「承認」は未登記の行為につき対抗しうる利益を放棄したことになるので，その意思の表示は明瞭でなければならず，曖昧は許されない(Cass., 1 - 8 - 1958, n. 2845)。たとえば，相互的な通行目的の未登記地役権の負担を負う不動産の特定承継人が，その所有権の取得と同時に，かつ，それとは別に地役権の設定行為を認識していることを言明し，かつ，当該設定契約書に由来するすべての権利義務を承継する旨の意思を表示した場合には，かかる行為において放棄の意思が確認できるとされている(Cass., 7-1-1978, n. 46)。

3　登記制度の機能

(ア)　**登記の対抗力**
登記は何よりもまず二重譲受人間の衝突する権利帰属の優劣を決する基準として機能するものであり，これが登記制度の存在理由でもある。このためにかなり複雑・詳細な規定が用意されている。

(イ)　**権利保全的機能(「裁判上の請求」の登記)**
イタリアでは，登記の必要とされる権利につき，訴訟の継続前後に係争の不動産に対し物権などを取得した利害関係人との関係で，判決の効力を請求時まで遡及させて，その法的地位を確保するために，「裁判上の請求」の登記が義務づけられている。これは，第三者を保護する制度でもあるので，わが国の仮登記と類似の機能を果たす面もなくはないが，実体的な権利保護要件が加重され，対抗問題類似の機能も含むので，特殊な制度となっている。

(ウ)　**「登記の連続性」の原則**
対抗問題の前提として，前主からの一連の登記の連続性が求められてお

り，中間の物権変動の登記が欠缺すると，後続の登記は対抗力をもたないのが原則であるが，このほかに対抗問題とは無関係に，ただ登記の公証力を完全にするために必要とされる場合もある。

（エ）　登記の形式的な公示機能

財物の由来，帰属，用法，及び課税状況を明らかにするために，その権利関係を直接表象する目的も有している。

不動産の権利関係をより完全に公示し，一般に権利関係を明確にするための純然たる公示機能しか果たさない登記もあり，民法典でもこの種の登記が予定されている。民法2651条によれば，不動産所有権と他物権につき，時効もしくはその他登記に服しない法的原因によって生じた取得・喪失という結果を確定する「判決」は登記しなければならないことになっているが，かかる判決の登記は時効取得等の成否とは無関係であることは後述の通りである。また，かかる登記をしなくとも，同一不動産の取得につき先に登記をした第三者にも対抗できるし，登記連続の原則に違反することもないと解されている(Cass., 21-6-1954, n. 2124, *Foro it.*, 1954, 1, 893)。

（オ）　登記の推定力

不動産所有権の負担となる権利が登記によって公示されている場合に，当該不動産の取得者がその負担となる権利を認識・知悉していたという事実を登記から推定することはできない。登記はあくまでも同一の前主から矛盾する権利を取得した当事者間の紛争・優劣を解決するものであり，法律上の推定を与えるものではないからである。

たとえば，売主が買主に対し売買の目的物につき負担の存在しないことを保障しなければならない場合に，買主が登記の調査を介して，負担の登記の存在を知り得る可能性があったことは当事者間では重要な意味をもたない(Cass., 6-8-1983, n. 5287)。

（カ）　公示力の機能的区別

対抗力ないし法的地位の確保という機能を果たす場合には，登記は，pubblicità-dichiarativa と称され，単に権利関係を公示・告知するにすぎないときは，pubblicità-notizia と称される。前者は，元来ドイツ法のような

登記主義ではないという趣旨で，dichiarazione（表象）という用語が使用されたものと思われる。

4　登記主義の地域

イタリア北部の若干の地方（Trento, Bolzano, Trieste, Gorizia など）はかつてオーストリアに占拠されていたことから，オーストリア法の「登記主義」が導入され（「公信の原則」も採用されている），今日でもかかる法状態が堅持されている。

1929 年 3 月 28 日勅令（1974 年 10 月 29 日法律第 594 号及び 1977 年 8 月 8 日法律第 564 号による修正）によれば，「登記主義」（sistema dell' intavolazione）をとる地域では，登記は移転的効力の成立要件であり，「土地登記簿」に登記がなされない限り，当事者間でも売買は債権的効力しか生じないので，以下のイタリア法の原則は適用されない。

III　登記に服する行為

1　基本的な登記事項

(1)　法定の登記事項

登記が可能な法律行為等は一応は具体的に法定されている（民 2643 条 1 号から 14 号）。不動産所有権の移転，用益物権の設定・移転・変更のほか，かかる物権の放棄はいうまでもないが，イタリア法に固有のものもある。すなわち，永借権の解放とその判決，強制執行による物権の移転に係る処分，9 年を超える存続期間（当初の期間）の賃貸借契約，3 年以上の期間につき弁済期に達していない賃料の免除ないし譲渡を生ぜしめる行為と判決，不動産物権の利用権を出資する会社・組合の行為で，9 年を超える（又は不確定の）期間のもの又は同様の効果を有する業務提携組合の設立行為，及

び不動産収益担保契約に加えて，以上の権利に関する和解契約と以上の各権利の変動を生ずる判決が，それぞれ個別に列挙されている。

　もっとも，同条所定の契約の効果を生ずるその他すべての行為又は処分も登記が必要とされているので(民2645条)，上記の限定主義の意義はこの限りで後退している。

　以下，問題となる具体的な登記事項を幾つか取り上げておこう。

(2) 予約の登記

　以上のように登記は契約の物権的効果を公示するのが建前であるので，本契約の予約では債権的効果しか生じないことから，不動産物権の取得を目的とする予約(contratto preliminare)は，本来的には登記に親しまないと解され，従来は，予約の登記に対して否定的見解が主流であった。しかし，先述のように，予約の重要性が増大した結果，1996年12月31日緊急命令第31号(1997年2月28日法律第30号により法律に転換)の改正法により(民2645条の2)，不動産物権の移転や設定などを目的とする予約は(建築予定の建物に関する合意も含む)，登記が可能となった。この登記をすれば，予約が履行されて本契約が登記されるか，又はその旨の判決がでると，本契約の登記よりも先の第三者の登記に優先する。

　ただし，予約登記は，あくまでも「仮の効力」(efficacia prenotativa) しかもたない。したがって，本契約の登記又は予約を履行するその他の行為の登記若しくはその旨の裁判上の請求の登記が，本契約の締結につき当事者間で約定された日から1年以内又は予約登記の日から3年以内に実現されない場合には，予約登記の効力はかつて生じなかったものとみなされる。

(3) 売買と登記

　(ア) 債権的売買

　不動産の債権的売買は登記に服し，いまだ移転的効力が生じていない段階でも直ちに登記ができるとするのが，破毀院の立場である(Cass., 31-5-1971, n. 1637, *Giust. civ.*, 1971, 1, 1616)。学説では反対説もある。登記の対象

が権利の変動であることから，移転的効力が生じない限りは，登記の対象が存在しないことを理由とする。

　(イ)　不特定物の売買

　不動産売買の目的物が契約締結当時には具体的に特定していない場合でも，この種の売買契約は登記に親しむのかが問題とされているが，公示によって実現すべき目的との関連で，消極的に解されている。たとえば，売主の所有する不動産の一部を買主が選択することによって契約締結後に他の部分から分離しなければならない場合には，不動産の性質や範囲の正確な指示との関連のほか，代金の確定との関連でも，目的物が選択によって特定するまでは，目的物の特定可能性だけでは，その契約の有効性は認められるとしても，登記を認めるには不十分である，と解されている (Cass., 18-1-1979, n. 367, *Giust. civ.*, 1979, 1, 829)。

　(ウ)　「将来の不動産」の売買

　将来の不動産(建築予定の建物のごとし)を目的とする売買は，破毀院によれば，登記が可能である。というのは，当事者間の合意のみによっては買主への物の所有権の移転は確定しないが，不動産が存在するようになると，移転的効力を生み出すことが可能となる債権的売買の一場合となり，したがってまた，民法2643条1項にいう不動産所有権の移転を目的とする契約のなかに含まれることになるからである (Cass., 10-7-1986, n. 4497, *Riv. not.*, 1987, 1261)。そこで，かかる登記をすれば，建物が完成することを条件として，地上建物につき権利を取得した未登記の第三者ないし遅れて登記を経由した第三者に対抗できる。なお，この場合に，建物完成前にその旨の裁判上の請求を登記することは必要とされない (Cass., 10-3-1997, n. 2126, *Giur. it.*, 1998, 1, 1, 648)。しかし，契約の移転的効力を重視する学説では，登記可能性は否定される。

　この売買に関連して，幾つか付随する問題がある。地上建物の登記を否定する学説でも，たとえば，建築予定の建物の「敷地」を移転することを目的とする合憲は可能であるので，この種の契約であるならば，土地については登記が可能となる。判例の立場でも，地上建物を除いた土地

(suole)のみの売買は有効であり，その旨の登記が認められている(Cass., 3-12-1964, n. 2851, *Giust. civ*, 1965, 1, 488)。この場合，地上建物の所有権は建物が完成すると，附合によって，買主に所有権が移転することとなる。これに対して，当事者が建築予定の建物を土地とは独立の物として取り扱う場合には，その建物は「地上物所有権」の対象となるので，建物が完成しないと建物の登記はできないと解する立場でも，売主に地上権の設定意思がある限り，建物の完成前でも直ちに地上権の登記はできる(民952条)。

(エ) 他人物売買

他人の物の売買については，登記を肯定する見解もなくはないようだが，債権的売買につき登記を肯定する立場でも，これを否定する見解が多数説である。というのは，債権的売買では売主が所有者であるが，ここでは，売主が当該目的物の所有権を取得しないと(取得すれば，自動的に買主は所有者となるが)，まだ所有者ではないので，売主との関係でも，いわんや真の所有者との関係でも，登記はできないからである。したがって，それ以前になされた登記は無効となる。実務でも，買主はこの段階では売主との登記を請求できないとされている。それ故，その後に原所有者から二重に譲り受けて，有効な登記を取得した第三者には対抗できない。

(オ) 条件付・始期付売買

なお，条件付又は始期付売買等の法律行為については，明文の規定により登記が認められている(民2659条)。ただし，申請書の目録書にその旨を明らかにしなければならない。条件の成就が不可能になれば，登記も無効である。

(4) 時効取得と登記

イタリアでの時効取得はフランス法とは異なり，短期取得時効(10年)につき「権原名義の登記」が必要とされている (6章2節Ⅰ参照)。この登記は，ここにいう対抗要件としての登記ではなく，時効取得の成立要件である。

取得時効の効果を第三者に対抗するためには登記は必要ではない。時効

取得者と承継取得者との紛争は，時効完成後における(生前行為による)承継取得者との関係でも，時効取得の確認判決の登記は不要であり，また，承継取得者の登記に先行する登記も必要ではない(Cass., 28-5-1980, n. 3508; 11-10-1977, n. 4331)。この限りで，フランス法と同様に占有に絶対的な効力が与えられている。

強制執行での競売による取得の場合にも，それが原始取得ではなく債務者からの承継取得という理由で，上の原則が適用され，時効取得者が優先する(Cass., 28-1-1985, n. 443)。

なお，登記主義をとる地方では，登記関連法規(1929年3月28日勅令第499号)によって，時効取得者と登記簿上の権利を取得した第三者との紛争が解決されており，時効取得された権利の登記の前に，第三者が登記簿を信頼して当該権利を取得した場合には，第三者が優先することとなっている。ただし，これは公信の原則の適用の結果であるので，悪意者は保護されない。

(5) 地役権の登記

地役権も合意のみで設定できるが，承役地の譲受人に対抗するためにはその旨の登記が必要である。ただし，登記がなくとも，地役権を承役地の譲受人に主張できる場合がある。

承役地の売買契約書で地役権の存在が明確かつ具体的に言及されているときには(一般的な記載，雛形条項では不十分)，承役地の買受人はこの未登記地役権に拘束される。買受地の売買契約書に他物権の具体的な指摘があれば，買受人にはその存在につき認識の現実的な確実性が与えられるからである(Cass., 3-2-1999, n. 884)。

登記との関連では，土地の売買契約で譲渡地の利益のために売主の別の土地の負担において地役権が設定された場合に，登記の申請に必要な目録書において，所有権の移転のほかに地役権についても言及されているときには，地役権自体の登記の申請がなくとも，それで地役権の登記があったものと考えられている。

地役権の消滅についても，その旨の登記がないと，要役地の承継人に対抗できない。

地役権の設定行為が，当事者の合意によってその有効性や消滅につき条件を課された場合，これを第三者に対抗するためには，その旨の登記が必要である(Cass., 14-9-1965, n. 2005)。

なお，「家父の用法」による地役権については(後述参照)，登記がなくとも対抗できる。客観的な地役状態が公示の機能を代用しているからであろう。

(6) 賃貸借と登記
(ア) 都市不動産賃貸借

イタリアでの都市不動産の賃貸借は建物を中心とし，居住用賃貸借と商業用賃貸借とでその賃貸借特別法上の保護を異にするが，登記との関連では，民法典上，存続期間が9年を超える場合(ただし，最長期間は30年，民1573条)と9年以下の場合に区別され，9年を超える賃貸借のみが登記できることになっており(民2643条8号)，登記をすれば譲受人にも対抗できる旨の規定がある(民1599条3項)。しかし，物権相互間の対抗問題のように，いわゆる「食うか食われるかの関係」にはないようである。というのは，登記が経由されていない9年を超える賃貸借の場合でも，第三者との関係で賃借権の存在自体が否定されるのではなく，当初の契約の成立から9年間は存続するとされているからである(民1599条3項)。いわば，存続期間を対抗するという趣旨であろう。

他方で，9年以下の賃貸借契約では，確定日付があれば，譲受人に対抗できる(民1599条1項)。確定日付がない場合には，対抗できないが，ただ賃借人が目的物を所持しているときに限って，譲受人との関係では，期間の定めのない賃貸借につき法定された期間は保護されることになっている(民1600条)。たとえば，家具付き建物の借家では，賃料を定めた期間が存続期間となり，家具付きではない借家や商業用賃貸借では1年である(民1574条)。

ところで，特別法(1978年法律第392号)により法定更新で9年を超える場合もあるが(商業用賃貸借の当初の契約の期間は6年が最短法定期間であり，正当事由がないときには，12年間に延長される)，この場合には，当初の契約期間が基準となると解されているので，確定日付が対抗要件となる。一方，民法典では，「終身の住居賃貸借契約」も認められているが(民1607条)，これは期間が不確定ではあるものの，登記が可能と解されている。

(イ) 直接耕作者による農用地賃貸借

直接耕作者(coltivatore)による農用地賃貸借契約(affitto)も他の賃貸借と同様に，民法典によれば，存続期間が9年を超えるときには，書面契約であるし(民1350条8号)，また，登記が対抗要件となっている(民2643条8号)。しかし，特別法(1982年法律第203号41条)によって，この種の契約は，口頭でも有効であるし，未登記でも第三者に対抗できることになっている。この法律の施行当時の契約にも適用される(Cass., 18-5-1999, n. 4804)。なお，資本家的借地農は本法の保護を享受しない。

(7) 永借地の解放と登記

永借人は，貸与者(concedente)・所有者に対し一定の償金を支払うことによって，完全所有権を取得できることが，法定されている(民971条)。かかる解放行為も物権の変動を生じさせるので，その旨の登記が必要とされる。そこで，永借人が貸与者に対して行使した解放行為が未登記のままである場合には，貸与者が第三者に対してその準所有権を譲渡し，その旨の契約の登記が先になされると，この第三者の所有権取得が優先することとなる。

同様に，かかる未登記の解放行為は，第三者が貸与者に対して予約により当該農地の準所有権を取得することを目的とする特定形式の履行を求めて，その裁判上の請求を登記した場合にも，予約権者に対してはその所有権移転を認める判決を阻止する効力をもたない。かかる判決の登記は，裁判上の請求の登記の時に遡及するので，民法2652条2号によって，解放行為の登記に優先するからである(Cass., 18-4-1975, n. 1495, *Giur. agri.*, 1978,

228)。

(8) 不動産収益担保権と登記

イタリア民法典は，債権契約の一種として，債権者が債務者から不動産の引渡しを受けた上で，その果実を債権の利息，元本に順次充当することのできる契約(contratto di anticresi)を用意している(民1960条)。これは，人的担保の一種であり(保証，信用委任の次に規定されている)，担保物権ではないが，本条12号がその旨の登記を認めているので，登記がなされると対抗力が付与され，実質的には物的な性質を備えるようになる，と考えられている。機能的には，「不動産質」(フランス法はantichrèseを質の一種とするが，イタリア法は動産質と権利質に限定)の一面を備えている(詳しくは，7章4節を参照)。

先に登記がなされると，これと矛盾する用益物権や所有権の取得に優先するし，抵当権者にも優先して売却代金から弁済を受けられる。ただし，あくまでも債権であるので，たとえば，その放棄につき(物権については，民2643条5号参照)，登記することはできないというような限界がある。

(9) 判決の登記

不動産に係る権利の設定・変更・移転を目的とする訴訟の判決は，登記されねばならないので，その旨の登記がなされないと，登記の必要な行為に基づいて当該不動産の権利を取得した第三者には対抗できない(民2643条14号)。この判決は不動産物権の変動を直接目的とするものに限定されるので，所有権等の物権の防御権(確認請求，返還請求及び否認請求)に関する訴訟の判決は，ここでの実体的な対抗力レベルで問題となる判決ではない。

登記の必要な判決には既判力を必要としない。単なる宣告で足りる。たとえば，売主が破産した場合に，破産宣告前に登記された一審判決によって認容された所有権取得は，破産財団に対して対抗できる(Cass., 3-2-1969, n. 321)。

(10) 公用徴収と登記

公用徴収(espropriazione)による不動産の取得については，対抗要件としての登記は必要ではない。特別法(1865年1月25日法律第2359号)所定の登記は行政処分を公示する機能にとどまるので，当該行政処分だけで絶対的な効力が生ずる。

2 登記に服するその他の行為

民法2645条は，対抗要件としての登記が必要な行為について，2643条所定の事項のほかにも，「不動産又は不動産の上の権利につき同条所定の契約の何らかの効果を生ずるその他すべての行為又は処分」を指摘している。どのような場合がこれに該当するのか必ずしも明らかではない。破毀院は限定的に解釈している。不動産所有権の負担となりうるのは，典型的な物権と同視しうる不動産に関する権利であり，たとえば，非典型的な確定した物権や，「物のための債務」(obbligazioni propter rem)がこれに当たるが，純然たる債権的性格の不動産権は除かれる(Cass., 22-7-1969, n. 2764, *Giust. civ.*, 1970, 1, 922)。

国有財産の海面上(あるいは海岸)における「建築権限の許可」(concessione ad aedificazione)も登記に服する(Cass., 27-1-1971, n. 198, *Foro it.*, 1971, 1, 1646)。

また，不動産物権の確認の判決も，本条の登記に服する(Cass., 20-4-1971, n. 1132, *Giust. civ.*, 1971, 1, 1651)。認証されていない私文書の売買契約で不動産所有権が移転したことを確認する判決は，民法2645条及び2653条1号により，登記が可能であるので，民法2653条1号後段の適用もある(この「請求の登記」によって，原告はその後に相手方から登記に基づいて権利を取得した第三者にも対抗できる)(「裁判上の請求」の登記については，本章2節Ⅶを参照)。

さらに，不動産売買が私文書で約定されたが，売主が公的文書による手続(登記手続)をとることを拒否した場合には，買主側に所有権の移転が生じたことの確認判決は，本条により登記が可能である。

建物の建築主が建物の譲渡に際して屋根ふきテラスの所有権とその増築権を留保した法律行為は，物(res)の支配秩序，ことに当該建物の固有の権利関係に影響を与えるものであるから，本条にいう登記に服し，その後の移転行為に当該約定が言及されていない場合には，その旨の登記がないと，民法2644条と本条との趣旨から，当該建物の第三取得者に対抗できないと解されている(Cass., 14-11-1997, n. 11250)。

3 夫婦・家族財産制と登記

　家族の所有する不動産の権利関係については，夫婦財産制の性質とも絡んで複雑な関係となることが多いので，第三者には容易に判断しがたい面もある。イタリア法は，とくにこれについては登記法のところで明文の規定(民2647条)を置いている。

　ただし，夫婦財産制自体の公示（民162条）との調整が問題となるところ，不動産登記は，かかる公示制度を補完するものと考えられている。

(1) 夫婦財産制

　夫婦間の財産関係(rapporti patrimoniali tra coniugi)は，法定共有財産制(comunione legale)を原則とするが，合意による共有制(comunione convenzionale)によって，それを修正できる(民159条)。この合意はいつでも可能であるが，公正証書が成立要件であることのほか，合意の内容を第三者に対抗するためには，婚姻証書(atto di matrimonio)の余白にその旨を付記する必要がある(民162条)。加えて，法定共有関係から特定の不動産を排除する場合(又は後に法定共有制に組み入れた場合)には，その合意(公正証書)は取得行為と一緒に登記されねばならないとされている(民2647条)。実際，登記がなされないと，婚姻証書の余白の付記から，夫婦間の共有関係を部分的に修正するかかる合意を，第三者が理解することは困難であるからである。つまり，不動産の場合には，「二重の公示」が求められているわけである。

これに対して，夫婦が夫婦財産制として財産分離の形式(別産制)を選択した場合には，事情を異にする。第三者は，夫婦の一方が後に取得した不動産につき然るべき推論を引き出すためには，婚姻証書の余白の付記から，財産分離の存在を十全に理解することができるので，後に不動産を取得したときにも，先にした財産分離制度の選択行為を登記しなければならないという必要性は認められないからである(Cass., 22-1-1986, n. 397, *Foro it.*, 1986, 1, 926)。それ故，一方配偶者が不動産を取得した行為は，財産分離制の選択後であっても，民法2647条の予定している登記には服しないので，他方配偶者に対して手続きをとった債権者にも対抗できる。けだし，財産分離という夫婦財産制の選択は，婚姻証書の余白の付記から判明するからである(Cass., 22-1-1986, n. 397, *cit.*)。

(2) 家族の基本財産制

1975年5月19日法律第151号によって導入された「家族の基本財産制」(fondo patrimoniale) については，民法167条以下が規定するが，家族の必要に対処するために家族の財産に処分・用途制限を課すものである(農家の財産など)。この財産の設定は夫婦財産契約に含まれ，その方式や対抗要件も，夫婦財産契約の規律(民162条)に服する。ただし，不動産に関するかかる家産的拘束については，民法2647条によって処理されるので，登記がないと，第三者に対抗することができない(民2685条は動産についても同旨とする)。

IV　登記の対抗力

1　意思主義と登記の効力

(1) 理論的な問題状況

イタリア法も，フランス法家族に属するので，特定物の所有権の移転，

ないしはその他の物権の設定・移転を目的とする契約では，当事者の合意によって物権的効力が発生する（民1376条）。しかし，かかる物権的効果を当事者以外の第三者に対抗するためには，先述のように，その旨の登記を経由することのほかに，法所定の要件が必要とされる。そこでわが国と同様に，意思主義と登記の効力・対抗要件主義との関係をどのように理論的に調整するのかという問題が学説によって古くから議論されている。

二重譲渡の場合，譲受人は第一譲渡によって処分の権原を完全に喪失しているはずであるという疑念・見解はイタリアでも根強く今日まで主張されてきた。無論，譲渡人が第一譲渡によって究極的に処分権原を失うとすれば，第二譲受人の取得は原始取得になり，それでは動産の善意取得と同様の法的状態が形成されるが，その旨の明文の規定がないことのほか，不動産の対抗問題に関する規定と著しく齟齬することになるので，かかる見解は少数説にとどまっている。

それ故，学説では，二重譲渡の可能性を前提として，譲渡人の処分権原の理論的な説明に関心がもたれてきた。

(2) 学説の対立

イタリアでは，フランスとは事情を異にし，この種の理論的な問題につき，さまざまな見解が主張されてきた。奇しくも，わが国と基本的にはほぼ同じような理論状況にある。

ある説によれば，登記を具備しない物権変動も本来はすべての関係で効力が生じているが，登記を先に経由した第三者が抗弁することによって，その取得が相対的に失効する。他の説では，未登記の物権変動は，後の取得行為が登記を具備することによって無効となる，と解される。また，未登記のままでは，相対的に所有権が移転するのみであるとか，債権的効力にとどまるとかの主張があり，登記によってそれが絶対的になる，という見解もある。

一方，実体法的な説明は不可能として，訴訟法的観点から，ここでの登記を権利帰属の優劣を判断する「法定証拠」と解する学説もある。つまり，

登記を経由しない物権変動も実体法上は完全なる効力を生じているが，先に登記を具備した取得者から異議が出されると，裁判官はかかる未登記物権変動を斟酌することができない，という。さらに，民法典の法規によって，処分の適法資格(legittimazione a disporre)と売却目的物の権原名義(titolo)とが分離され，処分の適法資格は，一方の譲渡が登記されるまでは，他方の譲渡当時にはまだ譲渡人に残されている，と構成する説もある。この見解は，民法2644条が公共の利益のために登記と真実の権利関係との不一致を回避することを目的としていることから，法規によってかかる処分権原が付与されると考えているわけである。加えて，法規に依拠する点は共通しているが，未登記の第一取得が第二取得の「登記」という「法律に基づく解除条件」の成就によって遡及的に失効する，との構成をとる有力な学説もある。

(3)　いずれも未登記の場合

　二重譲受人がいずれも前主との関係で取得の登記を経由していない場合には，両者の関係はどうなるか。この点はフランス法と同様に権原名義・証書の先の日付によって優劣が決せられるとするのが通説である。「時において早ければ，権利においてより強し」(*prior in tempore, potior in jure*)という「原則」に戻るという解釈である。ただし，異論もある。登記がない限り，真の，究極的な承継人の確定は未解決のままであり，登記がない限りは，所有権が移転しないので，登記の欠缺を救済できるものは，登記だけであるとする学説もある。

2　登記の効力の制約

　前述のように，同一不動産の複数の取得者間における紛争は，取得行為の登記又は法所定の不動産物権を目的とする訴訟の判決もしくは裁判上の請求の登記の先後によって解決される。

　第三者に対して取得の行為又は判決の効力を対抗できる旨を法規が規定

している個別のケースでは，もっぱら法規が規定している効果だけが登記から生ずるという意味で限定的であるだけではなく，かかる効果は，法規がとくに指示している行為又は判決によってのみ生み出されるという意味においても限定的である，と解されている(Cass., 26-11-1976, n. 482, *Giust. civ.*, 1977, 1, 461)。ただし，登記事項の一般的な条項もあるので(前述参照)，制限的に解釈されているものの，登記事項はかなり広範囲に及んでいる。

なお，登記は現実に存在する権利の取得者間での紛争を解決するものであり，権利の取得の有効性ないし瑕疵を治癒できるものではないので，先に登記された取得者の権利の移転的効力が生じていない場合には，未登記の取得者は先の取得者の登記された権利を争うことができる(Cass., 19-9-1975, n. 3067)。また一方の権利取得が無効・取消しうるものであるときには，対抗の問題も生じない(仮装の契約につき，Cass., 15-12-1975, n. 4122, *Giur. it.*, 1977, 1, 1, 671)。

3　第三者の悪意

(1)　単純なる悪意

イタリアでも，第三者の悪意(mala fede)が問題となっているが，破毀院は悪意の第三者でも未登記(ないし遅れた登記)の二重譲受人は対抗できないと解している。すなわち，先に登記をした第二取得者が同一の前主によってなされた先の譲渡行為を現実に認識していた場合でも，未登記の第一取得者はかかる第二取得者に対して対抗することはできない，とする(Cass., 15-7-1966, n. 1885, *Foro pad.*, 1967, 1, 883)。このような破毀院の立場は，旧法典時代から一貫しているが，同時にイタリアの立法者の姿勢でもある。旧法の立法に際して参酌された当時のベルギー民法は「善意」を要件としていたが，イタリアの立法者はこのことを十分に考慮した上で，不動産取引の安全性，登記の機能の確実性を重視したからである。

悪意の第三者は，せいぜい未登記取得者に対して一定の要件がある場合に損害賠償責任を負うだけである。第三者が先の取得者の権利を詐取する

ことを目的とする詐欺的な企図があったか，又は少なくとも先の未登記の売買の存在を熟知し，先の移転的効力を奪うことによって譲渡人の契約不履行に加功したときには，契約外的責任，不法行為責任を負うこととなる(Cass., 18-8-1990, n. 8403, Foro it., 1991, 1, 2473; 21-3-1989, n. 1403, Foro it., 1990, 1, 222)。損害賠償額の判断にあたっては，第一買主の過失も斟酌されるので，過失相殺がなされることが多いであろう。

　上記の損害賠償は10年間（通常の時効期間）は請求できる(Cass., 15-6-1988, n. 4090, Foro it., 1989, 1, 1568)。また，未登記の譲受人は第一売買を解除できるが，その請求は通常の消滅時効に服し，時効期間は第二譲渡の時から進行する(Cass., 17-11-1998, n. 11571)。

　ともあれ，わが国のように，背信的悪意者には登記なくして対抗できる，との準則は判例によっても形成されていないことに注目すべきである。かかる立場は登記制度の下では行き過ぎているとするのが，イタリアの学説の基本姿勢である。

(2)　詐欺的悪意

　ただし，未成年者等の制限行為能力者の法定代理人が詐欺的行為をして先に登記を経由しても，登記の欠缺を主張しえないことについては明文の規定(民2667条3項)がある。イタリアの学説はかかる規定があるがゆえに，かえって厳格なる反対解釈をしている面もなくはない。

4　二重譲渡と詐害行為

　二重譲渡の第一譲受人が登記を先に了した第二譲受人に対抗できない場合に，自己の売主に対する債権を保全するために，第二譲渡の取消しを請求できることがある。かかる詐害行為取消権(azione revocatoria)は，特定債権の保全のためではなく，譲渡人に対する損害賠償請求権に関する財産的担保のために認められるものであることはいうまでもないので，つぎのような一定の要件が必要とされている。原則的には，債務者が債権者の財

産的利益にもたらす侵害を知っていること，および，有償名義の行為の場合には，第三者（受益者）が債権者を詐害することを知っていることであるが，取消しの対象である行為（ここでは第二譲渡）が保護されるべき債権より先に生じている場合には，要件が加重され，詐欺的予備(dolo preordinazione)に第二譲受人が加功していることか，又は将来の債権の担保を侵害する意図を有していることが必要とされる（民2901条1項1・2号）。

二重譲渡ケースの場合には，第二譲受人の登記によって，初めて損害賠償請求権が発生するので，要件が加重されるケースとなる（わが国では，詐害行為後の被保全債権では取消権は認められないが，特定物債権の保全の問題として捉え，判例は，特定債権もいずれは損害賠償債権に変ずるとして，この問題をクリアする）。いずれにせよ，この要件を充足する場合には，取消しによって第二譲受人の登記が失効する。第二譲受人は自己の権利を行使するしかなく，第一譲受人に対して責任を問うことはできないのはいうまでもない(Cass., 1-6-1976, n. 1983, *Giust. civ.*, 1976, 1, 1647)。

ただし，後述のように，取消訴権は債務者の財産中に逸出財産を回復することを目的としているものではないので，取消権の効果として直接，取消権者自身への原状回復・移転登記は請求できないと解されている。

なお，取消請求を認容する判決が出ても，その「裁判上の請求」を登記する前に，登記された行為に基づいて取得された善意の第三者の権利（有償名義）を害することができない（民2901条4項，2652条1号）ことになっている（本章2節Ⅶ参照）。

＊「詐害行為取消権」について
①　訴権の機能

取消訴権の目的は，債務者の責任財産から逸出した財産を執行訴権によって確保し，もって債権を保全することにある。したがって，この訴権は，債務者の財産中に当該財物を取り戻すことを目的にしているというよりも，むしろ，取消権者との関係で，債務者によってなされた処分行為が債権者の執行訴権から当該財物を逸出させる効果を有しないことにつき「確認すること」を眼目にしている。それ故，実質的には代理人である債権者との関係でも，

第三者は，依然として所有者のままであり，ただ，あたかも債権者が財物に対して追及権を有する如く，債権者の執行訴権に服することになる（Cass., 1985, n. 3757; 1991, n. 1691），といえるであろう。

学説では，このような効果につき，取消権が当該取消債権者にのみ役立つということから，「相対的無効」（inefficacia relativa）と称したり，あるいは，取消しが取得者の権利取得を妨げるのではなく，一般原則によれば，譲渡された財物は一般債権者の執行訴権の対象とはならないところ，かかる執行訴権から免れさせることを妨げるという意味で，「一部無効」とも称される。

なお，取消無効の効果は善意の第三者（有償名義）には及ばないとされている（民2901条）。この規定は，詐害性のある行為の客体が転得者に売却されたような場合にも適用される。それ故，転得者の取得行為の取消しは最初の処分行為の取消し可能性に依存すると解されているようである。

② 特　質

イタリアの取消訴権は，もっぱら取消債権者の利益にのみ提起され，その効果についても取消債権者のみが恩恵に浴する。代位訴権（民2900条）が他の債権者の利益のためにも提起されるものである点で，同じく責任財産の保全として同一の体系的位置にあるにもかかわらず，大きな性質上の相違がみられることに留意する必要がある。

そこで，他の債権者は当該訴訟にも執行手続にも介入できないこととなっている。ただ，第三者に対する個人的な債権者のみが訴訟・執行手続に介入できる。これは，財物が第三者の所有に属するにもかかわらず，債務者の責任財産中に留まっているからであるが，むろん，この場合でも取消債権者が優先するので，他の債権者は，責任財産に余剰がある場合に弁済を受けられるだけである。

③ 効　果

取消債権者は，詐害行為の無効判決に基づいて第三者に対し執行訴権を提起し，取り消された行為の目的物である財物を保全することができる（民2902条1項）。目的物が換価されて取消債権者が満足を得るまでは，第三者は財物の回復につき対抗できない。残余があれば，第三者に帰属するが，それは彼の所有権によるものであり（*jure domini*），彼の債権によるもの（*jure creditoris*）ではない，と構成されている。

V 「登記の連続性」の原則

1 制度の趣旨と機能

(1) 登記の連鎖と対抗力

　イタリア登記法を理解するためには,「登記の連続性」の原則もあわせて検討しておかねばならない。物権の変動のプロセスを忠実に登記簿に反映させないと，たとい矛盾する物権変動の登記よりも先に登記を了したとしても，現在の登記の対抗力が生じないことがあるからである。

　登記の対抗力は，同一の前主から矛盾する権利を譲り受けた複数当事者間の紛争を解決するものであるから，共通の前主に対して登記を経由することが必要とされる。ところが，別の前主からの取得であるが，その前主が共通の前主から取得していた場合にも，同様の二重譲渡問題が生ずる。たとえば，同一の権利が一方ではA→B_1→B_2と譲渡され，他方では，A→C_1→C_2と譲渡された場合に，現在の名義人B_2とC_2のそれぞれの前主B_1とC_1との登記の前後によって決めるのか，又はB_2とC_2との登記の先後で決めるのか，という疑問が生ずる。イタリア登記法は人的編成主義をとっているので，登記も二重に経由されることがあるからである。

　別のケースでも複雑な問題が生ずる。同一の不動産がA→B→Cと譲渡され，Bは未登記のままでCがBとの関係で登記を経由し，他方，DがAから当該不動産を譲り受けてその旨の登記を了した場合に，CDのいずれが優先するのかは，単純にその登記の日付だけでは決められない。

　旧法時代の通説は，現在の所有者の登記の日付だけではなく，共通の前主との関係も考慮に入れるべきだとして，いずれのケースでも，Aとの関連での登記が経由されていない場合には，その登記は優先効をもたないと解し，これを「登記の連続性」の原則と称していた。現行法はこれを制度化したわけである(民2650条)。

　現行法は，自己の現在の「取得に先行する行為が登記されていないとき

には，効果を生じない」としているので，旧法時代よりもより厳格になったと解されている。つまり，旧法時代では，一方では(D→) A→Bに譲渡され，他方で，(D→) A→Cに二重に譲渡された場合には，BとCとの優先問題はAとの登記の先後で決まったが，現行法では，当該取得より前の行為が登記されていないと，登記の連鎖が欠けることとなるので，上のケースでは，AがDとの関係で登記を経由していない現在の登記は効力がないとされる。つまり，その後の登記は無効となるので，登記の対抗力も生じない。両当事者の紛争の解決は別の基準(取得の日付)による。

なお，「登記連続の原則」の例外が法定されている(民2650条3項)。不動産譲受人と分割当事者が取得した「法定抵当権」については(本章2節Ⅱ2を参照)，その登記前に物権取得の登記を経由した第三者にも対抗できることになっている。

(2) 無効な登記の治癒

連続性のない上記の登記は無効であるが，登記だけが無効であり，権原名義が無効となるわけではない。それ故，事後にその欠落した登記が経由されると，後の登記は遡及的に有効となる。このことによって，対抗力にも影響が生ずることがある。

前記の前のケース〔A→(B)→CとA→D〕では，事後にAB間の登記がなされても，CはDに対して優先しないが，後の「同一の前主からの二重譲渡」ケース〔(D)→A→B，(D)→A→C〕では，DA間の登記が経由されれば，BC間は対抗関係となり，その登記の先後で優劣が決まることとなる。

2 「登記連続の原則」に服するその他の登記

(1) 「分割」の登記

民法典は，共有不動産の分割(裁判上の分割等も含む)についても，別の条文(民2646条)で，登記の必要性を規定し，さらに，裁判上の分割の「請

求」も登記しなければならないとする。

しかし，この登記は，対抗力との関係で必要とされているのではなく，登記連続の原則から求められたものと解されている。分割が宣告的性質をもち，設定的・移転的性質をもたないということが，その理由である (Cass., 4-5-1985, n. 2800)。登記義務が課されるのは，共有分割者間の持分の分配と帰属の対象となった物に限定され，共有者が共有関係を維持した物については，登記義務はない。

それ故，民訴法600条の執行裁判官(giudice esecuzione)によってなされた現物分割の裁判の登記がなされていないときでも，当該不動産全部を差し押さえた一部共有者の債権者に対しては，対抗できると解する判決もある (Cass., 7-11-1969, n. 3634, *Giust. civ.*, 1970, 1, 208, 1673)。

要するに，分割自体は登記がなくとも，第三者に対抗できるが，分割された物の特定承継人は，登記連続の原則により，分割の登記が経由され，その登記に基づいて自己の取得の登記を経由しなければ，移転的効力が完全なものにはならないという趣旨と思われる。

(2) 相続的承継と登記

(ア) 相続的承継と「登記連続の原則」

相続の承認，遺贈の取得等により，相続財産につき登記を要する不動産物権を取得した場合にも，その旨の登記が必要である(民2648条)。ただし，以下の事情から，この登記も対抗要件としての登記ではなく，登記の連続性の原則から必要とされたものである。

被相続人の人格を承継する相続人は，相続人が締結した契約をそのまま承継する。それ故，相続人と被相続人からの特定承継人との紛争は，その取得の登記の先後によって解決されることはできない。相続人は，相続の登記が取得者の登記よりも前であることを理由に，取得者の権利取得を排斥できないと解されている (Cass., 15-5-1997, n. 4282, *Riv. not.*, 1998, 345)。また，受遺者も，相続人からの特定承継人(買受人)の登記の欠缺を抗弁できない。この場合には，被相続人・処分権者による遺贈目的物の売却は遺

贈の取消しを形成することとなり，したがって，遺贈の登記を先にしてもその権原が存在しないからである (Cass., 4-5-1985, n. 2800)。

　要するに，相続登記自体は対抗要件としての登記ではないが，相続を経由した後の取得については，相続登記がなされないと，登記の連鎖が欠けるので，たといその取得の登記を了しても対抗力が生じない，という趣旨である。

　そこで，「相続に召還された者」(chiamato)(相続人のこと)が民法 2648 条にいう行為に基づいて相続の承認の登記を経由していない段階で，かかる相続人から契約により不動産物権を承継した取得者は，受遺者が民法 534 条，2644 条及び 2650 条によって自己の権原名義の登記を了すれば，このような受遺者には対抗できない。この種の契約の登記は，受遺者の登記に先行しても，登記連続の原則により，相続承認の登記がなされた場合にのみ，その効力を有するにすぎないからである (Cass., 28-5-1984, n. 3263)。

(イ)　相続財産の二重譲受人と対抗問題

　ただし，同一不動産を被相続人から生前に譲り受けた者と相続人から譲り受けた者との紛争は，同一の前主からの二重譲渡となるので，民法 2644 条により先に登記を経由した者が優先する，と解するのが破棄院の確定した立場である (Cass., 21-5-1979, n. 2929 など)。

　ところが，学説では，この場合にも，登記連続の原則を重ねて適用する見解がある。この見解によれば，相続人からの譲受人が優先するためには，「相続による取得の登記」(民 2648 条)の経由が必要となり，この登記を被相続人からの取得の登記より前にしたときにのみ，被相続人からの譲受人に対抗できる。逆に，被相続人からの譲受人は，相続人からの譲受人の取得の登記よりもその取得の登記が遅れても，「相続財産の取得」に関する譲受人の登記より前に自己の登記がなされていれば，結局は，彼の取得が優先することになる，とする。

　なお，相続による取得が登記されたときには，生存配偶者に法律(民 540 条)によって直接遺贈される物権的居住権(未登記)と相続人から不動産を取得した者との物的支配をめぐる紛争は，対抗問題(民 2644 条)として処理

される (Cass., 21-2-1995, n. 1909, *Giur. it.*, 1995, 1, 1, 2060)。

(ウ) 表見相続人等からの善意取得者の保護

「相続登記」が経由されていること(登記連続の原則)が前提となるが，表見相続人からの有償取得が，真の相続人からの取得の登記(ないしは裁判上の請求の登記)に先行するとき，その取得者が善意であるならば保護されることになっている(民534条2項)。相続人名義からの有償善意取得が真の受遺者からの取得の登記に先行するときも，同様である。ただし，善意取得者は相続回復請求権を行使する相続人に対してのみ対抗できる。遺贈の目的物に対し所有物返還請求権を行使する受遺者には対抗できない (Cass., 29-7-1966, n. 2114, *Foro it.*, 1967, 1, 1867)。

Ⅵ 対抗問題に関する事件類型

ここで，アトランダムではあるが，対抗問題ないし登記連続の原則につき，裁判例で問題となっている幾つかの事件類型を簡単に紹介しておこう。

1 集合住宅の規約

集合住宅の所有・共有関係(わが国では区分所有権等)に対する規約上の制限が，これを承継した第三者にも対抗できるかという問題が生じている。

(ア) 建物の共同所有関係については，民法典自体にかなり詳細な規定が用意されているが(本書第5章「共同所有」2節を参照)，建物の共用部分と専有部分とに関する物権的な地位に関する特別の規定はないので，この問題は原所有者が作成した規約か又は集会での決議で成立した規約によることとなる。ただし，かかる規約に拘束される所有者から権利を譲り受けた第三者も，当然にこの種の負担を承継するかの問題がある。破棄院によれば，原所有者が一方的に策定した規約の条項については，原所有者によってすべての取得者に建物の区分所有権等の移転行為が事前になされたとき

にのみ，建物の共同所有関係を設定できるものであることから，そのことが第三者の権利取得の登記に遅れたときには，規約(拘束)の登記だけが先行していたとしても，かかる第三者にはその規約の効力を対抗できないと解されている(Cass., 14-12-1992, n. 13179, *Arch. loc.*, 1993, 264)。

(イ) 建物全体，したがって区分所有のすべてに課せられた負担・拘束を内容とする建築主・原所有者によって策定された規約は，それが不動産登記簿に登記されたときには，かかる規約を明示・黙示で承認した譲受人から区分所有権を転得した第三者にも対抗できる。また，その登記後に初めて建築主から直接に取得した者については，その個々の取得の行為においてかかる明示の特約条項が存在しないときでも，これを対抗できると解されている。けだし，これらの者すべては，規約や行為の約定に参画していないとしても，各自の取得行為の締結の前では，かかる公示された拘束の対抗可能性を目的とする規約との関連では第三者として理解されねばならないからである(Cass., 17-3-1994, n. 2456, *Giust. civ.*, 1994, 1, 1481)。

なお，区分所有の場所を一定の用途(たとえば歯科技工室)に使用することを禁止する規約は，個々の所有者の固有の権能を制限することになるので全員の同意が必要とされるし，その特定承継人に対抗するためには，不動産登記簿にその旨を登記するか，又は取得行為における言及ないし承諾が必要である(Cass., 1-6-1993, n. 6100)。

(ウ) 建物の使用・管理等に係る規約は，共同所有者の帳簿（民1129条3項，ただしこれは制度化されていない)に登録されることが必要であるが(民1138条3項)，これは対抗要件としての公示(pubblicità dichiarativa)であるので，その不履行は共同所有者の集会ないし原所有者による規約の有効性・効力には影響を与えない。ただし，かかる規約の登記を怠ると，区分所有(esclusiva proprietà) に課せられた制限については専有部分(unita immobiliari)のその後の取得者には対抗できないこととなる(Cass., 26-1-1998, n. 714, *Fallimento*, 1998, 711)。

2　主物と従物

　主物を対象とする行為ないし法律関係は従物も含むとの原則（民818条1項）は，別段の定めがない限り，登記制度にも適用されるので，登記の原因行為には従物につき明示の言及がなくとも，主物の移転に係る登記の効力は及ぶが，ただ，破毀院によれば，従物の客観的・主観的要件の存在につき疑念を抱かせないときにのみ，かかる適用が妥当とされる(Cass., 19-3-1990, n. 2278)。

　なお，民法818条3項は「従物としての性質の喪失については，主物の権利をそれ以前に取得した第三者に対しては，これを対抗できない」と定めている。ただし，従物が不動産であるときには，登記が必要となる。たとえば，主物の売買前に，従物である不動産のみが処分されたため従物関係が消失したときには，主物の買主の所有権取得の登記の前に，右の処分行為が登記によってなされたときにのみ，かかる買主に対抗できることとなる。それ故，先に処分行為がなされたということだけでは不十分である(Cass., 5-10-1983, n. 5790)。

3　非所有者からの取得

　(ア)　同一の不動産につき，非所有者からの取得(acquisto a non domino)と所有者からの取得とが競合する場合には，ここでいう対抗の問題ではない。登記は取得の瑕疵を治癒することはできないので，せいぜい短期取得時効の法律要件の法律事実となりうるのみである。

　(イ)　「善意者の保護規定」を介して，無権利者からの善意取得者が保護されることがある。たとえば，表見相続人から善意かつ有償で取得した者は，その旨の登記を先に経由すれば，真の相続人やその承継人に対しても優先する(民534条2項)。詐欺により不動産物権の譲渡等が取り消された場合には，取消権者は，取消しの「請求の登記」を経由する前に，善意で当該目的物を転得した者には対抗できない。なお，善意者の保護は，後述

のように，細かく個別的に法定されているので，わが国のように一般規定を類推適用するという問題は生じていない。

4 時効取得(特例法)

　時効取得は，その完成後に目的物を生前行為によって承継取得した者に対しても対抗できることは前述した。一般に権利取得を認容する判決，したがってまた時効取得を確認する判決についても，その旨の登記が必要とされているが(民2651条)，この登記は告知的意味しかもたないので，かかる登記が敗訴した権利名義人からの承継取得者の登記に遅れたとしても，時効取得者が優先することとなる。

　ところで，特別法によれば，一定の山岳地での荒蕪地を耕作し5年間占有すると，時効取得が可能となり，民法典はこれを短期時効取得の規定のなかに取り込んだが(民1159条の2)，その手続きは，1962年11月14日法律第1610号4条に定められており，確認裁判(decreto)によって所有権が移転することとなっている。かかる時効取得者から有償で承継した取得者と，当該農地を共同相続によって承継した共同所有者との紛争が問題となっているところ，前者の登記が後者の共有物分割の登記に遅れたとしても，前者が優先すると解されている。というのは，登記連続の原則は，原始取得と承継取得との間では適用されないからである(Cass., 20-3-1999, n. 2600)。

5　その他

(1)　公用収用と違法な占用

　収用手続は，不動産登記簿に基づいて所有者とされる者に対して開始され，実現されねばならない。ところが，その名義人が真の所有者ではなく，占用が収用主体との関係において適法な移転行為によって実現されず，したがって，一般原則により当該占用が法規違反及び損害賠償責任があるものと性格づけられることになった場合には，土地の現実的な所有者である

ことを証明する者は，土地登記簿の記載とは無関係に，損害賠償請求権を有すると解されている。損害賠償権者が自己の権利を登記していないという事実は，同一の前主からの複数の当事者間の権利の優劣を登記の先後によって決定するという登記の効力(民法2644条)との関係では，賠償権者の地位に影響を与えるものではないからである(Cass., 29-5-1997, n. 4738, *Diri. giur. edil.*, 1997, 1, 896)。

(2) 差押登記

一般債権者は，ここにいう「第三者」にはならないが，差押債権者は「第三者」に該当する(民2914条1号)。そこで，不動産所有権の取得者は，自己の前主の責任で実行された差押え(pignoramento)の登記よりも前に取得した権原名義を登記した場合には，強制執行の対象である当該不動産に対して自己の権利が存在していることを主張するために，民訴法619条による第三者異議を提起することができる。ただし，執行手続上の瑕疵を抗弁することや執行名義の効力に不服を申し立てることはできない(執行手続の当事者ではないから)(Cass., 21-8-1992, n. 9740)。

VII 「裁判上の請求」と登記

1 制度の意義と登記の機能

イタリア登記法の下では，契約の解除，無効・取消し等の法的効力によって不動産物権等の変動が生ずる場合に，その「裁判上の請求」を適時に登記すべき義務が当事者に課せられているが，このことが登記制度全体の理解を著しく困難なものにしている。すなわち，この種の登記事項につき，民法2652条は多数のものを法定しており，先述した対抗問題がいっそう複雑な様相を呈することとなる。

かかる制度の趣旨については，一元的な説明は困難であるが，たとえば

契約が何らかの原因により失効して真実の権利関係と登記簿上の記載との間に齟齬が生じた場合には，登記の安全性と確実性が崩れることになるので，〈*resoluto jure dantis, resolvitur et jus accipientis*〉(「失効した譲渡人の権利によって，譲受人の権利もまた解消する」) という原則と公示の機能とを調整・架橋するために，取得行為の無効等を目的とする一連の「裁判上の請求」を登記に服させることにしたものである，と考えられている。

具体的には，つぎのような結果となる。法定された事項に関する裁判上の請求が「認容」された場合には，それまでに係争の不動産物権を承継した特定承継人たる第三者に対して，「裁判上の請求」の時までかかる認容判決の効力を遡及させるというかたちで，当該不動産物権の対抗可能性が認められることとなる(Cass., 9-1-1993, n. 148)。逆にいえば，かかる請求の登記は第三者の保護のためにも認められるものであり，訴えを提起した者がその請求の登記を懈怠すれば，判決の効力ないし当該物権の取得をかかる第三者に対して主張しえないわけである。したがって，将来の第三者との関係で当該認容判決の効力を「保全する」ものでしかなく，その登記義務の不履行は裁判上の請求や判決に影響を与えるものではない。また，請求が棄却されると，請求の登記の意味・効力は消失する。ただし，第三者の利益との調整を図るものであるから，第三者に善意が必要とされることもある(後述参照)。

ところで，民法典は，以上の請求の登記とは異質の請求の登記を別の条文 (民 2653 条) に規定している。既判力を係争物の承継人に拡張するために訴訟法的な観点から請求の登記を義務づけたものや，その他特殊の目的によるものが規定されている。以下，両者に大別して解説する。

なお，ここにいう「裁判上の請求」については，和解に基づく仲裁制度の利用を相手方に通告する行為も，これと同視される旨の規定が追加・新設されている(1994 年法律第 25 号)。

2 登記に服する「裁判上の請求」(1)（民法2652条の場合）

(1) 請求の原因事由

　登記が必要な事項には明快な統一性はない。登記の必要な不動産物権（民2643条）に関する請求であることが前提とされているが，民法2652条所定の請求の原因（取得行為の瑕疵）は多様である。契約解除に基づく請求ないしはこれに準ずる事由（遺贈・贈与の解除，贈与の撤回，契約の破棄及び詐害的相続放棄の異議）による請求（1号），特定形式による履行請求（2号），取得行為に関する私署証書の署名の確認請求（3号）（登記の申請に公証・裁判による確認のある署名が必要であるので，その間の保全手段として請求の登記が機能する），虚偽表示の確認請求（4号），詐害行為の取消請求（5号），及び無効・取消しの請求（6号）のほかに，死因行為の瑕疵に基づく請求（7号），遺留分減殺請求（8号），及び請求認容判決の取消し・異議の請求（9号）が，それぞれ法定されている。

　以下では，日本法との関係でとくに必要と思われる事項に限定して解説する。

(2) 解除の請求

　売買契約（物権的売買）の買主の不履行で売主が契約を解除したが，買主が目的不動産を第三者に転売していた場合を例にとってみよう。解除されると，遡及的に契約の効果は解消するので（民1458条），物権的効果も消失し，所有権は売主に復帰する。しかし，「第三者の権利を害することはできない」という原則も同条に用意されている。ここまでは，日本法と同じように考えてよい。

　このままだと，第三者の所有権取得は保護されるが，ここでのケースでは，登記に服する物権変動が問題となっているので，同条は，登記法の規定を前提にして，「解除請求の登記の効力は妨げない」との但書をわざわざ明記している。具体的には，つぎのようになる。

　売主が解除の請求を訴求して，その時にかかる裁判上の請求の登記を経

由すると，この登記が転得者の取得の登記より時間的に先行すれば，解除の裁判で勝訴することが前提となるが，所有権を転得者から取り戻すことができるわけである。

逆に，転得者の取得の登記が時間的に先行すれば，たとい解除の認容判決が出ても，同条が第三者の権利を保護しているので，転得者の所有権取得が優先することとなる。この場合に，転得者は前主の無権利につき善意である必要はない。また，贈与(無償契約)のケースでも，第三者は保護される。

わが国では，判例は解除の意思表示の時期をポイントにして，その後の第三者との優劣は対抗問題としているが，イタリアでは，前主の登記が解除によって失効する可能性を第三者が登記簿から知りうる時を基準にしていることになろう。ただし，イタリアでは，契約解除の請求は対人訴訟であるので，かかる請求の登記を懈怠して本号の保護を享受できない者であっても，別に第三者に対して対物訴訟（所有物返還請求訴訟など）を直接提起することは，妨げられないと解されているようである。

なお，本ケースで，買主側が解除の請求をする場合にも，その裁判上の請求の登記が必要かという問題が提起されている。これを肯定する見解もあるようだが，買主がこの種の請求の登記をすることの実益がないという見解が正しいであろう。

(3) 特定形式による履行請求

物権の移転を目的とする債権契約については，その本来の給付自体の履行請求を実現する判決を取得することが可能である(民2932条)。しかも，かかる物権の移転的効力を目的とする債権契約につき「裁判上の請求」を登記すれば，その後，同一不動産に対し相矛盾する権利を取得したすべての第三者に優先することとなる。この制度によって，単なる債権的な権利しか有しない者を実際上は物権者と同一の地位に置いたこととなり，イタリアの学者の言を借りれば，この制度の導入は画期的なことであったという。

債権者に所有権等の物権を帰属させるものは，かかる契約の認容判決自体であるので，既に生じた物権変動の登記を問題とする民法2643条の場合とは異なるが，いずれにせよ，「請求の登記」は将来の認容判決の効果を遡及させることになる。加えて，当事者間でも物権的効力を生じさせるものが民法2932条の認容判決であるので，被告から同一不動産の物権を取得した第三者に対抗しうる効力をもつためには，その認容判決の登記手続をとることが必要とされている(Cass., 5-4-1994, n. 3239, *Giust. civ.*, 1994, 1, 3151; *Foro it.*, 1995, 1, 582)。

　破毀院判例では，売買の予約(contratto preliminare)につき特定形式の履行の請求をした事案に関するケースがかなりあるようである(Cass., 13-8-1996, n. 7553; Cass., 11-12-1992, n. 1321〈他人物売買の予約〉など)。なお，登記された予約の契約対象(目的物と権利)と認容判決の対象とに同一性が求められるのは，当然であろう(Cass., 24-11-1983, n. 7047〈土地の別の一部〉; Cass., 24-11-1971, n. 3430, *Foro it.*, 1972, 1, 2194〈予約では建築予定のマンション，判決では建築可能用地〉)。

(4) 虚偽表示の確認請求

　虚偽表示は当事者間では効力を生じないが(民1414条)，虚偽表示の外観を信頼して表見名義人から善意で権利を取得した第三者は保護される(民1415条)。ただし，民法2463条所定の不動産物権等の権利については，本条が適用されるので，真の権利者が虚偽表示を争う裁判上の請求の登記を先に経由すれば，たとい第三者は善意であっても保護されないこととなる。請求の登記によって，前主の法的地位の脆弱さを知りうる可能性があるからである。

　第三者が保護される要件としては，仮装行為の存在を知らないこと，自己の取得の登記を仮装行為の確認請求の登記よりも先に経由したことが必要とされている。ちなみに，表見名義人に対する善意の債権者の差押え・強制執行も保護される(民1416条)。

(5) 無効・取消しの請求

　登記に服する行為が無効・取消しによって失効し不動産物権等が元の権利名義人に遡及的に復帰した場合，それ以前に当該不動産につき物権等を取得した利害関係人を保護するために，同じく無効宣告・取消判決を目的とする裁判上の請求の登記が必要とされている(同条6号)。ただし，所有権移転が無権代理を理由に失効した場合は，本条の保護の範囲外である(Cass., 26-3-1968, n. 947, *Foro it.*, 1968, 1, 1906)。本条は新法典での重要な改革であるが，無効と取消しとは，その法的効果を異にするので，以下のように，学説は両者を区別して検討している。

(ア) 無効の場合

　無効の法律行為は一般に何らの効力を生じないので，その確認請求訴権は消滅時効にはかからないし，当該不動産物権等の転得者にも無効を主張できることはいうまでもない。かかる移転的行為の登記がその瑕疵を治癒できないことも，前述した。しかし，本条の規定は，かかる無効法理に対して重要な制限を課している。つまり，無効な行為の当事者・相手方から物権等を取得した特定承継人(第三者)がつぎの要件を充足すれば，無効を主張する者に対して保護される。まず，無効につき善意であること，自己の取得の権原名義を登記していること，自己の前主の無効な権原名義も登記されていることが必要である。また，無効の請求の登記が，第三者の取得の登記の後になされることはいうまでもないが，無効とされる行為の登記から5年(除斥期間)を経過していることが必要とされている。

　問題なのは，争われる無効行為の登記からその無効を裁判上請求する旨の登記の日まで，5年という期間が経過していないと，第三者が保護されないという要件であろう。逆にいえば，5年間は無効を主張できるということである。その立法趣旨は，無効を主張する当事者が5年間も権利を行使しないで放置していたという事実を重視し，かかる権利不行使を制裁して，外観上の取得を争えない安定した権利関係に確定する，という点にある。

　ところで，以上の要件を満たさないことから，第三者の保護が否定され

た場合には，その転得者は非所有者から(a non domino)取得したことになるが，かかる地位は無効と確認された権原名義の効力とは無関係に，別の法的保護(取得時効)を享受しうることがある。

　なお，ここにいう第三者は無効行為の当事者からの直接の承継人だけではなく，その後のすべての譲受人を含む。

　(イ)　取消しの場合

　取消しは，無効の法律行為とは異なり，判決(創設的効力を有する)によってのみ終局的に無効となる。かかる取消判決は，善意かつ有償名義で当該権利を取得した第三者に対して効力は及ばないが，ただ，制限行為能力者に限って，かかる第三者にも，取消しの遡及効を貫徹できる(民1445条)。これが原則であるが，本条の登記原則により，取消しの遡及効が制約されることとなり，錯誤，詐欺・強迫などが具体的な取消原因である。

　制度の趣旨は無効と同様であり，第三者の保護の要件も，無効と基本的には変わらないが，5年の期間の経過という要件は必要とされていない。一般の取消原因による遡及効を強く制限したことになる。ただし，制限行為能力者の場合には，ここでもかかる者がより強く保護され，5年間の期間制限があり，結局，無効の場合と同様になる。

(6)　「死亡に起因する取得」の基礎を争う請求

　表見相続人又は表見受遺者からの「善意」の取得者を保護するために，真の相続人・権利者の請求の登記を義務づけた。争われている「死亡による取得」の登記から裁判上の請求の時までに5年が経過し，かつ，かかる請求の登記よりも先に取得の登記を経由しているという要件があれば，善意の第三者の権利取得は，それが無償であっても，救済される。ただし，相続と遺贈とで取り扱いを異にする。

　上記の5年が経過していないときには，表見受遺者から取得した第三者は，たとい善意でも，すべての保護を奪われる(民2652条7号)。これに対して，表見相続人からの善意取得者は，右の5年経過の要件を満たさなくとも，次の要件があれば，救済される(民534条)。すなわち，取得が有償

名義であること，取得の時に前主が真の相続人ではないことを知らないこと(善意)，並びに表見相続人の権原名義及び第三者の権原名義がともに相続回復請求の登記の前にその登記を経由していることが，必須の要件となっている。

(7) 登記無効の請求

　無効行為の請求と同じ条文で(本条6号)，無効な登記を争う請求についても，それと同じ要件のもとに，善意取得者を保護する旨が規定されている。前主の無効な登記を信頼して物権を取得した者は，その取得の登記が真の所有者による登記無効訴訟の登記より前に経由され，かつその請求の登記が無効の登記がなされてから5年が経過している場合には，登記の無効が治癒されて，有効な登記を取得しうるという趣旨である。

　この規定は，登記の無効のみを治癒するのであって，取得行為の無効を治癒するのではない。ここで予定されているケースは，法律行為が有効であって，その旨の登記が無効である場合を問題としている。それ故，登記に公信力を認めるものではないといえよう。

(8) その他の請求

　(ア) 遺留分の減殺請求

　遺留分減殺請求権の効果は遡及効をもつので(民561条，563条)，目的不動産の特定承継人との利害調整が必要となる。特定承継人が有償名義で取得し，かつ相続の開始から請求の登記の間に5年間が経過している場合で，請求の登記より特定承継人の取得の登記が先行すれば，特定承継人が保護される。

　(イ) 判決の取消請求と第三者異議請求

　民法2643条14号所定の判決(登記に服する権利の変動をもたらす判決)が取消し又は第三者異議により失効した場合に，その認容判決を得た者と，その間に当該物権を善意で取得した者との利害調整のために，かかる裁判上の請求の登記が必要とされる。取消し等の請求の登記が確定した認容判

決の登記から5年が経過している場合で，善意取得者の取得の登記が請求の登記に先行しているときにのみ，第三者が救済される。

3　登記に服する「裁判上の請求」(2)（民法2653条の場合）

　本条に規定する諸事項につき，その請求の登記の必要性には統一的な根拠はなく，また，前述した民法2652条(権利保全的機能)とも，その趣旨を異にする。具体的にみてみよう。

(1)　所有権その他の物権に基づく返還請求・確認請求(1号)

　係争不動産の特定承継人に対して，原告の相手方である占有者に対する認容判決の既判力を拡張するために，当該請求の登記が必要とされる。特定承継人の取得の登記が本条の請求の登記に遅れれば，原告の判決の既判力が及ぶが，原告の請求の登記の方が遅れれば，特定承継人に対しては本判決では執行できないこととなる。

　要するに，本条の請求の登記は，民訴法上の「訴訟引受の原則」と結合する。つまり原告は係争物の権利を被告から承継した特定承継人に訴訟を引き受けさせると(民訴111条1項)，その判決の既判力を及ぼしうるのが原則であるが，本条にいう不動産物権に関する請求の登記をしないと，認容判決の効力をかかる特定承継人に対抗できないこととなる(民訴111条2項)。ただし，請求の登記が遅れて第三者に認容判決の既判力を及ぼすことができない場合でも，実質的な権利関係に変動がないので(原告が所有者であること)，新たな訴訟で第三者から所有物を取り戻す可能性は残されている(Cass., 8-7-1971, n. 2158)。

　なお，相続回復請求権や〈actio negatoria〉(否認訴権)も同様に取り扱われる。

(2)　永借地の復帰請求(2号)

　復帰(devoluzione)とは，永借人が土地改良や小作料支払義務を怠った場

合に，所有者が永借権の消滅を請求することである。この場合も，1 号請求と同様に，その間に永借権を譲り受けた者に対して本訴訟の認容判決の既判力を拡張するために，裁判上の請求の登記が必要とされている。

(3) 買戻の請求又はその意思表示（3号）

不動産売買契約で買戻約款が付されていた場合には，売主が買主に対してこの特約に基づく権利を行使すれば，所有権は売主に回復されるが，本号の登記は，かかる権利を行使した後に買主から当該権利を取得した者との利害関係を調整することを目的としている。要件は，買戻権を適法に行使した売主は行使期間満了の日から 60 日以内に裁判上の請求ないしその意思表示の登記をしなければならないことであるが，この場合に，その行使期間経過後に権利を取得した第三者は，裁判上の請求・意思表示の登記前に自己の取得を登記したときは，保護される。

なお，解除条件付売買につき，条件が成就することによって，買主が権利を喪失した場合に，買主からの承継人が救済されることについての特例はない。

(4) 嫁資不動産・夫婦共有不動産の分離請求（4号）

嫁資財産制度は，1975 年法律第 151 号で将来において廃止されているが，夫の管理に属する嫁資不動産につき妻が分離請求の登記を経由すれば，その後の夫からの承継人に対抗できる。第三者側は，分離請求の登記前に取得すればよく，その取得の登記の先行性は要件となっていない。

同様に，夫婦共有不動産につき分離請求の登記後に承継した第三者にも，他方の配偶者は対抗できる。この原則は，改正された夫婦財産法定共有制の下で，裁判上の分離・解消が特別な場合（制限行為能力，管理の失態）にのみ認められることとの関係において重要な意味をもつ（民 193 条）。同条 4 項はこの分離・解消の認容判決が請求の日まで遡及する旨を定めているが，第三者の権利を害し得ないことを付言している。ただし，この規定と本号との調整がなされていないが，原則に戻って，第三者が保護されるために

第 2 節　不動産物権変動と公示

は，第三者の登記の先行性が必要ということになろうか。

(5)　取得時効の中断の行為・請求（5 号）

時効は，権利名義人による裁判上の行為・請求の通知（民 2943 条）によっても中断する。この場合，占有者からの特定承継人と権利名義人との利害の調整をはかり，特定承継人が，その取得の登記を時効中断の行為・請求の登記より前に経由すれば，自己の取得を完全にできるというのが，本号の趣旨である。

中断の請求については，所有権の時効取得との関連では，所有権に関する訴訟に限定され，用益物権の訴訟は含まれないとするのが判例の立場である (Cass., 22-4-1980, n. 2592, *Vita not.*, 1980, 764)。また，債権的な返還請求権も登記に服しないので，これも含まれない (Cass., 27-4-1968, n. 1300, *Giur. it.*, 1968, 1, 1, 1168)。学説では，占有訴訟も含まれ，さらに，占有転換に対する異議行為，賃貸借・使用貸借の終了による不動産回復訴訟も含まれるとする見解がある。

なお，本号は，所有権の時効取得だけではなく，制限物権の時効取得の中断についても，適用される (Cass., 23-12-1994, n. 11124, *Giust. civ.*, 1995, 1, 679; *Foro it.*, 1995, 1, 3532)。

Ⅷ　附記登記と抹消登記

民法典は附記（annotazione）と抹消（cancellazione）の登記についても，とくに明文の規定を置いているので，ここで解説しておこう。

1　附　記　登　記

附記登記はアブノーマルな登記であり，主登記を前提とするが，民法典はつぎの場合に附記登記が必要である旨を規定している（民 2654 条）。

前述したように，民法2652条と2653条所定の「裁判上の請求」は登記がなされないと，当該権利の認容判決を得た権利者でも，適時に登記した第三者には対抗できなくなる。かかる「請求の登記」自体は通常の登記であるが，その請求が「登記された行為」に係るときには，請求の登記のほかに右の行為に係る「既存の登記の余白」(margine)にも附記登記がなされる。ただし，この登記は〈pubblicità-notizia〉であって，対抗力のために必要な登記ではない。純然たる公示・告知の登記であり，課税上の制裁があるに過ぎない。

このほかに，登記された行為が，無効宣告，取消し，解除・撤回，及び解除条件の成就により，失効した場合には，当該行為の登記の余白にその旨の附記登記をしなければならない(民2655条1項)。この場合には，かかる附記の後に当該権利を回復した者によってなされた登記は，その順位に従った効果が生ずる旨の規定がある(同条3項)。つまり，「登記の連続性」の原則との関連で意義のある登記となる，という趣旨である。この附記登記は判決だけではなく，無効宣告・取消し等の合意によってもなしうる。なお，この附記登記も単なる公示・告知の意味しかないとする学説もある。登記の連続性は対抗力との関係でしか意味がないところ，本条の附記がなくとも，判決の効力には影響がないことを理由とする。

2 抹消登記

(ア)「裁判上の請求」の登記の抹消は，利害関係人の合意によってなされるか，または確定判決(請求棄却，取消し等)によって実現される(民2668条2項)。条件・期限付行為の附記登記については，条件の成就・不成就ないし期限の到来が判決又は当事者の意思によってその不利益に確定した場合には，抹消される(民2668条3項)。また，予約の登記も，利害関係人の合意ないし確定判決によって抹消される(民2668条4項)。

条件・期限付行為の附記登記が抹消されるのは，当該法律行為が附款の失効により本来の効力を生じることに確定したときには，それに相応する

公示をすることが求められているからであり，逆に，附款の本来の効力が生じた場合には，法律行為が失効し，行為全体の登記が抹消されるので，附款だけの抹消は必要がないわけである(Cass., 17-5-1974, n. 1468, *Giust. civ.*, 1974, 1, 1748)。

(イ) 法定されているのは以上のケースであるが，違法な登記が存在する限りは，無論，その登記の抹消を請求できる。たとえば，裁判上の請求の登記との関係でいえば，かかる登記が違法になされているならば，前記の法定の手続とは別に独自の訴訟でその抹消を請求できる(Cass., 22-2-1991, n. 1859)。

一般に違法な登記によって生じた不法な法状態は，その登記の抹消によって除却できるので，その登記された法律行為が10年の消滅時効にかかっても，なおかかる違法な法状態が消滅するまでは，その抹消を請求できる(Cass., 7-6-1974, n. 1706, *Giur. it.*, 1975, 1, 1, 1682)。

IX 登記手続

1 登記の申請

(1) 申立てと権原証書

登記は当事者の申立てによるのが原則であり，登記官の職権による登記は例外である。登記官に対する申請には権原証書(titolo)が必要とされ，後述のように，これは公的な機関の認証のあるものに限定されている。私文書では不十分とされた理由は，可能な限り登記された行為の真正を確保するためである。ベルギー民法の例に従ったものである。

登記の主体は，登記によって登記簿上の利益を受ける者と不利益を受ける者である。申立人は権原を証明する必要がない(登記官には形式的な審査権限しかない)ので，譲渡人が現に移転される権利の名義人でなくとも，たとえば売買契約書で所有者であることを確認できれば，それで足りる。

登記は，不動産所在地の地区にある不動産登記所でしなければならない（民2663条）。人的編成主義であるので，たとえば，ローマ市という行政区域では管轄登記所は一箇所しか存在しない（一箇所で足りる）。そうでないと，利害関係人にはイタリア全土の登記所での調査を余儀なくされるからである。

(2) 権原証書の種類

登記に必要な権原証書（titolo）は，判決，公文書及び認証された私署証書に限定されている。

たとえば，取引行為によって物権等を取得した当事者は，その原因たる権原名義の証書（売買契約書等）又はこれに代わる判決を登記官に提出しなければならない。権原証書が公正証書・判決の場合には，そのコピーで足りるが，私文書であるときには，原則として原本が必要とされており（民2658条1項），かつその私署証書は，公証人・裁判所の公証・確認が必要とされている（民2657条）。

「裁判上の請求」の登記の場合には，その請求と相手方への通知とに関する裁判所の記録文書のコピーを提出しなければならない（民2658条2項）。

(3) 目録書（nota）

登記の申請のためには，申請書のほかに，当事者及び登記事項（不動産等）を特定する書面が必須とされ（民2659条），かかる目録書は〈nota〉「登記される行為の内容の概略書」といわれている。登記官によってその内容が登記簿に転写されることから，対抗力の実質的な中身を決定することとなる。二通が必要とされ，一通は登記済証として申請人に下付される。

目録書〈nota〉は，生前行為による権利譲渡と死因行為による権利移転とでは，当然のことながら，所要の事項が異なる。

生前行為による権利取得につき登記を申請する場合には，申請人の氏名（家名と名前）及び出生の場所・年月日，登記の原因である権原名義と年月日，生前行為を受理し若しくはその署名を公証した公務員・公証人の氏名

又は判決裁判所，並びに抵当不動産の指示と権原名義に係る不動産の性質・位置などのほか，85年改正法により，申請人の住所・職業に代えて課税証明書の記載事項が，それぞれ必要とされるようになった（この点については，後掲の補注「目録書〈nota〉の書式について」及び抵当権の登記申請の説明箇所をも参照のこと）。なお，夫婦である場合には，夫婦財産制（合意）についても指示しなければならない。

　死因行為の場合にも，相続の承認・遺贈に係る関連証明書などのほかに，同様の目録書が必要とされ，目録書には，相続人・受遺者・被相続人の氏名・住所，申請相続人と被相続人との血縁関係及びその相続分，遺言の年月日と受理した公務員の氏名，並びに抵当不動産の指示と相続の対象たる不動産の性質・位置などが，所定の事項欄に記載されなければならない（民2660条）。

　登記された一定の行為または裁判上の請求が第三者に対抗できるかどうか，又はどの程度まで対抗できるかを確定するためには，もっぱら登記に必要な〈nota〉の内容によって判断される。したがって，当事者，対象不動産及び法律行為等の行為が不正確であると，登記も無効となる（民2665条）。また，〈nota〉の記載事項は具体的な法律行為の本質的な要素の曖昧さ・不確実さを排除して特定することを可能にするものであるので，行為の権原証書の記載から行為の要素をさがすことはできない，と解されている（Cass., 25-3-1993, n. 3590; 27-1-1992, n. 8066, *Giust. civ.*, 1993, 1, 407）。

　ところで，登記のコンピュータ化との関連で，財務・司法両省のデクレート（1986年7月5日）によって，目録書のモデルが作成されているが，その後，このモデルは財務省の所管となっている（1995年3月10日財務省令）。登記の申請はこのモデルによらないと受理されない。なお，コンピュータを利用して〈nota〉の申請をすることもできる（1996年法律第323号）。

　＊目録書〈nota〉の「書式」について
　目録書の「書式」には，通常の登記の目録書（NOTA DI TRASCRIZIONE）

と抵当権の登記の目録書(NOTA DI ISCRIZIONE)があり，附記登記についても類似の申請書(DOMANDA DI ANNOTAZIONE)が用意されているが，これらは前述した登記の形式の種類に対応するものである。ここでは，通常の登記と抵当権の登記について，その目録書の書式の概略を掲記しておこう。

〈NOTA DI TRASCRIZIONE〉

通常の登記の目録書の書式では，まず表紙の上部に同様のタイトルの大文字が明記されており，その下の最初の事項欄には受付の年月日と受付順位を記載する余白がある。つぎに，同じ表紙にA表〈QADRO A〉という欄がもうけられている。この欄は，「権原名義に関する事項」〈DATI RELATIVI AL TITOLO〉,「合意に関する事項」〈DATI RELATIVI AL CONVENZIONE〉及び「その他の事項」に分かれているが，権原名義の事項欄には，権原証書の形式(判決，公正証書，公証された私署証書のいずれかを記入)とそれを作成した公証人の氏名ないしは裁判所名及び所在地市町村のほか，登記事項目録(repertorio)の番号などが記載される。合意の事項欄には，「売買契約」や「贈与契約」のほか，「裁判上の請求」や「時効取得による判決」など，いわゆる登記原因が記載される。A欄の下に職権事項欄があり，目録書の頁数，登記に服する行為の数，登記権利者と登記義務者の各々の数とともに，登録免許税額が記載される。

以上の表紙のほかに，別の各葉紙でB表，C表及びD表がセットになって目録書一件が構成されている。B表は，「不動産の表」であり，その所在場所により特定される。C表は「当事者の表」であり，登記権利者と登記義務者に区別されているが，いずれにも所定の課税登録番号のほか，権利の種類(完全所有権や用益権など)と持分の割合に加えて，その評価額も記載される。D表は，特約ないし条件，被相続人との親族関係，その他公示の必要な事項を記載する欄である。なお，このD表は，自由に記載できるようになっており，この点で，登記事項に相当なる柔軟性があるように思われる。

〈NOTA DI ISCRIZIONE〉

抵当権登記の目録書も基本的には同じ構成になっている。違う点だけを指摘する。

A表の合意の欄が「抵当権又は先取特権に関する事項」となっており，この事項欄では，その「種類」につき，たとえば「任意抵当権」と記入して，その「原因」としては「消費貸借に基づく担保目的のための設定」と記載するほか，「被担保債権額」の欄では元本額と年利率及び年利息総額を，また

「債権の存続期間」の欄では期間と履行期限が，それぞれ具体的に記載される。なお，遅延損害金の利率等はD表に記載される。

2　登　記　簿

(1)　登記簿の種類

　登記簿は，わが国のような物的編成主義ではなく，いわゆる「人」を中心としているので，当該不動産，登記名義人，権利の性質と変動等の一覧性・系統性が著しく欠けるように思われる。つまり，登記簿には，特定の不動産の権利変動が記載されるのではなく，不動産自体は所有者等の一連の取引当事者の身分と関連する限りで公示されるに過ぎないので，特定の不動産の取引の推移を調査するためには，その権利名義人である所有者の「氏名」（家名と名）を調査するしかないわけである。もっとも，今日の不動産課税台帳〈catasto〉では，各不動産につき，その権利変動を中心として物的に編成されているので，登記官がこの種の課税情報を開示することによって，特定の不動産を軸として物権変動の過程を調査することが可能となった。ただし，現段階では，このような情報はごく最近のものに限定されているので，不動産登記簿の人的編成主義を実質的に修正するところまでには至っていないようである。ともあれ，やや複雑な帳簿システムを検討してみよう。

　登記官が整備しなければならない帳簿は，「一般の帳簿」(registro generale d'ordine) と「特別の帳簿」(registro speciale) である。一般帳簿には，申請書が提出された順番ごとに割り当てられる順位の番号，申請書と目録書の申請の日付，申請人・相手方の身分，権原名義，申請された形式の種類 (trascrizione, iscrizione 等の登記の種類)，最後に登記権利者・義務者が記載される（民2678条）。前述のように，割り当てられた順番が登記の効力の優先順位を左右することとなる。

　「特別の帳簿」には，所有権，その他の物権等の登記(trascrizione)のための帳簿，抵当権の登記(iscrizione)のための帳簿及び附記(annotazione)のた

めの帳簿がある（民2679条1項）。かかる帳簿にはnotaの記載事項が登記されねばならない（実際上は，特別の帳簿にオリジナルな〈nota〉を挿入しているようである）。つまり，不動産取引の当事者の氏名を（他の必要事項とともに）示した上で，各々の氏名との関連で利益となる登記行為と不利益となる登記行為とが指示されることが必要である。また，「登記の連続性」のために，不利益となる各登記に利益となる登記が完全に対応していなければならない。

このような特別の帳簿は，登記事項の正確かつ完全なる複写の作成・下付のために用意されており，登記の順位番号・日付は一般帳簿のそれと同一でなければならない。抵当権登記の帳簿も同様である。

以上のほかに，登記官が法律によって保管しなければならない帳簿類がある（民2679条2項）。登記のコンピュータ化にともなって，登記簿の電子情報処理自動システムを稼働させる上で必要な記録や帳簿などが法定されている（85年法律第52号19条）。

なお，破棄院判例には，抵当権の対抗力に関する問題につき，一般帳簿への記載がなされたが，特別帳簿へ〈nota〉が挿入されていない段階では，登記に服する行為の対抗可能な範囲は一般帳簿の記載が基準となる，とした例がある（Cass., 12-10-1998, n. 10084, Vita not., 1998, 1612）。

(2) 登記簿の管理

民法典は登記簿の偽造対策として一般帳簿等を日ごとに査証する権限を所轄裁判所の裁判官に委ねていたが（民2680条），1998年委任命令第51号によって，かかる権限ないし職責は登記所の管理責任者へ移管された。なお，登記簿の保管と利害関係人の閲覧を確保するため登記簿類を登記所から移動させることは，原則的に禁止されている（民2681条）。

(3) 登記簿の調査方法

前述のように，イタリアの登記制度は人的編成主義を採用しているので，その調査・検索を容易にするため，登記簿には取引当事者の「氏」と「名」

の一覧(アルファベット順の人名目録)が整備されている。さらに，この人名目録の番号と連動させて，登記官は当該取得者に「利益となる〈a favore〉」行為とその前主に「不利益となる〈contro〉」行為のそれぞれの行為及び権利義務につき，時系列順に登記事項一覧(repertorio)を作成する。それ故，登記簿の調査も，当該不動産の直接の検索はできないことから，氏名の検索から始めて，つぎにその名義の横に指示されている〈repertorio〉の巻・頁に当たらなければならない。具体的には，相手方が個人か法人か，相手方にどのような利益又は不利益となる登記が経由されているかについて，調査することとなる。たとえば，甲が乙に不動産の売買を申し入れた場合には，乙は，甲の所有権を確認するために，甲に「利益となる登記」があるかどうか，かつ当該不動産を対象とする登記であるかどうかを検索する。それが確認できると，さらに甲の前主等に遡って調査することとなる(必要ならば，取得時効に必要な期間まで)。加えて，甲が他に当該不動産を売却していないかどうか，また抵当権の負担があるかどうかも調査しなければならないので，登記簿上，甲の氏名のもとで，この種の「不利益な登記」の存否を検索する必要がある。

　このように，不動産登記簿は氏名の調査の基準に関する情報を提供するものであるので，登記官の過誤で譲渡人の氏名とは異なる氏名に基づいて登記が作成されたときは，たとい〈nota〉が正確に作成されていたとしても，その登記は無効であり，その事情を知らない善意の第三者には対抗しえないこととなる。第三者には，権原証書やその他の証明書，一般帳簿を調査する義務はない。なお，判例では，後に差押登記によって，その瑕疵が治癒されても，無効な登記は遡及して有効にはならない，と解されている。

3　登記官の職務

(1)　登記簿の作成等

　登記官(conservatore)は前述した登記に必要な帳簿を作成しなければならない。また，申請があれば，登記簿のコピーまたは「登記がないことの

証明書」を下付しなければならない（民 2673 条）。

　登記官は，目録書や権原証書が判読しえない文字で作成されているときや権原証書が認証されていないときなど，法定の形式的な要件を充足しない場合のほかは，登記の申請を受理しなければならない（民 2674 条）。形式的な審査権限しかないのが，原則である。

(2)　受理の拒絶と不服申立

　85 年法律第 52 号によって，登記官に対してより以上の権限と義務が法定された。すなわち，権原名義が登記及び抵当登記に適合しないことにつき重大かつ根拠ある疑問が生じた場合には，登記官は，これを受理しないことができる。これに対して，申請人側の不服申立があれば，登記官は留保付きの形式行為（formalità con riserva）つまり留保付きの登記を行う必要がある（民 2674 条の 2 第 1 項）。

　本条による留保付き登記を得た当事者は，その登記から 30 日以内に訴状により登記所所在地の管轄地方裁判所に不服申立ができる（同条 2 項，経過措置 113 条の 3）。地裁は，登記官や利害関係人から聴取して，即時執行付きの命令を下すが，控訴院に不服申立ができる。この裁判で利害関係人が登記の実現を得たとしても，暫定的な裁判であるので（それ故，破毀院には不服申立ができない），権利の存続と登記の実現の究極的な判決は将来の訴訟に委ねられる（Cass., 23-8-1997, n. 7940）。地裁に不服申立をしないとき又は申立てが棄却されたときには，本条の留保付き登記は失効する。

　従来の学説によれば，登記官は権原名義の形式的な審査に限定されると考えられていたが，本条により，登記に対する権原名義の本質的な適合性についても，審査権限・義務が認められたこととなろう。むろん，権原名義自体の瑕疵（無効，取消し等）を審査できるものではない。

(3)　登記官の責任

　民法 2675 条は登記簿の記入・抹消等の誤謬につき，また，同 2676 条は登記簿とそのコピーや証明書との齟齬につき，それぞれ登記官が直接私人

第2節　不動産物権変動と公示　　　　　　　　　　97

に対して損害賠償責任を負うと規定していたが，かかる責任基準は他の公務員の一般的な賠償責任との関連で権衡を欠くことから，憲法上の疑義があった。1983年1月21日法律第22号は，1973年11月以降に生じた損害については，登記官に故意又は重過失がない限り，国がその責任を負うとして，民法典の上記規定を廃棄した。

　＊　「公証人」(notaio)について
　　イタリアの公証人はローマにまで遡るが，重要な役割を演じたのは，中世での商取引と関連するようである。しかし，現在の公証人制度は，近代の各法典と同様に，ナポレオンの改革に由来し，サルデーニャ王国を経て，イタリア近代王国に承継されているが，現行の基本的な制度を定めている一般的な法律は1913年2月16日法律第89号であり，その後改訂を重ねている。
　　公証人の資格については，法学士の有資格者が2年間の実務経験を経た上で資格試験に合格する必要がある。合格すれば，大統領の命令で任命され，公務員としての地位を取得する。
　　その職務は，一般的には私人の自治に属する裁判外の法的行為のすべてに及ぶが（公証人法1条），具体的には個別に法定されている。たとえば，生前行為や死因行為を受け付けたり，法律行為に公証力を付与したりすることのほか，書類の寄託をうけて，そのコピーや謄本・抄本を交付することなどが，主要な仕事である。公証人は公務員であることに加えて，この種の行為を行う場合には，自由な専門職業人として，私人との関係では公証人という衣を着ながら，私的な契約関係を設定することとなる。また，名誉裁判官に任命されることもあり，さらに最近の民訴法の改正によって，裁判所から不動産や登録動産の競売手続の執行を委託されることもできるようになった。
　　なお，公証人は，任意裁判管轄の下にある訴訟事件の訴状の作成と提出，民商事訴訟事件の宣誓供述行為（証拠方法となるもの）の受付，限定承認や相続放棄の受付，民商事の財産目録の調整，裁判上の売却・分割手続のほか，商業帳簿への署名と認証などもすることができる。

第3節　動産物権変動と公示

　動産の物権変動は、それ自体としては不動産の物権変動と基本的には異ならないので、本章第1節の説明に譲り、ここでは、動産物権取引の公示制度と「善意取得」について解説する。

I　動産の公示制度

　動産取引の公示手段が原則として「占有」であることはイタリア法でも変わらないが、イタリアでは、民法典自体が、取引上重要な特別の動産につき、登記(trascrizione)を用意して、統一的な登記制度を構築しようとしている点に特徴がみられる。いうまでもなく、動産の登記制度も対抗問題の解決を眼目としている。

1　占有の移転

　イタリアでも、動産の物権変動の対抗要件は原則的には占有の移転であり、これには現実の引渡し、短手・長手の引渡しのほか、占有改定も含まれることは、わが国と事情を異にしないので(第6章「占有権」を参照のこと)、詳論は避ける。占有の観念化により二重譲渡問題は原則的に生じないので、取引の安全に奉仕する善意取得の問題に移行することや占有改定が善意取得の要件を満たすかどうかの議論については、わが国と同様の問題状況にあることは、後述の通りである。

2　動産の登記制度

(1)　登記原則に服する動産

登記制度に服する動産は，つぎの三つの動産である（民2683条）。公示方法はそれぞれ特別法に定められている。

(a) 航海法典（codice della navigazione）に定められている登録簿に登録された船舶。
(b) 航海法典の登録簿に登録された航空機。
(c) 自動車公簿に登録された自動車。

なお，これらの登録簿は，不動産登記簿とは異なり，「物的編成様式」を採用している。

(2)　登記原則に服する行為・請求

（ア）　動産の物権変動等

登記が対抗要件となる物権の変動については，所有権の移転，共有権の設定，及び用益権・使用権の設定等，基本的には不動産の場合に準じて考えてよいが，動産の場合の方が，はるかに単純である（民2684条）。共有物の分割，夫婦財産制・家族財産制の設定のほか，相続的承継などについても登記が必要であるのは（民2685条），不動産の登記制度に準ずる。

なお，未登記の権原名義による所有権の移転・共有権の設定又は用益権・使用権の変動が，判決自体によって形成されるときは，その判決は登記に服し，登記がなされない場合には，対抗力がないと定められている（民2686条）。

（イ）　裁判上の請求

動産物権の変動に係る「裁判上の請求」も不動産の登記に準ずるので，契約の解除，無効・取消し，虚偽表示及び詐害行為の取消し等につき，その請求の登記が必要とされ，登記の効力も同様に考えてよい（民2690条）。死亡による取得の基礎を争う請求，遺留分減殺請求等についても，同趣旨の規定がある。

ただし，物権変動ないしその行為の時から裁判上の請求の登記までの期間制限のある事項については，その法定期間は3年間に短縮されている。

(3) 「登記の連続性」の原則

物権変動の経緯が重視されるので，自己の取得の登記は，その前の登記に依拠しなければ対抗力をもたないことも，不動産登記の場合と同様である(民2688条)。

II 動産の即時取得

1 制度の趣旨

動産の善意取得(acquisto di buona fede di beni mobili)は，動産の取引の安全のために，非所有者から動産を取得した場合でも，動産の占有を信頼した者に当該動産の所有権を取得させることを目的とする制度である。その制度の機能は迅速・安全な動産取引の確保にあり，原始名義による取得を可能とする。

2 要 件

非所有者から動産を譲り受けた者が動産の引渡しの時に善意であることのほかに，所有権の移転に適合した権原名義によって取得することが必要とされている(民1153条)。

(1) 動産の取引

不動産が除かれることはいうまでもないが，集合動産と登記に服する動産(自動車,船舶及び航空機)も，保護の対象とはならない(民1156条)。ただし，登記がまだなされていなかった場合には，適用されるとするのが判例

である。

(2) 非所有者からの取得と権原名義

　たとえば，売買により動産を取得したが，前主が所有者ではなかったという場合が典型的なケースである。「何人も自己の有する以上の権利を他人に与えることはできない」というのがローマ法以来の原則であるので，買主は売買という権原名義によっては所有権を取得できないが，買主・占有者が善意であるという要件があれば，かかる占有を介して所有権を取得できるというのがこの制度の趣旨である。

　ここにいう権原名義(titolo)とは，所有権取得に抽象的に適合した契約のことであり，かかる権原名義・契約自体が有効に成立していることが必要である。それゆえ，たとい善意占有であっても，契約に瑕疵があり，契約自体が失効すれば，善意取得は成立しない。ただ譲渡人が所有者(ないし処分権限を有する者)でないという理由によって移転的効力が生じない場合のみが保護の対象となる。

　たとえば，無権代理人から取得した場合には，代理人であると誤信しても，占有による善意取得は認められない(Cass., 21-9-1979, n. 4870)。

　相続による取得も除かれる。また，通説によれば，停止条件付法律行為は適合した権原名義を構成しないと解されている。

(3) 善　　意

　善意(buona fede)とは，他人の権利が存在しないことを知らないことであるが，善意は法律上推定される(民1147条)。ここにいう善意は，民法1147条にいう善意と同様に解されているので，重過失の場合には保護されないが，軽過失の場合には，善意に含まれる。

　善意は心理状態であるので，他人の権利の存在についての単なる疑念も善意を排除する。

(4) 引渡し

引渡しの要件は，譲渡人が動産の事実的な処分可能性を有していたことが前提とされている。ただし，占有を有していたことは必ずしも必要ではない。善意取得が取得者側の占有の効果であることによる。

占有取得の態様については，わが国でも重要な論点となっているが，イタリアでは，善意は現実的な占有取得が伴うことによって保護に値するものとなるので，引渡しは事実的，現実的なものでなければならないと解されている。それ故，占有改定や象徴的引渡し (traditio simbolica) では不十分である。ただし，物理的な接触が必要なわけではない。取得者が物の処分可能な状態におかれれば足りる。また，「簡易の引渡し」でもよい。取得者の下で既に現実の引渡しが実現しているからである。わが国の判例の立場とほぼ同旨であると考えて大過なかろう。

(5) 盗品・遺失物

イタリア法には盗品や遺失物に関する例外規定は存在しない。新法典の制定時に，立法者は，取引の安全を一層強く保護するために，意識的にかかる例外規定を廃止した。善意取得者が商人である場合にのみ，例外を認める立法例もあるが，イタリア法は，何人であっても，善意取得を認めるという主義を導入した。

ただし，善意取得者が盗人から直接取得した場合には，善意者は自己の占有の基礎となる「権原名義」を証明しなければならないところ，このことは譲渡人を指示することを含むので，結局のところ善意取得は困難となることがある(実際上は前主を指示できないので，善意でも重過失ありとされる)。

3　善意取得の例外

(1) 不適法の由来

従前の取引上の瑕疵 (物の不適法な由来〈illegittima provenienza della cosa〉)

を知りながら取得した者は，善意取得の保護を享受しない旨が法定されている（民1154条）。かかる者でも必ずしも悪意とはいえないこともあり（かかる由来の認識と悪意とは別のもの），ことに自己の前主らがその善意占有によって従前の取引上の瑕疵を治癒して既に所有権を取得しているものと判断することもあり，このような場合には，形式的には善意取得の要件を満たすこととなる。しかし，この種の取得者を保護するのは妥当ではない。そこで，本条は，取得者が，かかる不適法な由来を知っている限りは，自己の前主または従前の占有者が善意占有によって所有者となったことにつき誤信しても保護されないとしたわけである。実質的には善意取得の適用範囲を限定したこととなろう。

　不適法の由来とは，他人の権利の侵害によって物が取引に置かれたこと，及びかかる動産取引の瑕疵が善意の中間取得を介して治癒されなかったことを意味する。

(2) 証明責任

　不適法の由来は，その性格が物にあらわれていれば足り，権利侵害が不法行為の要件を充足する必要はない。不適法な由来を知っていることとは，現実的な認識が必要とされ，その不知が取得時の重過失に起因するということだけでは不十分である。ただし，法律上の瑕疵を正確に知っている必要はない。

　不適法の由来の認識に関する証明責任は所有者にある。善意取得者は，自己の占有のみならず前主らの占有についても，善意の推定規定を援用できる。また，取引上の瑕疵の治癒も推定され，その結果，現在の占有者は所有者から取得したことの推定も働くので，真の所有者は，取引のもともとの瑕疵が治癒されていなかったことを証明しなければならない。

4 効 果 等

(1) 所有権・質権と用益権・使用権の取得

善意取得される権利は動産所有権と質権が中心であるが，イタリア法はさらに「用益権」と「使用権」も善意取得の対象となる旨を規定する(民1153条3項)。

取得態様としては，前主のもとでのあらゆる負担から解放され自由に取得できることとなるので，原始取得による権原名義と解されている。

(2) 複数取得者間の優劣

非所有者から同一の動産を複数人が別々の契約により善意で譲り受けた場合には，いずれが優先するか。これについては明文の規定があり，契約の日付が後であっても，先に動産の引渡しを受けた者が優先することになっている(民1155条)。

(3) いわゆる二重譲渡の場合

同一の動産を既に譲渡した元の所有者から取得した第二譲受人も，非所有者から取得したことになるので，善意であるならば，占有によって所有権を取得できる。

第3章

所 有 権

第1節　所有権の意義と性質

I　所有権の特質

　民法典は，所有権の内容について，伝統的な語法に従い「完全かつ排他的に物を用益し，かつ処分する権利」と定め，それが法律・法規の制限に服する旨を明らかにしている(民832条)。所有権自体を定義づけることの困難さ(ことに所有権の諸権能をすべて列挙すること)はイタリアでも自覚されており，その権利の特質が指摘されるにとどまっているが，それで実際上の不都合が生ずるわけではなく，上記の民法典の規定を解釈することで，所有権の定義に代えることができるであろう。むしろ，「所有権の制限」の現状とその論拠を明らかにすることが所有権法の現代的課題である。

1　所有権の完全性と排他性

(1)　所有権の完全性

　所有権は他物権とは異なり，物の上に行使することのできる最も広範で考え得るすべての権能を包括している。所有者は法律上の制約がない限り無制限の権能を享有できる。
　この完全性は，用益物権が設定されることによって消失するので，その場合は，完全所有権(piena proprietà)ではなく，虚有権(nuda proprietà)になるが，しかし，この場合でも，潜在的には完全なままであり，他物権の消失によって，自動的にその完全性をとり戻すこととなる(所有権の弾力性)。この弾力性とは，本来ならば移転した物権的権能を回復するためには「処分行為」が必要であるが，それを不要とする特質として理論的に意味があり，同時に歴史的には前近代社会での分割所有関係を克服したことを表明している点を見落としてはならない。

(2) 所有権の排他性

所有権は，物権の名義人としてその権利行使，つまり物の用益・処分から，すべての人を排除できる。したがって，所有権を侵害する者に対して司法的救済(民事・刑事訴訟)を享受できる。

なお，イタリアでいう物権の排他性とは，わが国とはその趣旨を異にしていることに注意すべきである。また，わが国では，観念性はほぼ定説になっているところ，イタリアでは，そのような共通認識はないが，ただ，所有権の観念性を指摘する学説もある。そのほかに，所有権が他物権とは異なり独自の支配である(「独自性」がある)旨を強調する説が少なくない。

2　所有権の社会的機能

(1)　所有権の個人主義と「社会性」

イタリア法における所有権制度の特徴は，所有権の社会的機能が強調されているところにある。もともと旧法典時代からフランス法流の個人主義的所有権像には批判が強かった。新民法典の編纂時に，所有権の内容につき一応は伝統的な表現方法に従いながらも，前述の「完全かつ排他的なしかたで」〈in mode pieno ed esclusivo〉という語法に意識的に修正したのも，フランス民法典544条の「最も絶対的なしかたで」〈de la manière la plus absolue〉という表現に抵抗があったからである。

所有権の社会性についても，民法典の所有権制度のなかで明文化することが企図され，現に予備草案では，そのような条文が用意されていたが，この種の制約は立法機関によることが妥当と判断されたので，結局は，憲法で規定されることとなった。現行憲法42条は，「公所有権」と「私所有権」に制度的保障を与えるとともに(1項)，同条2項は，「私所有権は，社会的機能(la funzione sociale)の確保及びすべての人による享受の実現を目的として，その取得及び享有の方法並びにその制限を定める法律によって，承認され，かつ保障される」と定めている。

いずれにせよ，イタリアでは，所有権の社会的制限は単に外面からの

制約にはとどまらず，所有権の性質決定自体に直接影響を与えるものであり，社会性があってこその所有権ということとなろう。つまり，所有権の絶対性・排他性に対する例外的な原則ではなく，むしろ，個々の所有権の利益と集団の利益を調和させること自体が一般原則であり，それ故，制限法規につき裁判官による類推適用も否定されない。また，制限規定は法律だけではなく，「規則」によることも可能である（民832条は「法規〈ordinamento giuridico〉の定める制限の範囲内」と明記するので，「法律〈legge〉」に限定されない）。むろん，このことによって所有権の私的な帰属自体を否定するものではない。所有権が個人の利益のために権利主体に財物を排他的に帰属させるものであり，かつ本質的に自由なものであることは否定し得ないが，ただ，その「財物」が社会的機能を担うと構成される。イタリアの学説では，「財物の用途」の社会的機能が問題とされることによって，私所有権の個人性とその社会性という，本来は矛盾している両者の調整・克服がなされるのを常とする。ともあれ，かかる社会的機能が憲法42条にいう「所有権の制限」と民法832条にいう「所有者の義務」によって確保されるわけである。

(2) 土地所有権の社会的機能と「衡平な社会関係」
　所有権の社会的機能は，とくに土地所有権において著しく顕現する。イタリアでは，憲法44条が，土地所有権について，「土地の合理的な開発を実現し，かつ衡平な社会関係を確立するために，法律は，私所有権に義務と拘束を課し，その範囲を定める」ことができる，としている。つまり，立法者には個別の所有者の利益と「集団の利益」との調整が義務づけられるとともに，そのことが衡平な社会関係を確立するものでなければならないこととなる。
　この種の制限は多岐多様にわたり，民法典自体にも種種の制限が用意されているが（後述の「所有権の制限」を参照のこと），特別法によるものも枚挙にいとまがない。本書との関連では，「住宅〈abitazione〉」の所有権に対する規制（住居賃貸借特別法による賃料・解約規制等），未利用の「農用地」に対す

る強制賃貸借制度や小作料の統制のほかに，とりわけ「都市不動産」に対する都市計画規制が，私的所有権に対して強力なコントロールを及ぼしている。むろん，特定の所有権に対する特定の負担(公用収用)は国家的補償の対象となるが，このような手当のなされない制限法規が違憲とされることも決して珍しくはないのである(「補償」の要否が「所有権の制限」論の重要なポイントとなる)。いかに「集団の利益」が強調されようとも，所有権の制約が，一部の所有者の利益になったり，あるいはまた，一部の所有者の不利益になったりすることは，決してあってはならないのである。単に「集団の利益」が確保されれば足りるというのではなく，「衡平な社会関係」を確立するものでなければならない所以である。

II 所有権の内容

1 用益権能と処分権能

民法典は，所有者に帰属する代表的な権能(facoltà)として，使用・収益しうる権能と処分しうる権能を挙げている。

(1) 用益権能

用益(godimento)とは，物を利用すること，つまり使用・収益する(またはそうしない)ことで，使用とは，物を破棄することも含まれる。物の所有者は物から生ずる果実(天然・法定果実)も自己の物とすることができる。ただし，天然果実は元物から分離しない限り元物の一部である。分離前でも果実だけの処分はできるが，将来の物として処分されるのが原則である。法定果実は，それを取得し得る所有権が存続するときまで，日割をもって取得できる(民821条)。

(2) 処分権能

物の法的処分をいう。事実上の処分は用益に含まれる。物を売却・贈与・遺贈などする(ないし、そうしない)権能や、用益物権・担保物権を設定する権能などが含まれる。

ちなみに、商品交換経済の社会では、流通過程における商品所有権は処分権能(交換価値)を中心とし、用益権能は考慮されず、最終の購入者つまり消費者によってのみ、用益権能(使用価値)が重要性をもつことは、イタリアの学説においても指摘されている。

2 処分・用益権能の制限

所有権、とくに土地所有権については、所有者の権能はさまざまな制限に服している。ことに土地所有権に対する行政的規制が問題となっており、後述のように、都市的土地所有権については、都市計画立法・建築法規などによって、また農地所有権は種々の特別法によって、大幅に制限されている。ここでは民法典が定めている公用収用と徴発について言及しておこう。

(1) 公用収用

フランス人権宣言は所有権を神聖・不可侵なものと宣言し、国家による収用は、「法律によって確定された公共の必要性が明らかな態様でそれを要請する場合」にのみ可能とされていたが、収用の例外性は緩和され、イタリア1865年法律第235号(公用収用法)は、行政庁によって「公共の利益」と判断されたすべての場合に収用を認めていた。

しかし、現行憲法42条3項は「法律によって定められた場合」にのみ限定し、公共の利益は、行政庁の判断に左右されない旨を明らかにしている。民法典もこれを承けてほぼ同趣旨の規定をおいている。

民法典は、公共の利益のため、所有権の公用収用(espropriazione)と一時的な徴発(requisizione)に関する規定をおいている(民834条、835条)。

収用については，憲法42条3項にも同旨の規定(「私所有権は，法律の定める場合に，補償を与えられることによって，一般的利益のために収用されることができる」)があるが，手続きについては特別法に委ねられている。

収用は合法性と補償の原則によって正当化される。すなわち，公権力が優越的な固有の権限に基づいて私人の財産を収用するのであるから，それは，法律の定めた場合に限り，かつ，法定の手続きによってのみ，可能とされている。また，国家は，収用を受ける所有者に対してその蒙った損失に見合う金額を，法定の基準に基づいて支払わねばならない。その額は，憲法裁判所によれば，市場価格に等しい額である必要はないが，単なる名目的なものであってはならないと解されている。

土地収用は，公共事業(opere publice)による道路・鉄道などの建造のためになされるのが通常である。市町村が都市再開発・公共住宅建設のため，都市にある私有地を収用できる権限について定めている法律もある(1971年法律第865号＜いわゆる住宅立法＞と1971年法律第10号)。

さらに私企業の収用も可能である。憲法43条は，公共的サービス，エネルギー源，あるいは独占的な地位にある企業経営を国が留保できる旨を明記しており，この規定は既存の私企業にも補償を条件に適用され，現に1962年法律第164号は，既存の電力企業を国有化している。

(2) 徴　　発

収用と異なる点は，徴発では，所有権の移転はなく，単に一時的に物の用益を私人から奪うところにある。公権力は，重大かつ緊急の公共的な必要がある場合に，正当な補償を条件として徴発できる。たとえば，戦時における車両通行のための軍事上の徴発や，地震によって家屋を失った人に宿泊所を提供するための徴発がある。

III 所有権の制限

(1) 法律上の制限

　所有権の内容を理解するうえで，所有権に課される諸制限を明らかにすることは重要な意味をもっている。イタリアでも，実にさまざまな法律上の制限が所有権に課されている。民法典のほかに行政上，財政上及び軍事上の諸制限，市町村の条例や地方の慣習による制限など種々のものがある。所有権に課される制限は，公益による場合と他人の私的利益に基づく場合とに区別できる。

　公益的観点からの制限としては，前述した公益のための土地収用(憲法42条，民法834条)，農地再編成のための収用と強制的移転(民849条～851条)，農地の再編成による制限や農地の最小耕作単位の決定と分割禁止に係る制限(民847条，846条)，開墾事業に服する土地所有権に課された負担(民857条～865条，1933年2月13日勅令第215号)と未開墾地の収用のほかに，軍事目的による民事上の動産・不動産の徴発(民835条)，重大かつ緊急的な公共的必要のための農業・工業・商業の経営に対する一時的拘束ないしは義務(民836条)，あるいは軍事ゾーンや国境ゾーンにおける土地所有権の制限(たとえば，国境ゾーンの土地所有権移転には行政庁の許可が要件となっている)など，実にさまざまなものがある。

　さらに近時，土地所有権の合理的・効率的利用の観点から，都市部における土地所有者に種々の行政的規制が課されており，とくにイタリアでは建築規制との関係で私所有権の制限が議論されているので，これは別に独立して取り扱うこととした。

　私的利益による所有権の制限としては，相隣関係における規制が重要である。イタリア民法はこれについて詳細な規定を用意している。また，いわゆるインミッシオーニについても明文の規定がある。したがって，これらの制度についても，やや詳しく検討しよう。

　いずれにせよ，とくに土地所有権に対する制限が重要であり，さらに近

時では公益的観点からの制限の場合，所有権の単なる制限だけではなく，所有者に一定の積極的な義務を課する傾向が強くなっている点に注意する必要がある。

(2) 権利濫用（atti d'emulazione）の禁止

すでに旧法典時代でも所有権の濫用禁止は認められていたが，新民法典は，私人の利益と集団の利益を考慮して，これを所有権法のなかで明記している（民833条）。したがって，「何人も自分の権利を行使する者は害をなさず」（qui jure suo utitur neminem laedit）とのローマ法以来の原則も，権利の行使が他人を害する意図に基づいてなされ，かつ，それをなす者にとって何ら利益のない場合には，修正をうけることとなる。たとえば，隣地の採光や眺望を奪う目的の建築行為が典型例である。

なお，判例は，上記のような害意（amimus nocendi）と利益の欠如とを必須の要件とするが，学説では，その主観的要件につき，証明の困難な「所有者の目的」よりも，むしろ「行為の目的」を重視する見解が注目されている。

第2節　土地所有権制度

I　近代的所有権の成立

イタリア民法典は，フランス民法やドイツ民法とは異なり，「所有権」の章の中で，土地所有権に関する一団の規定（民840条以下）を用意しており，総則と各則をもっているが，他方で，歴史的な経緯に起因する権利も法定されている。そこで，具体的な解説に入る前に，イタリア近代的所有権の成立過程につき，概略しておくことが有益であろう。

イタリアでも，土地所有制度の近代化は，封建的領主制の下にある農民の実質的な土地所有を近代的な所有権にまで高めることにあったが，当時

の政治的な要因からきわめて複雑な経緯を辿っている。その全体像をここでは詳論できないが，領主制の解体ひいては耕作権の強化と共同体的な諸拘束(ことに入会権と耕作地所有権の対立抗争)の発展的な解消を中心として，近代化の推移を概観しておこう。

1 啓蒙絶対君主による改革

　イタリア近代国家の成立(1861年)は，フランスよりも随分と遅れているが，すでに18世紀後半以降から各領邦国家では，その君主が外国の王であったことにもよるが，実質的には土地制度の近代化が進捗していた。ことにトスカーナ大公国の啓蒙君主，ピエトロ・レオポルドの土地改革が有名である。永借人に対する種種の脅威を除去するとともに(更新強制，小作料増額の禁止，土地取り上げの禁止等)，永借権の譲渡も認めるなどの措置を講じた。また，土地所有を拘束していた入会権(usi civici)の解消作業にも着手されている。サルデーニャでは，カルロ・エマニュエル3世などが，永借権の封建的性格を廃絶する法律を制定している。北部ロンバルディーア(オーストリア治世下)でもマリア・テレジアなどにより，共同放牧権が住民に分割されている。

2 ナポレオンによる改革

　以上のような各地での近代化を決定的なものにしたのが，ナポレオンによるイタリアへの進軍・制圧であった。イタリアはほぼその全土をナポレオンの支配下に置かれ，フランス流の近代化，ことに農民の封建的拘束からの解放が断行された。封建領主の裁判権，封建的地代の徴収権等の廃止，小作人への封地の土地分割などがなされている。

　この当時，多くの地域では，永借権は基本的には廃止されたが，南部のナーポリ王国(ジョセフ・ボナポルテ治世)では，封建的地代・人役的給付は廃止されたものの，南部の特殊事情により，永借権(小作料支払義務)だけ

は温存された。

　入会権についても，フランスと同様の措置がなされている。周知のごとく，フランス革命政府は，入会権・放牧権を排して，土地囲い込み権を法認したが，ただ，既存の共同放牧権については他人の放牧を自己の土地囲い込みにより制約する範囲で失うとされた(フランス民法648条)。基本的にはイタリア各地でも，それぞれの事情に影響されるところがあるものの，入会権の解消と領地の整備(領主と入会住民とで旧封地・入会地を分割するなど)が実現されている。

3　王政復古

　ナポレオン体制の崩壊後，なお統一国家を樹立しえず，オーストリアの強い影響下で旧体制が復活する。各領邦国家は独自の法典を編纂したが，その中身はフランス法の影響を免れることはできなかった。したがって，土地所有制度も従来の基本方針が踏襲された。

　永借権も各王国では復活しているが，サルデーニャ王国では事情を異にし，アルベルト民法典では，永代小作は，有償名義であるならばどのようなものであれ，借主に所有権が移転されるべきものとされ，売買の規定が準用されている。加えて，同民法典以前の永借権については，解放され，直接所有権への昇格が認められている。

4　統一国家の憲法・民法典と所有権規定

　サルデーニャのアルベルト時代(1831年～49年)に，憲法(1848年)が制定されているが，この憲法が統一王国にそのまま承継され，その第29条はつぎのように規定していた(この憲法は1944年まで効力を維持した)。

　「すべての所有権は，いかなる例外もなく不可侵である。しかしながら，法律によって承認された公共の利益が必要とするとき，法律の正当なる補償によって，所有権はその全部又は一部を公共の利益ために譲歩すべきこ

とを義務づけられる。」

　フランス人権宣言の影響によるものであり，民法典も，ほぼフランス民法典と同趣旨の所有権規定をおいていた。つぎのように定める。
　第436条「所有権は，法律または既存の規則によって禁止された使用をなさない限りは，絶対的なしかたで物を享有し，かつ処分することのできる権利である。」

5　永借権と入会権の帰趨

　永借権は，その封建的性格からフランス民法典には採用されなかったが，イタリアでも同じ観点から，立法当時，これを廃止する意向が強かった。現に，最終段階でのPisanelli草案では，採用されていなかったが，議会では，南部地方やトスカーナ地方などでの永借権に対する一定の評価が考慮されて，結局，導入されることとなった。沈滞した農業生産力の振興が期待されていたわけである。
　民法典の永借権は，売買・交換と賃貸借との間に位置づけられ（アルベルト民法典を踏襲），「永久にまたは一定の期間により，土地を改良する義務と金銭または現物による年期の一定の給付をなす義務とをもって貸与される契約である」（旧民1556条）とされた。しかし，債権契約ではあるものの，その広範な処分・用益権能や，とりわけ無条件の「解放権」もあることから，所有権の「弾力性」が欠落していたので，立法当時から，永借人が所有者であり，地主の権利は「物的担保付の債権」に降格されたという見解も少なくなかったという。
　ともあれ，上級所有権と下級所有権との区別は廃止され，この点で少なくとも完全なる近代的所有権に一歩接近したといえよう。
　他方で，入会権の解体的傾向は，民法典制定以降も継続され，各種の立法的措置がなされたが，地方によりそれぞれ複雑な事情があり，立法者が十分な調査をしないで一義的な型にはめ込もうとしたことから，根強い抵抗に直面し，その後も長く頑強に生き残った。結局，1927年6月16日法

律第1776号により，私有地上の入会権の解消が企図され，主として市町村(comune)が当該入会権の所有権を取得し，これを直接耕作者のために永借権形式で貸与することが定められ，1977年には，入会権の管理権限は州(regioni)に移管されている。

6　その後の推移

　立法当時の経済社会は，産業化にはほど遠く，主として農業生産力に依存していたので，商品交換経済も未発達であり，賃労働もほとんど知らないような状況であった。家族法は家父長的な家族制度を軸としており，しかも，その農業経済がイタリアの各地域(北・西部，中部及び南部)で事情を異にしていた。これはローマ時代にまで遡るほど，根が深いものである。
　したがって，資本主義化も一様ではなかった。南部は大土地所有制をベイスにした粗放的な農業に低迷していたが，北・西部は，工業化を背景とした資本主義化が着実に進展していた。このような状態のまま，19世紀後半にヨーロッパを襲った社会主義に巻き込まれ，「土地所有の社会化」問題が蔓延した。このような状態のまま第一次世界大戦を迎え，敗戦国イタリアは，経済社会構造の変革(農業経済の危機と都市問題の深刻化)に直面した上で，再び，戦乱に巻き込まれる。
　かかる経緯のなかで「完全所有権」は動揺し，共同体的な所有秩序の政策が高揚され，その過程で，前述のように1942年民法典が誕生するが，しかし，そこでの所有権の社会的機能は，戦後においてもしっかりと定着し，今日では，とりわけ都市計画法制ないし都市的土地所有権との関連では，ヨーロッパ各国でも，独特の姿勢を堅持しているように思われる。

II　土地所有権の範囲と制限

1　土地の上下の範囲

　中世では，土地は水平及び垂直の空間を幾何学的な基準に従って区分され，したがって所有権は天空および地下・地軸にまで及ぶと解されていた(*qui dominus est soli, dominus est usque ad coelum et usque ad inferos*)。イタリア旧民法典440条も，かかる中世の原則に従って，地上および地下のすべてに及ぶと定めていたが，現行法840条は，土地の所有権は，そこに含まれているすべての物とともに，その地下にまで及ぶと規定しているにとどまる。

　地下に含まれる物でも，鉱物・岩石・古美術品・美術品，あるいは上下水道など，特別法により土地所有権から外されている物がある。

　ところで，法文は，土地上の空間所有権については言及していない。旧法は，土地の上空の所有権を認めていたが，現行法は，学説の批判を容れて，土地の上空は所有権の客体に含まれないとした。もっとも，この立場は，空間を独立した所有権の客体としないというだけであって，空間も土地所有権の内容に含まれることまで否定していないので，土地所有者は，土地上の自由な空間から日照・通行・眺望などの利益を享受することができるし，これを侵害するような第三者のインミッシオーニを排斥できることはいうまでもない。

　土地の所有権は地下および地上において他人の行為を排斥する利益がない部分には及ばない。イタリア法は，土地所有権の範囲を画するに，経済的観点からみた「利益の原則」(*criterie del interesse*)を採用している(民840条2項)。したがって，たとえば，丘陵の土地所有者は，地上に存在する建物ないし建築されうる建物の安全性を害しない深さにおいてなされているトンネルの掘削を阻止できないこととなる。

　この「制度」は，現実の用途に対応する利益だけではなく，将来の可能

な用途に対する利益も含まれると解されている。たとえば，判例には，建物の高さに制限のある土地について，その制限を超える上空に隣接地建物に建造された工作物が突出している場合に，この突出物を，当該土地所有者が排除できるかどうかが問題となった事例で，より上空に建築することを適法にする法制度の改革の可能性があることから，土地所有権の侵害であることを肯定したものがある(Cass., 9-8-1955, n. 2527, Foro it., 1956. 1, n. 352.)。

2　土地の「囲い込み権」

封建時代では，封建領主の権利(狩猟権など)や農民の権利(共同放牧権，採薪権，落ち穂の採収権など)の自由な行使が認められていたので，土地の囲い込みは原則として禁止されていたが，個人の私的所有権を確立しようとしたフランス革命のなかで，土地所有者に囲い込み権限が認められた。しかし，フランス民法は，農民の強い反対などの事情もあって，この囲い込み権限を法定地役権のなかで規定し(法定通行権を阻止できないことが明文化されている。フ民647条)，かつ，自らの土地を囲い込んだ所有者は，逆に共同の放牧地を利用できないという制約を課された(フ民648条)。

イタリア旧民法典(442条)は，かかる原則を所有権に関する一般規定のなかに移し，同様に第三者の地役権をも保護した。現行法841条では，地役権の保護については言及していないが，それを当然の前提として，同じく所有権の一般原則の中で，「土地の囲い込み権」(facoltà di chiudere il fondo) を法定している。

この「囲い込み権」に対しては重要な制限が定められている。つまり，狩猟権の行使は原則として自由であり，土地所有者は，一定の場合を除いて，これを阻止できない(民842条)。前近代社会では狩猟権は貴族など特別の社会層にのみ属したが，フランス革命は，狩猟権を自由権として解放した。ところが，イタリア旧民法典は，土地所有者の禁止行為に反して，狩猟のため他人の土地に立ち入ることは不法である(旧民712条2項)と定めて，一

時後退したが，現行法では，上記のように，改革されたわけである。破棄院は，この自由権たる狩猟権を当該土地所有権とは無関係な公法上の権利と構成している（土地所有者は野生動物を自己の物にする権利をもたない）。

かかる狩猟権も，土地所有者が土地を一定の高さの囲障で現実に囲い込むなどの処置をした場合，または，現に耕作されている土地である場合には，特別法の定める態様で，その行使を制限される。土地所有権との調和を図っているこの種の特別法は，農業の保護と，同時に環境保護をも企図している。

3 インミッシオーニ〈immissioni〉

隣地からの煤煙・臭気・熱の侵入もしくは騒音・振動の伝播あるいは水や液体の流入は土地所有権の侵害と考えられるが，かかる immissioni（流入ないし放散）が「通常の受忍の限度を超えない場合」には，土地所有者はこのような妨害を阻止できない（民844条）。したがって，民法典は，これを土地所有権を制限する制度として位置づけている。わが国では，生活妨害に対する不法行為的救済の当否が論じられてきたことは周知の事実である。

問題は，「通常の受忍可能性」とは何かであり，その判断基準が明らかにされる必要がある。判例によれば，「一定の歴史的時点と一定の場所において一般的に承認された受忍可能性であり，かつ，社会通念によってかかるものとして考えられる受忍可能性」を指すので，「具体的・平均的な評価を通して，かつ，immissioni の性格・実体・原因に言及して」，場所の状況（地域性など）をも考慮しつつ，判断しなければならない，と解されている (Cass., 30-5-1973, n. 1616, *Foro it.*, 1974, 1, 807)。

この制度は，イタリアでも，工場が放散する排出物により，近隣所有者に被害が生じた場合に，とくに問題となる。従来の経済活動の自由と，土地所有者の私益とを調和する基準は，さし当たり上の「受忍可能性」であるが，ただ，immissioni を惹起する企業活動が国民的生産・経済からみて重

要であるとき，土地所有者はそれを阻止できないとされる。もっとも，この場合には，所有者は償金を求める権利をもつとともに，裁判官は，かかる侵害を予防・減少させるための特別の設備（浄化装置など）の設置を侵入者に課すことができる。なお，補充的に当該場所にいずれが先にその利益を実現したかという事情も考慮される。いずれにせよ，当事者の利益が比較考量されるが，そこでは国民的経済という公的な利益・集団の利益も考慮されるところに特徴がある。立法当時のイデオロギーが影響を与えていることはいうまでもない。

しかし，破毀院はかかる利益の調整において重要な修正をほどこした。すなわち，国民的生産活動による場合でも，それが人の健康状態を侵害する場合には，健康の価値は何よりもまず保護されるべきものであるので，受忍可能性の有無にかかわらず，その侵入は阻止されねばならないと判示した(Cass., 9-4-1973, n. 999, *Foro it.*, 1974, 1, 843 など)。この判例理論は一連の判決によって確定したが，住民の健康を保護する根拠条文としては，民法844条よりも，むしろ健康権を基本的人権と定める憲法32条に求める傾向があるという(Cass., 6-10-1979, n. 5172, in *Mass., Foro it.*, 1980, 1, c. 2302 ほか多数)。

なお，この種の問題は，イタリアでも，環境保全との関連で議論されており，空気や水の汚染から都市住民の良好な住環境を保護する私的な制度として，immissioni の現代的意義が指摘されている。しかし，民法844条は所有権保護を目的としているので，財産の所有名義人でない地域住民にはこの法的保護が与えられないところに限界がある(Corte Cass., 23-7-1974, n. 247)。もっとも，その後，破毀院は，用益物権者のみならず，借家人(conduttore)にも本条の保護を類推適用するまでに至っている(Cass., 21-2-1994, n. 1653)。しかし，事前予防や企業の立地制限など，抜本的な解決は本条には期待できない。環境保護一般については立法によるしかないが，風景や景観の保護に関する法律，大気汚染に関する法律(1966年法律第615号)，水質汚染に関する法律(1976年法律第319号，いわゆるMerli法)，環境保護に関する法律(1986年法律第349号)のほか，最近では騒音規制に関する法律

(1995年法律第447号)が重要である。ことに騒音規制法は人の快適環境の保護を眼目とし，単なる「不快さ」も規制している。

Ⅲ　相　隣　関　係

1　相隣関係と所有権の制限

　隣接地相互間では，一方の利用が他の利用と衝突することは避けられない。相隣関係は，かかる利用の衝突を調整する制度であり，その意味では所有権の内在的制約，換言すれば所有権自体の内容となるので，より広範な所有権の制限(たとえば他物権による制限)とは性質を異にするといえよう。しかし，イタリアでは，とくに地役権と同様の負担は，法定のものでも(わが国では法定通行権などは相隣関係とされる)，単なる所有権の制限ではなく，強制地役権として通常の地役権(任意地役権)と同列におかれている。いずれの制度もイタリア中世以来の伝統によるものが少なくないが，日本民法典の相隣関係規制にも強い影響を与えているものが散見される。
　相隣関係と地役権との相違は，相隣関係規制が「土地の必要」のために認められる隣接地間の相互的な負担であることを基本とし，したがってまた，法定の要件を充足すれば，法上当然に成立するのに対して，地役関係は一方の「土地の便益」のために設定されるものであることから，合意によるのが原則であるところに求められる。それ故，相隣関係には対価がなく，不使用による消滅時効にもかからないと解されている。権利の内容面からみると，両制度は共通することが少なくないが(通水権，眺望権，法定距離保持義務など)，ある土地につき具体的に相隣関係が成立していても，より強い規制を内容とする地役権を合意で設定することが可能であるのは，いうまでもない。
　ところで，相隣関係の制度趣旨には，公益的な面を含むものもあれば，純然たる私益によるもの(採光・眺望権のごとし)もあるが，かかる性格と相

隣関係規制の合意による修正の可能性とがリンクしている。イタリアの破毀院は，以下に述べる相隣関係では，基本的には合意による修正が可能であると考えているようであるが，建物間の法定距離保持義務については，衛生の確保という公益面もあることを理由として，地役権による修正はできないとする有力な学説もある。なお，いうまでもなく当事者間の単なる合意は債権的な効力しか持たないので，譲受人を拘束しない。

(1) 水に関する規制
　(ア) 自然の通水
　自然流水権はローマ法以来の代表的な相隣関係規制である(民913条)。低地の所有者は高地から自然に流れてくる水を受け入れる義務を負う。高地の所有者も低地の状態により大きな負担を課すような工作物を築造することは許されない。要するに，当事者は自然に水を通過(通水)させねばならない。ただし，高地の所有者にすべての変更が禁じられるわけではなく，ただ，隣人に損害を与える変更が許されないだけである。農業上の工作物のために水流を変更することは認められるが，その損失に対しては償金が支払われねばならない。
　(イ) 流水・泉水の使用
　民法典は，水の利用に関する規制を用意しているが，ここにいう流水(flusso de acqua)は，私人の所有に属する，いわゆる私水(aque privati)に限定されるところ，河川の流水は国有財産に属するので(民822条)，私水は元来，僅少であった。ところが，1994年法律第36号が，すべての水は公物に属すると定め(1条)，公水の利用を許可に服させることとしたが，ただ家事用水(家畜用等も含むやや広義)のみを私人の自由使用にゆだねた。そこで，民法典の水に関する規定が適用される範囲はいっそう限定され，上記の法定の範囲内に制約されることとなった。以下，民法典の幾つかの規定について，簡単に言及しておこう。
　一般原則により，土地所有者は自己の土地にある水を利用できるが(民909条)，同様に，農業用および工業用のため，自己の土地に自然に沿い，

第2節　土地所有権制度

ないしは横断する流水(公水でないもの)を使用できる。ただし，使用した水・余水は通常の水流に戻さねばならない(民910条)(ただし，本条は1999年法律第238号により廃止された)。

地下水を吸水するための工事については，土地所有者は，隣地から一定の距離を保持する義務のほか(民891条)，他の土地の吸水口に損害を生ぜしめないように必要な工事をなす義務を負う(民911条)。

なお，生産のための水流の規制については，詳細な規定(水利組合など)が用意されている(民914条〜921条)。

(2)　建築に関する規制

　(ア)　壁の強制共有

境界線上に建築された障壁(muro)に対して隣地所有者にその障壁の共有を要求できる権利が与えられている。空間を不適当に分断しないこと，無用な建築を回避することによって，個人的利益と一般利益とを調和するところに，この制度の趣旨がある。要件としては，障壁が境界線上にあるか，又は境界線から1.50メートルに満たない距離もしくは地方の条例で定められた法定保持距離の半分に満たない距離にあることが必要であり，壁が境界線上にない場合には，隣地所有者は，当該の壁自体に寄りかからせるべき工作物を設置するときにのみ，その共有を強制的に要求できる(民874条以下)。

障壁が境界線上にない場合の強制共有については，境界線と障壁との間にある土地で，新たな工作物(壁に寄りかからせる工作物)によって占拠する土地自体の買取請求をも含む。そうでないと，障壁を共有とする意義がなくなるからである。

なお，強制共有のためには，障壁およびその用地の価格の半額が支払われることを要する。この強制共有の規定は，国有財産など公共的な建物の場合には適用されない(民879条)。

　(イ)　法定距離保持義務

　(a)　隣接地上の建物間では原則として3メートル以上の距離をおかねば

ならない(民873条)。ただし，その間に公道などの空間が存在すれば，本条は適用されない。制度の趣旨は，接境建築による非衛生と危険を予防・回避するところにある。本条は，日本民法典のように「境界線」を中心とする距離保持規制ではないので，注意を要する。つまり，一方の隣地所有者が境界線から1.50メートルの距離をおいて建築すれば，他方も境界線から1.50メートルの間隔をおくことを要するので，この場合はとくに問題はないが，先に建物を建てた者が境界線から1.50メートルの距離をおかなかったとき，隣接地所有者は，その建物から3メートルの距離をおかねばならなくなるので，より以上の負担が生じ，また，そのための補償も認められていないことから，結局，早く建築した者が有利となる。ただし，かかる場合，隣人の壁を支点にして建築するときには，前述した「壁の強制共有」を主張して，自己の建物を前に進めさせることができる。いずれにせよ，本条のもとでは，後で建築する者が法定距離保持義務に違反して建築したときにのみ，先に建築した者が原状回復を要求できる(民872条2項後段)こととならざるを得ないであろう。

　ところで市町村の条例は，行政目的から建物間の最短法定距離を定めるだけではなく，都市計画地域内のゾーン規制に応じて，建物の高さと容積の最大限を規制している。これらの行政法規は民法典の相隣関係規制とは異なるので，その違反に対するサンクションは原状回復ではなく，損害賠償請求にとどまる (民872条2項前段)。ただし，民法873条後段は，条例によってより以上の距離を定めることができるとしているので，この場合には条例の距離制限が優先することとなり，また，条例が「境界線」からの法定距離を定めている場合には，先に建築した所有者も，かかる条例に違反しているならば，原状回復義務を負うと解されている。

　(b) 境界線の近傍に建物以外の工作物(井戸，貯水槽，便所及び肥料溜)を開設・設置する場合には，境界線から2メートルの距離制限が課される。溝・水路を掘削したり，水道管・ガス管・煙突などを設置したり，あるいは，多湿性・爆発性のある物，その他有害の物質を置いたり，損害の危険の発生がある機械類を備え付けたりするときにも，一定の距離制限がある

(民889条, 880条, 891条)。条例でより以上の距離を定めることも可能である。

(c) 以上の法定義務に反する状態にある建築物を購入した現在の所有者も，その損害賠償義務ないし原状回復義務を負担する。これを〈obbligazione *propter rem*〉(物のための債務) と称し，基本的には他の相隣関係にも妥当する。

(3) 植樹・植物に関する規制

(ア) 法定距離保持義務

境界線近くで植樹する場合も，建築の場合と同様の法定距離の制限がある。まず，地方の条例による規制をうけ，それがなければ地方の慣習により，これらがない場合にはじめて民法典により規制される(民892条)。民法によれば，高木(胡桃，栗，樫，松など)については3メートル，高くない幹の樹木(果樹など)については1.50メートル，かん木類の低木では50センチ，生垣については，その樹木の性質により1ないし2メートルである(民892条)。これに違反すると，隣人は樹木の撤去や切断の処置を要求できる (民894条)。ただし，時効取得によって，より少ない距離に樹木を保持する権限を取得できることもある。

(イ) 枝・根の切除と果実取得

法定距離保持による制限にも拘らず，隣地の樹木の根が不法に自己の土地の栄養分を吸収したり，広がった枝が影を落とすことがある。このような場合には，所有者は，隣人にその枝の切除を強制する権限，及び自己の土地の地面下の根を切除する権利を有する(民896条)。ただし，条例・慣習があれば別である。

果実については，枝から自然に落下した場合には，地方の慣習に別段の定めがないならば，落下したところの土地所有者に帰属すると定められている (民896条2項)。

(4) 採光・眺望の規制

隣接地での窓の開設についても制限がある。ある人が自己の建物の窓か

ら日照・通風・自然の眺望を享受し得る利益は，無制約な他人の観望にさらされず，ないしは建物の安全を脅かされないという隣人の相隣的な利益と矛盾するからである。

　(ア)　採光窓

　日照・通風のためにのみ用いられる窓であるので，隣地に向かって顔を出すことのできない窓である（民900条）。この窓は，境界線からの最短距離制限には服しないが，隣人の安全を保障するため，固定した金属製の枠と格子(その目は3平方センチメートル)を備え付けることを要し，かつ，隣地の地面ないし部屋の床から一定の高さ以上においてしか設置できない(民901条)。

　(イ)　観望窓

　広い意味での観望ないし眺望の窓，つまり，通風も観望もできる窓であるので，採光窓のように，位置の高さの下限に制限がない。隣地に向かって顔を出せる窓である。それ故，境界線から少なくとも1.50メートルの距離を離して設置しなければならない(民905条)。なお，隣地の壁に接着して建築する権利又は壁の共有を要求できる権利を有する隣人は，採光窓を閉鎖できるが(民904条)，観望窓を要求することはできない。隣人の建物が観望窓をもつときは，他方は法定距離を保持して建築しなければならない(民907条)。

(5)　雨水の注射

　所有者は隣地に雨水を注射せしめないように屋根を築造しなければならない。また，公の水路が存在するときには，雨水が樋および溝渠を通してそこに放出できるようにしなければならない(民908条)。

(6)　強制立入

　土地所有者は，隣人が壁その他の工作物を設置ないし修繕するため，その必要が認められるならば，自己の土地への立入りないし通行を許容しなければならない(民843条1項)。また，他人がその所有する物ないし動物

を自己の土地で発見した場合には，そのために自己の土地への立入りを許容しなければならない(民843条3項)。

　隣地に落ちた果実を果樹の所有者が所有できるという慣習がある場合には，果実取得のために立入りが許される(民896条3項)。

　なお，特別な立入権として,「狩猟」の行使がある。土地所有者は，当該土地が法律により囲まれているとき又は狩猟により損害をうけるような耕地が存在するときを除いて，狩猟のための土地への立入りを許容しなければならない。

　これに対して,「漁猟」の行使による立入りは，土地所有者の同意のある場合にのみ可能である(民842条3項)。

2　相隣関係と強制地役

　イタリアでは，相隣関係規制でもとくに独自の物権としての性格をもつものは，強制地役とされており，その代表的な地役が通行権であるが，ほかに強制通水・排水権，強制給水権などが法定されている。強制地役権は約定による地役権(任意地役権)と同レベルで規定されているので，本書でも，地役権の章で解説する。

IV　都市的土地所有権——(付)農用地所有権

　イタリアでも，都市の土地所有者に対しては都市計画立法によって，さまざまな規制が課されており，とくに「建築規制」は建築権限を本体とする都市的土地所有権の命運を左右するので，その規制のあり方が私的な土地所有権の構造の理解にも影響を与えることとなろう。

1　都市計画立法

　イタリア民法典は都市計画立法による所有権の制限を予定しているが（民法896条は市町村の都市計画規制の遵守義務を謳っている），具体的な法律ができたのは，60年代に入ってからであり，本格的な規制は，1967年8月6日法律第765号と1977年1月28日法律10号（いわゆるBucalossi法）である。戦前は，早くから大都市ごとの個別立法によっていたところ，これらを集約して1942年に体系的・漸新的な都市計画法が制定されたが，実際上は機能しないままに推移し，敗戦後の復興都市計画を終えて，ようやく日の目をみた画期的な立法であった。67年法は暫定法であったが，都市計画規制の骨格を制度化し，77年法はこれを承けて，さらに規制を強化した恒久法である。その後，改訂が繰り返されているが，以下に述べる都市計画手法の基本的姿勢は堅持されている。

2　都市計画手法

(1)　開発規制

　都市計画の策定手続と基本的な内容（最低の基準）は法定されている。都市は計画区域と計画区域外に区別され，区域外の建築はとくに厳格な規制に服する。具体的な都市計画については，法定の手続に従って，市町村がマスタープランと詳細計画を策定するが，後者は私人を直接拘束するので，私人の建築行為・開発行為（私的所有権の行使）はかかる計画の下でしか実施し得ない。

　ことにイタリアでは，具体的な建築計画が策定されると，一定の時期までに建築しなければならない法的義務が課せられるプログラムが77年法によって導入されている。ただし，かかる建築規制は，時間的に制限されており（5年以内），その拘束期間が無制限であるならば，補償がなされなければ憲法違反の問題が生ずると解されている（Corte Cost, 12 - 5 - 1982, n. 92）。

(2) 建築規制

　建築規制の特質は，ゾーン(zona)，スタンダード(standards)及び建築許可(con-cessione edilizia)の三本柱にある。市街地はA(歴史地区)，B(既存の建物がある地域)，C(開発予定地域)，D(工場地域)，E(農業地域)等の各ゾーンに区別される。また，建物の種類ごとに建築の許容量が法定されている。これを「スタンダード」と称し，各ゾーンごとに，その最低基準が法定され，より具体的な計画が策定される。したがって，私人の建築行為は，かかる建築基準に適合しているか否かを「建築許可」を通して規制されることとなる。ことに，建築許可については，土地所有権・建築権との関連で問題があるので，別に検討する。

(3) 土地区画

　建物の規制だけではなく，宅地造成等の開発行為も規制され，これを土地区画(lottizzazione)という。計画区域外では土地区画は禁止される。計画区域内での開発行為には，都市基盤整備につき，私人による一定の負担が条件となる。

3　建築権の法的性質

　従来，破毀院は，建築権(*jus aedificandi*)は私所有権に認められた本質的な権能の一つであるので，これを制限・侵害する場合には，その損失を補償する必要があると解していた(Cass., 30-3-1963, n. 800)。これに対して，Consiglio di Stato(国務院)の先例は，建築権は単なる法律上の利益(mero interesse legittimo)に過ぎず，行政庁は自由な裁量によってこれを制限できると解していた　(Con. Sta., Sez. V. 29-9-1970, n. 7713)

　その後，破毀院(連合部)は，建築権は「単なる法律上の利益」に過ぎないと解することによって，両者の立場の矛盾を解消した。つまり，建築許可を後に取り消された私人が，これを争った事件で，建築権限は所有権の内容を形成し，固有なものであるとしても，かかる権利の行使が著しい制

限に服することも現実であり，そのことによって行政庁の面前では単なる法律上の利益にまで降格されることがありうる，と説示している(Cass., sez. unio., 27-2-1970, n. 472.)。

　このような状況を背景として，77年法は，市町村内におけるすべての都市改変行為及び建築行為につき行政の許可(concessione)が必要である旨を定めた。しかも，67年法の建築許可では，わずかな経費が必要とされたにすぎないが（無償），新法は，都市基盤整備の経費を施主の負担とするポリシーをとり，許可の付与を相当なる費用と引き代えにすることを定めたため，いわゆる有償となった。このことからさらに重要な結果が招来し，従来では，一定の要件が充足すれば，許可を与えねばならないところの覊束行為と解されていたが，77年法のもとでは，行政法上は裁量行為と解されることとなり，建築権の私的な性格がいっそう希薄となった。

　そこで，学説では，建築権ひいては都市的土地所有権の性質につき，さまざまな見解が主張されている。つまり，建築許可は，本来，奪われている権限を私人に対して与える行政行為であるのか，それとも，単に一般的な建築上の義務から建築の自由を回復する行為(licenza edilizio)と本質的には異ならないのかどうか争いがある。換言すれば，建築権が，土地所有権の権能から切離されるかであり，これを肯定する見解もなくはないが，このような立場では，私的所有権の実体がなくなる（行政に建築権が帰属する）こととなろう。多くの学説は，建築権は土地所有権にとどまっていると解している。

　加えて，憲法裁判所(1980年第5号判決)も，建築権は所有権に内在し，建築許可(concessione)は，新しい権利を私人に帰属させることではなく，既存の権限を前提とするものであり，したがって，licenzaとは異質の処分ではなく，権利行使のための法定の条件の存在を確認する目的を有するにすぎない，と判示した。

　そこで，その後，1985年2月28日法律第47号は，都市計画・建築行為規制につき，行政の裁量行為に対して厳格な制限(ことに計画時ではなく，建築許可の段階で)を加えたことから，建築権が土地所有に固有のものであ

るとする憲法裁判所の立場が再確認され、今日に至っている。

4 違法建築物の除却

「許可」なくして建築を実行した者は、建築物の破壊または没収を受ける可能性がある。建築物は土地所有者以外の者によって築造された物でもよい。

なお、私人間では、建築法規違反の建築行為については、損害賠償のほか、特別の場合には原状回復義務が生ずる旨の規定がある（民872条2項）。

5 私的所有権と建築規制

以上のように、イタリア都市計画規制においては、「計画なければ開発なし」という基本原則が徹底しているので、ドイツやフランスよりも、私的土地所有権に対する制限がやや強いといえよう。ことに一定の期間内に建築実施義務を課していることから、土地所有権・建築権は、建築の場所、容量のみならず、時間的にも制限されていると言われる所以でもある。いずれにせよ、もはや所有権の外面的な制限とは解し得ず、所有権自体の内容にまで食い込んだ制限と考えるべきものであろう。ただし、このような規制は、決して一部の所有者にのみ課せられる負担ではなく、むしろイタリア憲法にいう「所有権の社会的義務」の発現であり、このことを通して「衡平な社会関係の確立」を図ることが、その理念とされているわけである。

* 「農用地所有権」の規制について

民法典は、耕作の用途に用いられる土地（proprietà fondiaria）について、相当なる条文を置いている（民846〜868条）。最小の耕作単位、完全開墾・開墾組合及び水利規制・水利保護に関するものであるが、主として前二者につき、簡単に解説しておこう（農事契約については、4章2節Ⅳを参照）。

① 「最小の耕作単位制」（minia unità colturale）

この制度の趣旨は土地の細分化による農業生産力の増進に対する危惧を回

避することにあり，立法当時の政策目標に即した制度であった（民846条以下）。農家労働にとって必要にして十分なる耕作地の範囲が基準となり，このような生産単位による土地の再編は憲法44条も認めている。ところが，今日に至るまで，かかる範囲を決定する権限と責務のある行政主体が具体的に土地の範囲を画定していないので，この制度は現実には機能していないようである。もっとも，かかる制度の趣旨・理念は，第二次世界大戦後に，土地の再分割や生産単位の再編につながることを目的とする一団の特別法によって間接的には実現されており，ことに「直接耕作者」に対する保護において顕著である。

② 「完全開墾」(bonifica integrale)

完全開墾とは，土地を農業とその活動の発展並びに人の定住とその基盤となる生産とに適合した農用地に改良する事業のことである。もともと〈bonifica〉という用語は衛生目的のために湿地を除去するという趣旨で使用されていたが，土地の改良のための開墾ないしは「完全開墾」という意味（そのための組織も含めて）に変わり，イタリアの戦前の立法がこれを導入した上で，民法典ではかかる特別法を前提としてその基本的な方針が明文化されたものである。民法857条は，一定の湿地帯や山岳の荒蕪地等に対して開墾の宣告をなしうるとし，これに服した土地の所有者は行政の策定した一般的な開墾計画のもとでこの事業に参画することを余儀なくされる。利害関係のある所有者は開墾事業一般を具体化するために「開墾組合」(consorzi di bonifica)を設立したり（民862条），より具体的な土地改良事業を目的とする「土地改良組合」を設置することもできる（民863条）。所有者の義務不履行が開墾事業を危うくする場合には，その土地所有権を剥奪することも可能とされている（民865条）。

なお，憲法117条は開墾事業を促進する権限を州(regioni)に帰属させているが，その自治体の立法は開墾組合の事業を促進する方向にはなく，むしろ自治体を代表する団体に権限の多くがゆだねられているという。

第3節　所有権の取得

　所有権の取得原因は，原始取得か又は承継取得のいずれかによる。原始取得には，先占，発見，果実取得のほかに，附合，融合，混和などがあり，承継取得としては，契約や相続などがある。時効取得は，原始取得と考えられているが，承継取得の面も否定できず，独自の取得原因と解する見解もある。
　ここでは，所有権編において規定されている固有の取得原因(民922条以下)についてのみ解説する。

I　先占・発見等

1　先　占

(1)　動産一般の先占

　無主物は(放棄された物も含む)，それを発見し，かつ先取することによって所有権が取得される(民923条)。この先占(occupazione)による取得の場合には，物は動産に限定され，無主の不動産は国庫に帰属する(民827条)。先占の要件は，物の占有の取得とそれを自己の物とする意思の二つである。
　なお，すでに学説が指摘するように，わが国の先占に関する規定(日民239条1項)がイタリア伝統の先占制度に由来することは，あまり知られていない。

(2)　狩　猟

　先占の特別の場合として，狩猟(caccia)がある。狩猟権は行政庁の許可

(permesso)を得た者だけに認められ，かつ狩猟が自由である地域で行われなければならない。禁猟区や特別の狩猟権が設定されている場所は除かれる（民842条）。また，時間・時期及び用具についても特別法による制限がある。法律に違反した場合には，先占は成立しない。

なお，1977年法律第968号により，自然保護の観点から，一定の野生動物は無主物ではなくなり，国家に帰属する処分不可の財産となっている。それ故，この法律の適用を受ける野生動物も先占から排除されることとなろう。

(3) 魚介類の採取

「魚介類の採取」(pesca)も一般的には行政庁の許可(licenza)（自由の回復）を受けた者だけが行うことができる。

漁労は，国有の海面，湖沼では自由にできるが，漁業の排他的な権利が設定されている公水面では禁止される。私有の水面でも，これに関する所有者ないし特別の権利者の許可なくしては漁労を行うことはできない（民842条3項）。

(4) 飼育動物

狩猟・漁労については，いずれの場合でも，その対象は野生動物でなければならない。かかる動物の所有権取得は，捕殺・捕獲者又は明確な損傷を与えた者，あるいは発見者（追跡を断念しないときに限る）の利益のために成立する。

これに対して，飼育動物は，家畜でなくとも先占の対象とはならないので，その所有者は他人の土地に立ち入って自己の動物を探索できる。ただし，土地所有者に与えた損害を賠償する責めに任ずる（民925条1項）。この場合に，所有者が逃失した動物の所在を知ってから20日以内にその返還を請求しないときには，その動物を最初に取得した者が所有権を取得できる（民925条2項）。

蜜蜂群の場合には，その探索を逃失から2日以内にしないか，又は2日

間にわたり探索することを止めたときには，土地の所有者がその蜜蜂群の所有権を取得できる(民924条)。

これに対して，鳩，兎，魚類が他人の飼育場又は養魚池に自然に移ったときには，その所有者は返還を請求できない(民926条)。

2 発 見

埋蔵物(tesoro)の発見（invenzione）による場合にも，原始取得が生ずる。埋蔵物とは，所有者が何人であるかを証明できない物であり，隠された物又は地下に埋設された価値ある動産を指す(民932条1項)。

埋蔵物に関する原則は，発見者と埋蔵されていたところの土地の所有者との利害を調節することを眼目としており，発見者が自分の土地の中で発見したときは，その埋蔵物は土地所有者の物になるが，他人の土地で発見したときは，発見者と土地所有者が折半する(民932条2項)。発見であるためには，その発見が単なる偶然の結果によることが必要であるが，発見だけでよく，物の占有取得は必要とされていない。

なお，考古学的・人類学的な客体の発見については，特別法により，土地所有者，発見者，及び探索権限を有する者は，埋蔵物の所有権を取得することを否定されているが，ただ，物の譲与による報償金が与えられることとなっている(1939年6月1日法律第1089号)。

3 遺 失 物

遺失物(cose ritrovate)は無主物ではないので，先占の対象にはならない。しかし，所有者が拾得者に対して返還請求をしないまま，一定の期間が経過すると，拾得者のために所有権の取得が法律上認められる。つまり，遺失物の従前の占有者が知れない場合には，拾得者は遅滞なく当該物を発見した場所の市町村長に寄託し，当該市町村長はその地区の裁判所の掲示板に引き続き2週間にわたりその旨の公示をする。公示から1年以内である

ならば，所有者はその物の返還を請求できるが(この場合には，拾得者に報償金が支払われる)，その期間を経過すれば，その物は拾得者の所有に帰属する(民927条～930条)。

II 附 合

　主たる物に附合(accessione)する物は主たる物の所有権者に帰属する。かかる附合による所有権取得の態様は，不動産への動産の附合，不動産相互の附合及び動産相互の附合の三つである。

1　不動産への動産の附合

　不動産に事実上統合されている動産は，不動産の所有者に帰属するのが原則である。民法典は，地上・地下に存するあらゆる建物・樹木・工作物は原則としてその土地の所有者に帰属する，と定めている(民934条)。ただし，この一般原則は合意による修正が可能であることに加えて，建築行為と植樹につき，その土地ないし材料・樹木の所有帰属との関連で，つぎのような例外規定が用意されている。

　(ア)　土地所有者が他人の材料・樹木で建築・植樹した場合(民935条)

　材料・樹木の所有者は，その材料等が分離可能ならば，返還を請求できるし，分離が不可能であるか又はその返還を欲しないときには，その価額の償還を請求できる。いずれの場合でも，土地所有者に故意・重過失があるときには，損害賠償も請求できる。ただし，材料等の返還については，材料等の所有者がその結合の通知を受けた時より6ヶ月以内に請求しなければならない。不安定な所有関係を早期に確定する趣旨である。

　(イ)　材料・樹木の所有者が他人の所有地で建築・植樹した場合(民936条)

　他人の所有地を自己所有地と誤信して建築・植樹するような場合が，よくあるケースであるが，土地の買主が建築したのちに，売買が解除されて

結果的に他人の土地上に建物を建築するということも考えられる。かかる場合には，当該土地の所有者は建築物・樹木を留保するか，又は相手方の費用により，その撤去を請求することができる。建築物等の保有を選択したときには，材料の価額と工事の費用の合計か，又は土地に生じた増加額か，いずれか少ない額を支払う義務を負う。

建築物等の除却については，土地所有者が他人による附合を知悉しているか，もしくはこれに異議を述べない場合，又は他人が善意である場合には，これを請求できない。建築物等の附合の通告を受けてから6ヶ月を経過したときも，同様である。

(ウ)　第三者が建築・植樹をした場合(民937条)

建築・植樹の主体が土地の所有者でも材料・樹木の所有者でもない場合には，複雑な権利関係となる。民法典は，この点につき材料等の分離が可能な場合を中心として規定している。

まず第一に，材料等の所有者は，土地所有者による附合の通告から6ヶ月が経過するまでは，建築等をなした第三者の費用でもって，その返還を請求できる。

材料等の所有者が材料等の返還を請求しないときには，その材料等の価額ないし償金を第三者又は土地所有者に対して請求できるが，土地所有者に対しては第三者が支払っていない額を限度とする。

材料等の所有者は第三者に対して損害賠償請求権を取得するほかに，材料等に代わる償金については第三者と土地所有者とが連帯して責任を負担する。土地所有者が悪意で土地の使用を承諾したときには，損害賠償についても第三者と連帯責任を負う。

(エ)　逆　附　合(民938条)

附合の一般原則は，ある土地上の何らかの建築物がその土地の所有者に帰属するかを問題としているが，民法典は，同じ「附合」のところで，他人の所有地(その一部)で建築した建物の所有者が当該建物部分の所有権を保有し，かつ，その敷地所有権を取得できる旨の規定も用意している。この規定は，右の附合の一般原則を逆にしたものであることから，一般に

「逆附合」〈accessione invertita〉と称されている。具体的にはつぎのように規定されている。土地所有者が善意で隣地との境界を超えて隣地の一部分を建物により占拠した場合には、建築の日から3ヶ月以内に隣地所有者が異議を述べない限りは、裁判所はその一部の土地の所有権を建築した者の所有に帰属させることができる。ただし、この場合には、その土地部分の2倍額を損害賠償のほかに支払うことを要する。なお、この逆附合については、法定の要件を充足しても自動的には成立せず、当事者の意思表示（合意）か、又は確定判決が必要であるとするのが、破棄院の立場である。

2　不動産と不動産の附合

　（ア）　寄　州　　河川又は渓流（公水面）の下流沿岸地に継続的かつ徐徐に形成された土地の結合ないし増加が寄州（alluvione）であり、このようにして運び込まれた土砂によって増加した部分は、結合された土地の所有者に属する（民941条〜942条）。

　（イ）　急激な寄州　　急激な水流によって上流沿岸の土地の多量かつ顕著な部分が下流の沿岸地に結合した場合には、附合によりその土地部分は下流の沿岸地所有者の所有に帰する。ただし、その土地の増加額の範囲内で償金を支払うことを要する（民944条）。

　（ウ）　流出土地と河床・島等　　以上のほか、民法典は、河川等の水流によって沿岸地所有者の土地が増減した場合につき、その態様・原因等に応じて、ことに所有者間の利害を調整するため詳細な規定を設けていた（民942条, 945条, 946条, 947条）。しかし、1994年法律第37号の特別法によって、これらの場合には、基本的には共通の原則で処理されることとなったので、上記の条文は単純化された。すなわち、流水によって一方の沿岸から他方の沿岸に移動して流出した土地部分のほか、同様に海・河川・湖沼等から流出した土地部分（民942条）、並びに新たな河床の形成後の旧河床（民945条）や河床に生じた島ないし結合した土地（民946条）は、その原因が自然現象又は人の行為のいずれであるかを問わず（民947条）、すべて

公共用財産(demanio pubblico)に帰属することとなった。

3 動産と動産の附合

これには，融合(unione)，混和(commistione)，及び加工(specificazione)があるが，この場合の附合は動産の善意取得によって実際上の意義が制約されている。

(ア) **融合と混和** 異なる所有者に属する二つの物が完全なる単一物を形成するときが，「融合」であり，「混和」は，別個の物(液状，固形のもの)の混合である。いずれの場合でも，別個の物が著しい毀損なくして分離できるときには，各々の物の所有権はそのまま存続し，その分離を請求できる。そうではない場合には，物の価額に応じて共有となる（939条1項)。それ故，この場合には，附合は生じない。

融合・混和によって，一方の物が他方の物に対して主たる物になるか，もしくは価額において著しく優っているときには，この種の主たる物の所有者が全部の物の所有者となり，附合が生ずる。ただし，所有者となった者は，相手方に融合・混和した物の価額を支払わねばならないが，主たる物の所有者の同意なくして附合が生じたときには，主たる物の増加額と従たる物の価額のいずれか少ない方の額を支払えば足りる（同条2項)。

融合・混和した物のいずれが主たる物か判別し難いときは，新たな物の共同所有権が成立する。

(イ) **加　工** 他人の材料に加工して新たな物を造ることが加工であり，原則として加工した者が材料の価額を支払うことによって加工物の所有権を取得する。ただし，材料の価額が工作費用を著しく超過するときには(他人の金で指輪を製作するごとし)，材料の所有者が工作費を支払うことによって，その物の所有権を取得する(民940条)。

第4節　所有権の保護訴権

　所有権を保護するための救済手段としては，所有権の原状回復を目的とする所有物返還請求訴訟(azione di rivendicazione)，所有権に対する法的ないし事実的妨害の排除を目的とする否認訴訟(azione negatoria)のほかに，境界確定訴訟(azione di regolamento di confini)が認められている。いずれも，ローマ法以来の沿革に由来する保護訴権であるので，その影響が根強く残っていることは，後述の解説からも明らかとなろう。さらに，明文の規定はないが，所有権の純然たる確認訴訟も一般に認められている。

　なお，「新工事・危害告発訴権」も所有権保護訴権として，ここで解説する学説もある。本書では，占有権のところで取り上げている。

I　所有物返還請求訴訟

　この訴訟は，返還請求権者の所有権の確認を通して，相手方の占有行使を停止させ，所有者にその原状回復を得させることを目的とするものである(民948条)。

1　訴訟の主体

(1)　原告適格

　所有者は無権限の占有者・所持人に対して本訴訟を提起できる。共同所有者も単独で無権限の第三者に対して請求できる。共同所有者相互間の争いでは，各共有者は，その持分に基づいて訴えを提起できる。財産管理人も，通常の管理行為から外されていない限り，自己の名で訴えを提起できる。質権者については，質権設定者・所有者の名義で提起できる旨が法定

第4節　所有権の保護訴権　　　　　　　　　　　143

されている（民2789条）。

　これに対して，所有権を譲渡した売主が，買主への引渡し義務を履行する目的であっても，売却目的物を所持する第三者に対して本訴訟を提起することはできない（Cass., 6-5-1994, n. 4421）。また，他物権の負担を受けた所有権(虚有権)には，利用権・直接占有がないので，その所有者は単なる所有権の確認訴訟を提起できるだけである，とする記述もみられる。ちなみに，ドイツでは，他物権者への返還を要求できる旨の規定(ド民986条)がある。

　債権者代位権によっても，本訴訟を提起できると解されているが，この場合には，代位される債務者(所有者)の呼出しが条件とされている。

　無効な契約によって相手方に引き渡された目的物を取り戻す場合に，契約上の返還請求訴訟によるほかに，所有物返還請求訴訟を提起できるかについては，意見が分かれている。肯定するのが多数説であり，判例も同様の立場にある（Cass., 12-2-1975, n. 556, *Foro it.*, 1975 1, 2560）。

(2)　被告適格

　(ア)　無権限の占有者　　本訴訟の被告は無権限の占有者または所持人である。共同占有の場合には，その全員又は一部を被告とすることができる。当初から現物を返還することのできない者は，応訴しても被告適格はない（いわゆる「訴訟に応訴した者」の当事者適格の問題は古来から論争されている）。

　(イ)　被告の指示　　本訴訟の被告とされた当事者が，他人の名による所持人であり，係争物を返還すべき権限を有しないときには，被告適格を欠くので，かかる当事者適格を有する占有者ないし所持人を指示することによって，訴訟から離脱することができる。これを「前主の指示」〈 *laudatio auctoris* 〉という。賃貸借（民1586条）と寄託（民1777条）については，明文があるが，一般的な方途として認められている。

　(ウ)　悪意で占有を止めた者　　原告は，訴訟提起後に自己の行為で占有ないし所持を止めた者に対しても，なお被告として当該訴訟を継続できる。被告は，物を所持していなくとも，物の返還義務を負担し，「自己の費用」

をもって物の返還ないし原状回復をなす義務を負う旨がとくに法定されている（民948条1項後段）。それができないときには，物の価格を弁償するか，又は損害を賠償することが義務づけられる。なお，原告が物を回復することができた場合には，被告に対し物に関して受領した金銭を返還しなければならない。

2 訴訟の構造

(1) 権利の証明

　原告は，自己の所有権と被告の現実的な占有・所持を証明しなければならない。所有権の証明は，とくに不動産の場合には，大きな困難が生ずるという。これはローマ法以来の難問が，イタリアでは未だに克服されていないことによる。つまり，所有者は，自己の権原名義の証明だけではなく，自己の取得に至るまでのすべての前主の権原名義（原始取得者の権原名義まで）を証明しなければならないからである。かかる困難な「悪魔の証明」（*probatio diaboloca*）は，原告が自己または前主の時効取得を援用することによって，救済される。時効取得は占有の承継・結合によって（民1146条）容易に主張できる。

　動産の場合には，原告は善意により占有を取得すれば，即時取得制度によって，このような証明責任を免れることとなる。

　なお，かかる厳格な証明責任も，たとえば被告が原告ないしその前主の所有権を承認すれば，軽減されるとする見解もある。

(2) 被告の抗弁

　被告は，まず始めに「占有しているが故に占有している」(*possideo quia possideo*)という抗弁を提起できる。これによって，原告は，前述したように，所有権の証明をする責務を負担する。また，原告の請求を棄却に導くすべての抗弁を提起できる。さらに，反訴ないし所有権の確認（時効取得）を申し立てることもできる。

第4節　所有権の保護訴権

原告の所有権の権原名義を争うことも可能である。また，原告の所有権を前提とした上で，それに優先する権原名義に基づいて自己の占有が原告に対しても適法であるとの抗弁も提起できる（「占有すべき権利」に基づく抗弁である）。

3　判決の効果

敗訴した被告は，自己の費用をもって原状回復をなす義務を負担し（民948条1項後段参照），目的物のほかに，すべての果実とその附合物を所有者に返還しなければならない。ただし，悪意占有者は，費消した果実及び収取すべき果実をすべて返還しなければならない。善意占有者は，裁判上の請求以降に収取した果実と収取すべき果実を返還すれば足りる（民1148条）。また，善意占有者が改良による費用償還請求権に基づいて占有物を留置することができるときには，果実の返還を義務づけられない。

悪意占有者は，過失による物の毀滅・毀損につき責めを負うが，善意占有者は裁判上の請求がなされるまでは，たとい過失があってもその責めを負わなくてもよい。物の毀滅の場合の責任は価格賠償であるが，その評価は名目的なものではなく取引界での実際の評価額であると解されている。

被告は，物及び果実につき支出した費用の償還請求権を有する。必要費と特別の修繕費については，善意占有と悪意占有で区別しないが（民1149条，821条，1150条），改良費については，悪意占有者は，投下した費用の額か，又は目的物の増加額か，いずれか少ない額に償還請求が限定される。

認容判決の効力は，すべての人に及び，被告の承継人をも拘束する。なお，所有物返還請求権は消滅時効にはかからない（民948条3項）。

Ⅱ 否認訴訟と所有権確認訴訟

1 否認訴訟

(1) 訴訟の目的

　この訴訟は，他人の主張する物権の不存在を「消極的に」確認することを眼目としているので，その点で所有物返還請求訴訟とは性質を異にする。沿革的にはローマの「否認訴権」(actio negatoria)に遡り，もともとは土地の所有者が他人の「役権」(通行地役権など)の存在を排斥することを目的としていたが，その範囲を拡大し，ドイツでは一般に所有権に対する妨害排除にまで拡張され，わが国もドイツ法に従っている。しかし，イタリアでは，まだそこまでは一般化していない(民949条)。

　原告は，目的物につき他人が主張する権利(物権)の存在を否定するか，又は他人による事実上の妨害の除却(停止)及び損害賠償を請求する場合に，この訴権を提起する。妨害が生じていない場合には，他人の権利が存在しないことの確認のみを目的とする。そこで，妨害が権利の僭称によってなされたとき，または一時的・偶発的なものであるときには，本訴訟を提起できない。「妨害」とは，人の意思と力によって直接に意欲された結果でなければならないからである。

　ただし，現実の妨害が発生していなくとも，侵害のおそれ(timore)が発生しているときには，この訴訟を提起できる。「侵害のおそれ」とは，平均人の通常の観念によって判断されることは，いうまでもない。

(2) 当事者適格

　原告は，他人の主張する物権の不存在を確認する場合には，所有者又は物権の名義人である。妨害停止・損害賠償については，物の平穏な使用につき利益をもつ者であって，かつ妨害を受けたすべての者は，原告適格を有するとして，ことに土地賃借人の原告適格を肯定する見解がある。しか

し，訴訟の統一性に反すると批判する説(物権者のみに限定する説)が多数である。

　物権者(原告適格者)に対する債権者が代位して本訴訟を提起することもできるが，担保物権者は提起できない。

　被告適格についても争いがあり，所有者およびこれと同視される永借人にのみ限定する説と土地賃借人も適格があるとする説に分かれている。

(3)　権利の証明

　原告は，自己の所有権を証明すれば足り，被告の主張する権利が存在しないことまで証明する必要はない。被告側がその証明責任を負う。予防的に請求する場合には，原告は，「侵害のおそれ」の原因が存在することの証明責任を負担する。

(4)　判決の効果

　原告が勝訴すると，被告によって主張された他物権の不存在が宣告される。損害賠償も認容されたときは，妨害の停止と損害賠償が命じられる。

2　所有権確認訴訟

　明文の規定はないが，所有権の「純然たる確認訴訟」も認められている。所有者が占有している物につき，その所有権を争う者に対して自己の所有に帰属するとの宣告を得るために，この訴えを提起できる。ただし，否認訴権とは異なり，被告が主張する権利の不存在を原告たる所有者が証明する責任を負担する。

III 境界確定訴訟等

1 境界確定訴訟

(1) 訴訟の目的

　隣接する土地の境界につき争いがある場合に，その不明確な境界の確定を目的とする訴訟（azione di regolamento di confini）である（民950条）。土地の現実的な範囲の識別を再確認することになるので，相手方が争いのある境界の一部分を占有している場合は，第二次的には所有権の帰属と返還請求も目的とすることになる。したがって，わが国の境界確定訴訟とは性質を異にする。

　被告が争いのあるゾーンにつき，20年の占有による時効取得を主張することによって，当事者間の紛争が，土地の範囲ではなく，所有権の取得の権原に集中すると，境界確定訴訟ではなく，所有物返還請求訴訟（rivendicazione）に変わる。

(2) 当事者適格

　原告適格のある者は，所有者，共同所有者，地上権者，永借人，用益権・使用権の名義人，及び条件付の所有権取得者である。共有者は，自己の持分ではなくて，共有地全部の利益のために提起する義務があるので，共有者全員が原告となる（固有必要的共同訴訟）。ただし，判例は共有者が単独でも原告適格をもつと解している（Cass., 17 - 3 - 1978, n. 1352, *Foro it.*, 1979, 1, 1244）。

(3) 証　　拠

　境界の確定のためには，物的・人的証拠，推定・経験則，及び占有状態など，すべての証拠方法が認められる。最も重要な証拠は，所有権の原始的権原名義または承継的権原名義であり，この権原名義の審理が，境界確

定の解決に適合した手段を提供するかぎり，権原名義の審理をなさないことは，判決に瑕疵があるものと判断される。

境界確定のために信頼できる証拠方法がないときには，課税台帳の地図(mappe catastali)に依拠して，判断されることもある。

2 界標設置を目的とする訴訟

(1) 訴訟の目的と特質

界標設置を目的とする訴訟(azione per apposizione di termini)は，境界が確定していることを前提として，境界線上に共同の費用で界標の設置を求めるために，所有者等の物権者によって提起される(民951条)。もっとも，境界自体が不確定の場合には，境界確定訴訟と併合して提起することもできる。

本訴訟は，黙示的に境界確定の訴えも含むことが可能であると解されており，したがって，界標設置の訴訟で被告が原告の指示した「境界」を争う場合には，境界の確定についても既判力が生ずる。これに対して，被告が原告の指示した境界に同意した場合には，既判力は界標設置にのみ限定される(Cass., 20-7-1979, n. 4330, in *Mass., Giur. it.*, 1979, c. 1076)。

(2) 当事者適格と既判力

界標設置請求訴訟では，いずれの当事者も，その義務の主体であるとともに，請求の主体でもあるので，本訴訟の判決では，被告のみを有責判決の名宛人とすることはできない，と解されている(Cass., 18-9-1979, in *Mass., Giur. it.*, 1979, c. 1203)。

なお，被告適格については，物権者のほかに，現実の占有者にも認められている。

第4章

用 益 物 権

第1節　地上権

I　地上権の意義と性質

1　制度の意義

　ローマ法では,「不動産の附合」の原則が厳格に維持され,土地上に建造された物や植樹された物はすべて土地の所有権の内容となった。しかし,他人の土地上で建物を建築する場合に,建築主に地上物(superficies)の所有権を帰属させ,その譲渡性・相続性も認められる物権が例外的・暫定的救済手段として法務官によって創設された。中世から近代にかけて「附合」原則の厳格な適用は後退し(ゲルマン法では土地所有権から分離した地上建物・樹木の所有権は肯定されていた),現行イタリア附合法も(民934条),「権原名義または法律により別段の定めがない限りは」,地上物は土地に従う,と定めている。したがって,「附合法」のなかでもすでに,土地と地上物とを水平的に分別して所有するという考え方が承認されているといえよう。そこで,イタリアの地上権制度は(民952条以下),「附合」の原則を修正するという面もあるが(地上物所有権),それだけではなく土地自体に対する権利という側面(建築権)もかなりはっきりと看取できるように思われる。

　なお,地上権制度は,建物等の工作物(地下の工作物を含む)についてのみ利用され,樹木は土地所有権から分離し得ないので,その利用の対象とはならない(民956条)。ただし,地中の鉱層の所有権を土地から分離する場合には,判例・学説は地上権制度の利用を肯定している。

2 地上権の性質

(1) 建築権と地上物所有権

　地上権(diritto di superficie)には，つぎのような二つの側面がある。

　(ア) まず，他人の土地上で工作物を建造し，かつ保持する権能を中心とする「建築の許可」という性質をもっている(民952条1項)。これは，工作物が建築されるまでに存在する権利であり，所有者の許可の日から他物権として成立する。これを狭義での地上権と称する。したがって，この建築権に基づいて，のちに建物が建築されると，それは「地上物所有権」(proprietà superficiaria)に変更する。また，建物が滅失しても，建築権としての地上権は消失せず(民954条3項)，反対の特約がない限りは，建物を再築する権限を有する。

　なお，ここにいう所有者による「建築の許可」は，行政庁によって私人(所有権者ないし地上権者)に与えられる「建築許可」(concessione)とは区別されねばならないことはいうまでもない。行政庁の「建築許可」がなくとも，私人間で地上権を設定できる(1977年法律第10号4条7項)。もっとも，所有者が「建築許可」を得ていたときは，かかる行政庁の「許可」をも移転することができるので，所有者としては，この「許可」とともに，経済的にはより有利な条件で他人に建築権とその地上物を売却・移転することができる。

　(イ) 既存の建物を土地所有権から分離して譲渡する場合には，土地所有者とは別の主体に建物所有を目的とする「地上物所有権」が帰属する(民952条2項)。つまり，地上物の譲渡前の段階では，一つの物(土地)の一部分としての建物が，他人に譲渡されることによって，それ自体が土地から分離して独立の所有権の客体となる(独立の物となる)。この地上物所有権は，当該建物が滅失すると，原則として上記の狭義での地上権(建築権)に変更する。すなわち，滅失した工作物を再築する権利に変更する(民954条)。

　(ウ) 結局，(ア)(イ)の形式は，原則として，互いに一方を潜在的に含むこ

とになる。ただし，建築権が約定で排斥されると，(イ)の場合には，「地上物所有権」にのみ限定される。

なお，建築された工作物の「地上物所有権」を含まない建築権は，ここにいう地上権ではない。たとえば，永借人の有する「建築権能」は，建築主にとっては建築物に対する使用収益権限しか含まず，したがって，ここでは，「附合の原則」がそのまま適用される。

(2) 地上権と都市再開発

期限付の地上権は都市政策の一手段となり，北ヨーロッパの若干の国ではかなり利用されている。しかし，イタリアでは，まだこの種の利用は珍しい。もっとも，公共目的のために収用した土地上に，私人の所有する建物を建造し，その土地所有権を公法人(市町村など)が留保する場合，期限付き地上権が法律によって認められることがある(1971年法律第86号など)。このようなかたちで土地の所有権を維持すれば，土地価格に対する私人の投機を回避できるし，また，地上権はより低価格で得られるので，ひいては，建築費にも影響を与え，結局，建物の価格も安くなることが指摘されている。ただし，地上権の存続期間が限定されるので，建物の質がどうしても粗悪になり，また，期限の満了間近での管理上の怠慢も問題となりうることが，議論されている。

(3) 地上権と賃借権

(ア) 地上権と同様の目的は賃貸借(locazione)等の債権契約によってもなしうるが，種種の点で地上権ほどの保護を享受しない。まず，債権的利用者は，行政庁に対する建築許可を自己名義では申請できないので(1977年法律第10号1条)，所有者等の物権者を介して，建築権を行使しうるにすぎない。また，債権的建築権によって，地上物所有権を独立させることができるのかという問題があるが，契約書のなかで特にその旨を約定すれば可能とするのが判例であり，賃貸借が終了した場合でも，なお賃借人に地上物の所有権を保有できることまで認められている(Cass., 26-3-1969, n. 974,

Foro it., 1969, 1, 1778)。しかし，建築物の滅失後の再築権は地上権に固有のものである。

　(イ)　権利の譲渡性や第三者の妨害についても，地上権ならば譲渡性もあるし，第三者の妨害行為をも直接排斥できるが，賃借権では，債権的構成が堅持され，譲渡には貸主の承諾が必要とされているし(民1594条)，また，所有者・貸主を介して第三者の妨害行為を排除するという建前になっている。

　妨害排除については，貸主には平穏な利用を保障する義務があるので，第三者が「権利の妨害」(目的土地に通行地役権を主張するごとし)をした場合には，所有者がこれを排斥する義務を負担する。これに対して，「事実の妨害」の場合には，貸主にはこれを排除する義務がないとした上で，賃借人が自己の名義で防御することは妨げないとされている(民1585条)。もっとも，これは直接の妨害排除権能を認めた規定ではないので，この場合には，法律によって賃借人に認められた占有訴権を行使することになる，と解されている。

　(ウ)　ただし，貸主・所有者の債務不履行(建築権行使に対する妨害行為)に対しては保護されるし，賃貸目的物の譲渡に対しても，一定の要件があれば(登記ないし確定日付のある証書)，譲受人に対しても対抗が可能となり，この場合には，賃貸借関係がそのまま譲受人に承継される旨が規定されている（民1599条，1602条，1978年法律第392号7条)。

II　地上権の成立・内容等

1　地上権の成立

(1)　設 定 行 為

　通常は契約によるが，遺言または時効取得によっても成立する。時効取得については，すでに他人の土地上に存在する建物を取得した場合には，

民法1158条により，継続的占有があれば，「地上物所有権」を時効取得できるとするのが通説である。しかし，「建築をなす権利」のみの時効取得については，建物が存在せず，したがってまた，それに適合した「占有」を観念できないことのほかに，何よりもかかる権利行使だけで土地への附合を阻止するには十全ではないことから，否定する見解が多い。ただし，肯定する説もある。

(2) 要 式 行 為

設定行為には書面の作成が必要である(民1350条2号)。なお，第三者に対抗するためには登記が必要とされる(民2643条2号)。

2 地上権の内容

(ア) 存続期間は永久でも期限付でもよいと解されている。地上物は必ずしも建物に限定されず(同条にいう construzione は edifici〈建物〉ではない)，人が土地に定着・維持したすべての工作物(opera)を含む。

また，共同所有建物の最上階の所有者は，その上に建物(階層)を増築する権限を与えられているので，この空間に対する建築権を第三者に売却できることになるが，かかる場合，その売買によって，階下の不動産から継続的に分離された空間の層に地上権が成立すると解されている(Cass., 20-6-1983, n. 4220)。

(イ) なお，地上権の行使は，地上建物の利用だけに限定されず，地上権の目的の範囲内では土地自体をも利用できる。たとえば，建物の附属物である庭や庭畑地などを例外的に利用できるとした下級審判決がある。ただし，学説では，地上権が直接土地を利用しうる権利かどうかについては争いがある。

また，学説は，地上権者と土地所有者との関係は「相隣関係」と同様の規律に従うと解しており，したがって，地上建物と密接に関連する空間であるならば，所有者の他の土地を利用することができるという(たとえば，

通行の便のために)。

　逆に，土地所有者は，地上権を具体的に侵害しない限りは，土地を自由に使用できると解する見解もある。

3　地上権の消滅

　地上権は，期間満了，混同，及び20年の不使用による消滅時効など物権共通の消滅原因によって消滅する（民954条）。ただし，地上権は地上物所有権を本体とするので，この意味での地上権は所有権と同様に，それ自体は時効消滅しない。また，反対の特約がない限りは地上建物の滅失は地上権を消失させない。もっとも，土地が滅失するなど建物の建築可能性が失われたときには，地上権も運命をともにすることはいうまでもない。

III　都市不動産の賃貸借

(1)　民法典の賃貸借

　イタリアでも他のヨーロッパ諸国と同様，原則として宅地だけの賃貸借はない。居住用や営業用の不動産賃貸借は基本的には建物賃貸借だけである。これについては賃貸借の一般原則が適用されるので，たとえば，対抗力は確定日付ある証書で足りるが，9年を超える期間の場合，賃貸借の登記が対抗要件とされるし(民1599条)，また，転貸は，特約がなければ自由であるが，賃借権の譲渡については貸主の同意が必要とされている(民1594条)。

(2)　特別法上の賃貸借

　都市不動産賃貸借については，ドイツやフランスと同様に特別法によって保護が強化されている。イタリアでも第一次世界大戦当時から個別立法で賃料統制や存続保護が図られてきたところ，1978年法律第392号「都市

不動産賃貸借に関する法律」は，とくにその保護強化を図るとともに，体系的に整備された一連の規定を用意したため，賃貸借一般の特別法となり，民法典にほぼ取って代わることとなった。しかし，その反面，厳しい賃料統制が実務では容易には定着せず，結局，特約によって賃料規制を廃棄できるとの修正(1992年法)を余儀なくされた。これによって再び賃貸市場が蘇生したところ，最近の改正(1998年12月9日法律第431号)によって，居住用賃貸借についてのみ，賃料規制や存続保護等が大きく改革された。

新法によれば，住居賃貸借契約には，書面主義が導入され，登録義務が課されるほか，新規賃料を自由に約定できる「自由な契約」と，行政が主導し家主・借家人組合が協議して策定する賃料額に依拠して締結する「定型契約」の二類型に区別され，当事者はいずれか一方を選択することとなった。自由契約でも，最短存続期間(4年間)が法定され，「当初の契約」の解約には正当事由が必要とされている。定型契約では，最短期間が3年で(正当事由がなければ，2年間だけ伸長される)，賃料も統制されるが，家主には優遇税制が用意されている。この種の集団的契約方式は，イタリアではすでに経験があるので，将来の展開が期待されている。

第2節　永借権

I　永借権の意義と沿革

1　永借権の意義

永借権(enfiteusi)とは，金銭または天然産物により定額の小作料を支払い，かつ他人の土地を改良する義務を負担して，所有者と同様の完全なしかたでその土地を利用することのできる権利をいう(民957条以下)。永続でも，期限付きでもよく，譲渡性・相続性もある。

前述のように(3章2節参照)，元来，承借権は未墾地の開墾のために使用

され，所有者との特殊な信頼関係のもとで種種の制限(相続性や譲渡性に対する制限等)に服していた。現行法はかかる歴史的発展の成果でもあるので，現行法を理解するためには，制度の沿革をみておかねばならないであろう。

2 制度の歴史

(1) 前　史
　永借権はローマ法や中間期の法において重要な社会的機能を果たしていた。未墾地の所有者は定期の地代と引き換えに，勤勉な農民に対して，その家族の数世代にわたり，あるいは永久に土地を委ねる一方で，小作人は，広範な土地利用権限をもって，土地からの収益を取得するとともに土地の改良に励んだ。もっとも，所有者の利益が重ぜられたことはいうまでもなく，永借権の相続については男系の相続人に限定したり，永借地の譲渡に対しては所有者が先買権(ないし買戻権)を有するほか，譲渡を認めるときでも譲渡価格の何割かを移転料名義で取得するなどの権限をもつことができた。所有者は信頼のおけない小作人へ土地が引き渡されることを阻止できたわけである。
　のみならず，このように経済的，法的に優越的な地位にある所有者は，所有権を媒介にして，小作人の人格的な自由をも拘束した。永借権が封建的な「分割所有」の中へ取り込まれたのもこのことと密接に関連する。

(2) 近代化
　土地所有制度の近代化の過程で永借権の取り扱いが問題となっている。永借権は分割所有権と結びつき，封建的土地支配の隠れ蓑になることが懸念されたためである。フランス民法典がこれを採用しなかったのは，かかる理由による。イタリアでもそのような意見が強かったが，先述のように，とりわけイタリア南部での慣行が尊重され，民法典に導入された。永借権制度が土地の開拓・農業の振興に必要な根強い活力をもつと考えられたわ

けである。

　そこで，旧民法典の立法者は，永借人に二つの権利を与えた。一つは，永借権を生前行為・遺言によって自由に処分する権利，他は，一定の対価を支払って地代の負担から土地を解放する(つまり所有権を取得する)権利であり，しかも，この権利は約定によっては奪いえないものとされている(旧民法957条，965条，971条)。従来，解放権は特約により期限に服することの可能性が認められていたが，これは廃止され，かつ，所有者(貸与者)側の復帰権に優先することとなった。

　現行民法典の規定は，旧法を基本的に承継しているが，原則として補充的性格をもつにすぎない(民957条)。ただし，永借権の処分権限(民965条)，解放権(民971条，973条)，20年の最短期限(民958条2項)，転永借の禁止(民968条)，及び共同永借人の固有義務（民961条2項）に関する規定は，それぞれ強行法と定められている。

II　永借権の成立と効力

1　成　　立

　法律行為のほか時効取得も可能であり，10年の時効取得が多いという。永借権についても書面がその成立要件であり(民1350条2号)，登記が対抗要件となる(民2643条2号)。

2　永借権者の権利義務

　(ア)　永借人は，土地のすべての果実・産物およびその附合物を収取することができるし，また，地下の財物(埋蔵物，鉱物・岩石・石炭など)の利用に関して所有者と同様の権利をもつ(民959条)。

　(イ)　前述のように，永借権を自由に処分できる。この旨を所有者に通

知する義務もない。ただし，設定行為で，20年を超えない期間にかぎり，その権利の処分を禁ずることもできる（民965条）。

(ウ) 対価を支払って，地代の負担から土地を解放する権利を有する（民971条）。小作地の負担となる地役権を設定することもできる（民1077条）。また，改良費の返還請求権も有する（民975条）。

(エ) 永借人の基本的義務は，土地を改良する義務（民960条）と小作料支払義務であるが，ほかに小作地に課される租税その他の負担につき，特約がないかぎり弁済する義務を負う（民964条）。

小作料支払義務は土地の占有と結びついた物的負担であり，したがって，永借権の移転と運命をともにする（民960条，961条）。ただし，未履行の義務については，新旧の永借人が連帯してその責めを負う（民967条）。

なお，永借権の譲渡制限期間に違反して処分された場合，永借人は取得者とともに貸与者に対するすべての義務の履行について連帯責任を負う（民965条4項）。

3 貸与者の権利

(1) 小作料請求権

貸与者は永借権者の義務に対応した権利（土地改良を要求する権利，小作料徴収権）をもつ。毎期の小作料請求権はそれぞれ期限が到来すると，期限がきた時の土地占有者に対する債権となる。この権利は土地の果実に対する先取特権によっても担保される（民2763条，2778条15号）。

毎期の小作料は5年の短期時効で消滅するが（民2948条），小作料徴収権自体は，通常の消滅時効（10年）に服す。

(2) 小作地の復帰請求権

貸与者は，永借人がつぎのような義務不履行をしたとき，小作地を引き上げる請求権をもつ（民972条）。

① 土地の毀損又は改良義務の不履行

② 引き続き2年分の小作料を不払いすること

ただし，この「引き上げ」に対して，永借人はなお「解放権」を対抗させて，小作地の所有者となることができる。

なお，「復帰」は，上の事実に基づく判決によるほか，永借権の存続期間の満了，解除条件を付した場合の条件の成就により，法上当然に生ずる。

III　永借権の特質

1　所有権的性格

民法典は，貸主を所有者(proprietario)とはいわず，貸与者(concedente)と称している。実際，永借権の譲渡の障害となる貸与者側の先買権は否定され，逆に，永借人に完全な使用収益権能と処分権能を与え，同時に絶対的な解放権をも承認している。その意味では，所有権の完全性・優越性は大きく後退したといえよう。これに対して，貸与者は小作料徴収権をもち，この義務違反に対しては，復帰請求権を行使できるので，その結果，完全な所有権を取得できる法的地位をもっている。しかも，この復帰請求権は永借人個人に対する債権ではなく，土地そのものに対する物権(抵当権の目的ともなりうることについては，民2810条1項4号参照)である。

したがって，旧法典時代から，いずれの当事者が所有者であるのかにつき争いがあり，永借人が所有者で，貸与人は物的担保権を有するにすぎないとの見解もあるくらいである。しかし，一般にはつぎの理由で永借権も他物権であると考えられている。永借権は不使用によって時効消滅する(民970条)。また，その他永借権の消滅によって貸与者の完全所有権が復元するが，逆に，貸与者側の権利の消滅それ自体は，それに対応したかたちで永借権者の利益にはならないと解されている(無主の不動産は国庫に帰属する)。さらに，永借権は，たとえば小作地が法的な事情ないし物理的障害により農業目的のために利用されることができなくなったときには消

失するし，このような場合，解放して永借人の所有にすることはできないが，逆に貸与者の権利は存続し，かつ完全所有権になるからである。

なお，以上のような形式的・実質的所有関係を解消するために，信託制度の利用を提案する有力な学説もある。

2 特別法による保護

かつて，永借権は大変普及したが，今日では衰退する傾向にある。1966年7月22日法律第607号は，小作料，その他土地に係る給付は，土地(ただし農用地に限定)の reddito dominical(経済的収益)と同額を超えることはできないとして，最高限(それ以下は自由に約定できる)を法定した。これによって，小作料改定に関する民法962条は部分的に廃止された。もともと民法典は自由契約主義の立場から，小作料の額を原則として当事者の自由に委ねていた。この特別法は，さらに小作料の改訂についても，少なくとも10年を経過した段階で，かつ，その後も引き続き同じ期間の経過後で，その額が土地の時価に比して著しく低額又は高額となった場合には，改訂できると規制した。

ところが，この法律に対して憲法裁判所が一部違憲判決を出したため，これを承けて1970年法律第1138号によって，同法一条の規定は1941年10月28日より以前に設定された永借権にのみ適用され，その後に設定された永借権については設定時の土地台帳の価格を基準にすべきことが定められた。ところが，この後者の点も違憲とされたため，1974年法律第270号では，さらに評価方法の修正を余儀なくされ，結局，年額の小作料は「土地の解放」のために必要とされる金額の15分の1を下回ることができないものと定められた。

ちなみに，永借権の「解放金」につき，実勢価格と比べて不合理な低レベルの基準を定めた特別法に対して，いくつかの違憲判決が宣告されているようである。

IV　その余の農事契約

1　農用地賃貸借

　イタリアでは，農用地賃貸借は，「企業の賃貸借」(民2562条)などを(生産用の動産賃貸借も)含む「生産財の賃貸借」(伝統的に〈affitto〉と称される)の中に位置づけられている(民1615条以下, 1628条以下)。この賃借人(affittuario)は，一般の賃借人(conduttore)と比較して，賃貸物の用法に従って物を管理する責任が課されている点に特徴がみられ(民1615条)，また，賃貸人は賃貸場所にいつでも自由に立ち入り，賃借人の義務履行をコントロールできることになっている(民1619条)。さらに，通常の賃貸借と異なり(民1594条)，貸主の承諾がない限り転貸はできない(民1624条)。

　加えて，この農用地賃貸借の下位の制度として，「直接耕作者への賃貸借」なるものがあり，これは賃借人が小農経営者である場合を念頭においている。つまり，土地が賃借人とその家族により耕作される場合である(民1647条)。

　ところで農地賃貸借関係は，イタリアでも封建的な土地所有を漫存させる場合もあることから，憲法も，土地の合理的利用と衡平な社会関係の確立を国の責務としており，特別法によって賃借人と直接耕作者の保護がはかられている。1982年5月3日法律第203号は，公平・適正な地代と地代改定に関する規定をもうけ，あわせて，直接耕作者との賃貸借契約の最短期間を15年と法定した。また，賃借人はいつでも契約を廃棄できるが，貸主は借主の債務不履行の場合のみ解除を裁判所に請求できるにすぎない。

2　組合形式による農事契約(折半小作・分益小作・家畜飼養委託)

　農用地賃貸借(affitto)は，個人の農業経営を目的とする「交換契約」であり，耕作者が対価を支払って農地を利用し，賃借人のみが農業経営者とな

る。これに対して，所有者と耕作人との間に「組合契約」が介在するものもある。折半小作(mezzadria)・分益小作(colonia parziaria)・家畜飼養委託(soccida)がこれである。折半小作は，小作人が自己とその家族の労働によって得た収益を所有者と分割するものであり，民法典は，小作人の家族構成を所有者には無断で変更できない旨を定めている(民2142条)。中世に遡るこの制度の封建的性格は，その後の立法で修正を受けており，1964年法律第756号により，土地の通常の経営を危険にさらさない限り，小作人は貸与者の同意なくしても家族の構成を変えることができるとされ，また一方，その収益の58%が小作人に帰属すると定められている。同時に，農業振興に寄与することも少ないことのほか，社会的不正義が行われることが考慮されて，今後は所有者にこの契約(分益小作も)の締結を禁止した。分益小作は小作人だけを拘束する点で折半小作と異なり(民2164条)，soccidaは家畜飼養が契約の目的であるところに特色をもつ(民2170条)。

なお，1982年法律第203号は，生産財賃貸借の当事者の一方の申立による組合契約の更新(conversione)を法定し，貸主が申し立てたときは，小作人の同意がある場合にのみ更新され，逆に小作人からの申立については，貸与者の同意なくしても一方的意思表示で更新されることとなった。

第3節　用益権・使用権・居住権

I　用益権

1　意義

用益権(usufrutto)とは，他人の所有物につき，その経済的用法に従って，一時的に使用収益することを目的とする他物権である(民981条)。用益権が永続的であると所有権がその価値を失うので，比較的短期間で消滅せし

められる。しかし，物の有するすべての利益を収取することができる。その反面，用益権者は物の経済的用法を遵守しなければならず，その実質を害してはならない。受領した時の状態で返却する義務を負う。

　所有権者に残される権限が，古来より〈nuda proprietas〉(虚有権)と称されるのは，元来はこの用益権の場合についていわれてきたものである。

　したがってまた，用益権者は目的物の利用を妨害する者に対して占有保護のみならず本権的保護も享受する(Cass., 26-10-1973, n. 2777)。

2　成　　立

　法律の規定により直接成立することもあれば，設定行為によることもあり，また時効取得も可能である(民978条)。さらに，裁判による設定も認められている。

　「法定用益権」は，未成年者の一連の財物に対して親権者が用益権を有し，収取された収益は家の維持，子の扶養・教育にあてられる(民324条以下，155条5項，1002条3項をも参照)。裁判による用益権は，夫婦間の法定共有財産を分割するときに設定される。裁判官は，夫婦の一方の利益のために，他方配偶者に属する財産の一部に対して，未成年者の必要もしくは監護との関連で，用益権を設定することができる(民194条2項)。設定行為(遺言，契約)による場合は，遺言が中心となり，契約によることは稀である。

3　客　　体

　目的物は使用収益に適するものであるならば，その種類を問わない。客体が個々の物か，物(権利)の総体かによって，特定用益権と包括用益権とに区別される。包括用益権は，相続に際してある者がその生存中，相続人に移転した相続財産に対して，直接の権利を有するというかたちで問題となり，実際上重要性をもっている。

4 用益権者の権利義務

(ア) 用益権者は原則として自己の費用をもって目的物たる財産の「財産目録」を調整する義務を負い，また，適当な物的・人的担保を供与する義務を負う(民1002条〜1003条ただし親権者の場合は免除される)。この義務を履行しないと，目的物を占有使用することはできない。ただし，収益権は奪われない。

(イ) 上の義務が履行されると目的物に対する占有権限を取得するが(1002条4項)，目的物が現に在る状態で受領するしかなく，所有者には一定の状態で物を引き渡す義務はない(民1002条1項)。用益権者の権利の固有の内容は，「物の用益」であり，物を直接に利用することもできれば，他に賃貸することもできるし，物の法定・天然果実のすべてを収取できる。ただし，鉱物・石炭については，すでに掘削され，かつ採掘が実施されている場合には，所有者の同意が必要である(民987条)。

(ウ) 用益権者は，設定行為で禁止されていないかぎり，自己の権利を一定の期間又はその存続期間の全部にわたって他人に譲渡できる(民980条)。また，抵当権や賃借権を設定することも可能である(民2810条1項2号)。ただし，用益に際しては，「良家父の注意義務」(善管注意義務)を負い，物の経済的用法を尊重する義務を負う。

(エ) 通常の必要費(修繕費・管理費等)は用益権者の負担であり，また，通常の管理義務の不履行によって生じた特別の修繕費も負担しなければならない(民1004条)。

(オ) 用益権の目的が，生産的用法を有する植樹・工場・機械を含んでいるときは，修繕などの保守義務を負う(民997条)。

5 所有者の権利義務

所有者は用益権の負担を限度に縮減されるが，その行使を妨げない範囲で必要な行為をなしうる。とくに「特別の修繕」については，それが用益

権者にとって不便を生じる場合でもなしうると解されている。

　用益権を侵害しないような処分行為も可能であり，目的物の譲渡・抵当権の設定などができる（ただし，用益権者はこれらの第三者に対抗できる）。また，用益権の収益を制限しない地役権を目的物に設定することもできる（民1060条）。

6　当事者間の特別な関係

(1)　租税等の負担
　毎年の税，所得によるその他の租税は用益権者の負担となる（民1008条）。所有権に課せられる負担(carichi)，相隣関係に起因する強制的な給付，及び法律上の義務は所有者の負担となる。所有者がかかる負担を履行すれば，用益権者はその支払額の利息(interessi)を所有者に弁済する義務を負う。

(2)　負　　債 (debiti)
　特定用益と包括用益とにより異なる。特定用益権の場合には，たとえば，特定の土地の上の用益権が遺贈されたときには，その土地に抵当権が設定されていても，用益権者は当該債務につき責任がない。抵当不動産の占有者として支払いを強いられたときは，所有者に対して直ちに償還請求権を行使できる（民1008条〜1009条）。

　包括用益の場合には，用益権者は自分の持分の割合に応じて，相続財産上の債務による制約を受ける。したがって，用益権者は，当該財産が負担する債務ないし遺贈分の利息(interessi)を支払わねばならない。もし，債務・遺贈分の元本を支払わねばならない場合に，用益権者がその額を前払いしたならば，所有者は用益権消滅のときに，この元本を無利息で償還する義務を負う。これに対して，所有者が元本を支払ったときは，所有者は用益権者から用益権の存続中に利息を回収することができるし，また，用益権に服する財物の相当部分を売却できる。債務の弁済のために，財物の売却が必要ならば，当事者が協議してなしうるが，協議が成立しないとき

は，その旨の裁判によってこれを強制しうる(民1010条)。

(3) 特別の修繕費

特別の修繕費の負担は，どちらか一方に義務づけられているわけではない。所有者が支払えば，用益権者は用益権の存続中，その利息を支払う義務を負い，用益権者が支払えば，用益権消滅時に無利息で償還される(民1005条～1007条)。

(4) 偶然の事情による滅失・毀損の責任

用益権者は過失がない限り目的物の滅失について責めを負わない。目的物が滅失すれば，用益権も消失する。動物(羊・牛等)の上の用益権についても同様であるが，全部が死亡しないときには特則がある(民994条)。

7 用益権の消滅

(1) 法定の消滅事由

(ア) 用益権は，つぎの事由によって消滅する。①用益権者の死亡(民979条1項) ②存続期間の満了(民979条2項) ③不使用による20年の時効消滅(民1014条1号) ④混同(民1014条2号) ⑤目的物の滅失(民1014条3号)

ただし，保険に付されていた場合には，用益権は保険金の上に転位する。所有者が保険金で建物を再築した場合には，再築建物に転位する(民1019条)。

(イ) 用益権が建物を含む敷地の上に設定された場合に，建物が滅失したときは，用益権者はその空き地と材料を利用する権利を有する。建物にのみ用益権が設定されている場合でも，基本的には同様であるが，この場合には，再築しようとする所有者は，当該空き地と材料に相当する価格の利息を支払えば，その空き地・材料を使用できる(民1018条)。

(2) 裁判による消滅

用益権者による重大なる濫用があったときには，裁判によって消滅させることができる(民 1015 条)。

(3) 消滅の効果

(ア) **利害関係人の権利** 用益権者が委譲・設定した権利(用益権限や抵当権)は，用益権の消滅とともに消失する。賃借権については，公正証書又は確定日付のある私書証書によるときには，用益権が消滅してから，5年間は効力を持続する (民 999 条 1 項)。ただし，期間満了により用益権が消滅したときには，賃借権は 1 年間にかぎって存続するのが，原則である (民 999 条 2 項)。この規定は，債権的拘束の一般原則を修正するものであるから，明文のある場合に限定され，それ以外には拡大解釈は許されない (Cass., 21-12-1982, n. 7060)。

(イ) **目的物の返還義務** いかなる物を，いかなる態様で返還すべきかは，用益権が設定されていた財産の財産目録から明らかとなる。

(ウ) **改良費償還請求権** 用益権者は，物の返還の時に改良が現存する場合にのみ，目的物の改良のために支出した費用か，又は改良により価格が増加した額のいずれか少ない額を請求できる (民 985 条)。

(エ) **付加物の収去権** 用益権者は，用益権消滅時に分離可能な付加物 (addizioni) を収去できる(民 986 条)。ただし，所有者は付加物を留置しうる優先的な権利を有する。この場合には，支出した費用か，又は付加物の価額か，いずれか少ない額に相当する償金を支払わねばならない。分離できない付加物については，それが改良となっているときには，改良に関する規定が準用されるが，改良となっていないときには，償金請求権は発生しない。

8　用益権の保護訴権

用益権については，目的物である土地に関する地役権の存否をめぐる紛

争に対してのみ，保護訴権が法定されている(民1012条2項)。しかし，今日では，一般的に第三者の権利侵害に対して保護されることは前述した(かかる azione confessoria については，第4章4節Vを参照)。なお，第三者が所有者の権限自体を争うときには，用益権者はその旨を所有者に通告する義務を負う(同条1項)。

9　準用益権

用益権は消費物の上に成立することもできる。この場合には，用益権者が消費物の所有権を取得し，終了時には，その目的物の当初の評価額を貸与者に支払う義務を負担する。当事者間でその評価がなされていないときには，同質の消費物を返還する義務か又は用益権の時価で支払う義務を負担する(民995条)。用益権者の利益は，無償の消費貸借に準ずる。

なお，損耗物(cose deteriorabili)，たとえば，布，家具類及び機械などは，本来の用益権の目的となり，その物の用法に従って利用した上で，終了時には現にある状態のままで返却すれば足りる(民996条)。

II　使用権と居住権

使用権(uso)も居住権(abitazione)も，用益権の亜種であり，原則として同様の原則に服する(民1021条～1026条)。

1　使用権

沿革的には，使用権には収益権能はなかったが，現行法では，収益も可能である。ただし，用益権とは異なり，自己及び家族の需要に限定される(民1021条)。家族の概念は広く解されており，権利名義人の子，名義人やその家族に労務を給付する義務を負担する同居人も，これに含まれる(民

1023条)。

　用益権限者に権利(生前・死因行為により)を譲与した前主の家族は含まれないとするのが、破毀院の立場である(Cass., 9-6-1987, n. 5044)。また、利用は直接的利用に限定されるので、資本としては利用できない。

2　居住権

　建物に居住しうる権利であり、この権利も居住権者とその家族の需要に限定される(民1022条)。居住権の対象は、単に住居の部屋だけではなく、住居を完全にするために存在するすべての付属物(バルコニー、ベランダ、中庭、倉庫等々)にも拡張される(Cass., 17-4-1981, n. 2335)。

　居住権は、用益権や使用権とは異なり、ことに特殊かつ個人的な性格が強調されるので、譲渡の禁止はいうまでもなく(民1024条)、その行使についても、名義人側の個人的な住居の利用とは異なった利用を実現することすら、禁止される(Cass., 6-7-1984, n. 3974)。

3　使用権と居住権の併存

　たとえば、店舗兼住宅を目的とする場合には、使用権と居住権とを併存させることが可能である。両権利とも譲渡性がなく、また、目的物の賃貸権限も認められない。

4　法定の使用権・居住権

　被相続人の住居に同居していた生存配偶者には、遺産である住宅と家財道具類に対して居住権と使用権の成立が法律上認められている(民540条2項)。

第4節 地役権

I 地役権の意義と性質

　イタリアでは，地役権は用益物権のうちでも最も関心の強い制度であり，判例の数も相当の量に及んでいる。したがってまた，たとえば物権の性質や効力を説明する際に，例示として挙げられることも少なくない。本書でも，やや詳細に解説することとした。

1 地役権の意義

(1) 地役権の定義
　地役権(servitù prediali)とは「ある土地に対しこれと異なる所有者に属する他の土地の便益のために課された負担」である(民1027条)。具体的な地役権の類型の選択は当事者に委ねられるが，わが国とは異なり，イタリアでは，類型ごとの規制を相当な程度まで整備している。
　上記の定義から地役権の特質が明らかとなり，「他人の不動産の上の用益物権」であるとともに，地役権の内容と範囲とは要役地の「客観的な便益の用法」によって決まることとなる。かかる二つの土地の支配・服従という物的な客観状態が指摘されているのは，先述した封建的性格をもつ人役権の廃止と関連している。
　地役権は要役地の便益(utilità)のために設定されねばならない。この「便益」は広義に解されており，要役地の「より便宜ないしより快適(amenità)なこと」を内容とすることができる(民1028条)。さらに，「将来の利益を確保する目的」のものでもよい(民1029条1項)。ここにいう「将来の利益」とは，建築予定の建物や取得予定の土地のための地役の場合のように，建物の建築等があって初めて効力が生ずるもの(民1029条2項)ではなく，設

定の時からその効力が生ずるものである。たとえば，建築予定の建物の存在とは無関係に，土地自体の便益のために隣地所有者に対して境界から一定の距離内に建物の建築を禁止することを目的とするような地役権が，これに当たる。ただし，かかる「将来の利益」は法的にも経済的にも重要なものに限定されている。

なお，民法典は，「工業目的のための地役権」の設定を認めており，その便益は，「土地の工業上の用法に固有なもの」でもよいとされている(民1028条後段)。これは厳格な意味では，土地自体の便益とはいえないが，さらに，学説では，要役地でなされる商業の利益のための地役も可能とする見解もある。

(2) 地役権と相隣関係

地役権は経済的にみて，一方の土地の負担で他方の土地の使用価値を増大させるものであるし，また，法的にも独自の権利として設定されるので，単なる所有権の法律上の制限としての相隣関係規制とは異なる。相隣関係は所有権の内在的な物的状態の制限にとどまり，相互的な私人間の利益調整ないし公益の観点から法律によってその内容が規制されるものにすぎない。

したがって，所有権の制限としての権利には，対価が伴わないこと，所有権に対して独自性をもたないこと，その成立が自動的であって，かつ消滅時効にはかからないこと，という特徴がみられる。

ただし，通行権などのように法律上の地役のうちでも，独自の権利とされているものがある。この点はわが国の取り扱いと異なるので，注意が必要である（ただし，わが国でも同様に解する学説が散見される）。

2 地役権の特質

(1) 附 従 性

地役権は，通常，要役地の所有者によって設定されるが，用益物権者も

地役権を設定できる。地役権は要役地所有権(又は他物権)とは分離できないので,その法律的運命に従うが(附従性),ただ,消滅は別であり得る。

(2) 「自己の物」の上の地役権

「何人も自己の物の上に役権を取得できない」(Nemini res sua servit)とのローマ法以来の原則は,今日でも堅持されている。つまり,要役地と承役地とが同一人の所有に帰属する場合には,地役権は設定できない。ただし,この原則は両土地の名義人が単独であるときにのみ適用され,共同所有者の特定の者の利益のために,又は特定の者の負担において設定されるときには,地役権は有効に取得される。また,両土地の所有者が一方の土地に用益物権を設定しているときにも,その所有者によって地役権を設定できる。

これに対して,建物の共同所有(区分所有のこと)で,専有部分の所有者の利益のために共有部分の負担となる地役権については,他の共有者の権利を制限することとなるので,その設定は認められていない(Cass., 4-6-1974, n. 1622, in *Mass., Giur. it.*, 1974, n. 449)。

(3) 相互的地役権

異なった所有者に属する二つの土地が,それぞれ互いの土地が相手方の土地との関係で,要役地となると同時に承役地となることが可能であろうか。この種の地役権を「相互的地役権」(servitù reciproche)というが,破毀院は,自己の物の上に地役権を取得しえない,との原則に固執して,当初はこれを否定していた(Cass., 6-2-1946, in *rep. Foro it.*, 1946, serv. n. 7-8)。しかし,50年代に入ってから,学説の批判を容れて,都市化にともなう土地の細分化という現実に直面したこともあり,かかる地役権を認めるようになった(Cass., 1-8-1958, in *Giust. civ.*, 1958, serv. n. 98)。

とくに問題となったのは,分譲宅地の売買に際して,居住環境を確保するために業者が主導して設定する相互的地役権である。分譲地の個々の買受人・所有者に将来の無制約な建築行為を規制する目的をもって,分譲地

取得者の相互間で，種種の拘束を予め確保しておくために地役権（採光地役，観望地役など）が必要とされる傾向が強くなり，かかる場合には，分譲地取得者が各自の分譲地の利益のためであると同時に，その負担において，相互に右のような建築規制目的の地役権を取得することができるようになったわけである(Cass., 20-3-1972, n. 860, in *Mass., Giur. it.*, 1972, 314 など)。

(4) 「なすこと」を目的とする地役権

「地役権は為すことにおいて成立できない」(*servitus in faciendo consistere nequit*)とのローマ法以来の原則があり，〈*facere*〉を目的とすることも，相手方の積極的な給付請求を内容とすることも許されない。この原則は，近代に入って，所有権やその他の物権にも拡張され，ことに所有権に結合した封建的な人役的給付を廃止する改革に奉仕した。現代法でも，この原則は堅持されている。

ただし，付随的に（主たる内容ではなく単に地役権行使の条件とするごとし）承役地所有者に一定の給付義務が課されることは差し支えがない（民1030条）。もっとも，学説・判例は，地役権の物的内容と付随的な人的給付（債権関係）との関係につき解釈論としてどのように構成すればよいのか，苦慮しているが，この人的給付は地役権の内容ではなく，それと結合した独自の関係であるとして，これを「物のための債務」(*obligatio propter rem*)と称している。つまり，債権関係ではあるが，主体の個人的立場を離れて，地役権の移転にともなって当然に移転するなど，その法律的運命に従うという趣旨である。なお，この人的給付は，法律行為又は法律自体によって成立し，かつ地役権と同じ形式（書面，登記）が必要とされている。

(5) 地役権の不可譲渡性

地役権は要役地の需要の存在に条件づけられているので，要役地と切り離して観念できない。それ故，地役権だけを独立して譲渡することはできない。別の土地のためにこれを移転することは，既存の要役地の便益が消失し，新たな土地のために新たな地役権を設定するということでしかない。

これに対して，要役地の所有権の移転に随伴して移転することは，前述した。

(6) 地役権の上の地役権

「地役権のために地役権は設定できない」(*servitus servitutis esse non potest*)との原則がある。ローマ法のこの原則は，議論がなくはないが，現代でも一般的に維持されており，問題はその内容を具体的に確定することにある。多くの説では，この原則は地役権の不可譲渡性の帰結であるとされ，地役権の上に別の地役権を設定して，その部分的な譲渡を認めることはできない，と解されている。ただし，このことは地役権がもたらす経済的利益を地役権者が複数人に分割しうる可能性を妨げるものではなく，特に地役権が複数人に分割するに適した用益を提供するものであるときには，その設定は可能である。ただ，かかる関係は債権関係に基づいてなされるにとどまる。

(7) 地役権は分割できない

〈*servitutes dividi non possunt*〉というローマ法の原則がある。地役権は要役地(ないしその一部)の全部に固有な利益のために設定されるので，その一部分の利益のために設定できない。地役権の分割もその性質上観念できない。したがって，要役地が分割されると，地役権も各土地部分に存続する(民1071条)。承役地が共有に属するときは，共有者の1人によって設定された地役権は，他の共有者の同意がない限り，成立しない(民1059条)。同様に，要役地が共同所有であるときも，地役権の取得は全員の同意がないときには，完全ではない。ただし，単独でなされた行為が他の者の利益になる有効な管理(*utilis gestio*)として解釈できるとき，または解釈しなければならないときには，この限りではない(消滅時効の中断に係る民法1073条5項・6項はこの例である)。

(8) 原因の永続性

ローマ法では，要役地の継続的な需要とそれを満足させるための便益の継続的状態の存在が必要とされ，これを「原因の永続性」(*perpetua causa*)と称していた。近代法でもこの種の議論があり，意見は分かれている。しかし，この永続性はローマ市民法が「終期」や「解除条件」を認めなかったことと関連するので，このような制約のない現代法では，地役権も時間的制約に服するとの考えが一般的である。

3　地役権の類型

(1) 積極地役権と消極地役権

承役地に対して一定の行為または積極的な干渉をなしうる権能を内容とするものが積極地役権(servitù positive)であり，承役地の自由なる権利行使を当該所有者に禁ずることを内容とするものが消極地役権(servitù negative)である。後者の場合には，たとえば，承役地に一定以上の高さの建物を建てさせないことを目的とする地役のように，要役地所有者が承役地に対していかなる積極的な行為も行わないところに，その特徴がみられる。両者の区別は地役権の取得・喪失においてあらわれる。

(2) 継続地役権と不継続地役権

行使の態様に関する区別であり，ローマ法では知られていない。中世普通法(バルトルス)に由来する。継続地役(servitù continue)とは，「その行使に人の行為を必要としないもの」であり，不継続地役(servitù discontinue)とは，「その行使に人の行為を必要とするもの」をいう。日照地役と通行地役は，継続と不継続とのそれぞれ代表的な例である。

両者の区別の実益は，現行イタリア法ではほとんどない(わずかに消滅時効の不使用の開始時にみられる程度である)。なお，フランスでは，不継続地役の時効取得は否定されているので，通行地役権の時効取得自体による保護は認められていない。

(3) 表現地役権と不表現地役権

表現地役権(servitù apparenti)とは，可視的で永続的な工作物によって行使される地役権であり，不表現地役権(servitù non apparenti)とは，かかる工作物が存在しない地役権をさす。両者の区別はとくに重要であり，表現地役でなければ，時効取得と「家父の用法」による取得が認められない(民1061条)。

(4) 強制地役権と任意地役権

民法典は，地役権の設定方法による種類として，強制地役(servitù coattive)と任意地役(servitù volontarie)に区別している。強制地役権とは，法律の定める要件がある場合に，法律の定める内容に従って地役権を承役地所有者に請求できる権利であり，承役地所有者には地役権を設定する「法的義務」が課される。つまり，法律が直接，地役権の設定原因になるのではなく，民法典は，強制地役権の設定方法として，判決，契約及び行政庁の行為を定めている(民1032条)。

ところで，ここにいう契約とは，任意地役が合意により成立することとは事情を異にする。すなわち，強制地役権では，抽象的には法律の規定を前提とするが，その法定された抽象的な事実に当事者が具体的な事実を一致させて，法律の意思を実現するにすぎないもの，という趣旨である。それ故，この種の契約が成立しないときには，判決によることとなり，両者の成立原因はその限りでは矛盾しない。行政処分の場合には，特別の明文の規定による。

これに対して，任意地役権とは，その種類，内容につき，当事者が自由に設定できるものである。ただし，共有地の分割訴訟において設定される地役権は，判決による場合でも，任意地役とされている。この場合には，当事者の意思を判決が具現するという趣旨であろう。

なお，イタリア法にいう強制地役では，あくまで「合意」による設定という構成をとっており，わが国でいう法定通行権とは，その趣旨を異にする点に注意すべきである。もともと，わが国では，所有権の制限として所

有権規定のなかで法定されている(所有権の「通則」である)ことから，独自の他物権という視点は弱いが，イタリアでは，これを任意地役権とパラレルに構成しているところに特徴がみられ，強制地役の設定が「合意」を原則とするのも，このことと関連するものと思われる。

II 強制地役権

強制地役は要役地の特別な需要を充たすために(とくに公益的な観点から)認められるものであり，その類型は法定されているので，法定以外のものは認められない。

また，その成立は抽象的には法律を前提とするが，具体的には権原(合意，判決等)が成立したときに，はじめて地役権が発効する。以下，個別的に検討する。

1 強制引水権

生活上の需要又は農工業の必要に使用するため水を使用する権利を有する者が，他人の土地に導水路を必要とする場合には，その承役地所有者は自己の土地を通過する導水路の設置を受忍しなければならない(民1033条)。これを強制引水権(acquedotto coattivo)という。

具体的な要件は，つぎのように法定されている。引水しようとする者が，水を使用する権限を有していること(所有者ないし利用権限者であること)。通水を請求する期間中，水を処分しうる権限の根拠を明らかにすることによって，水利用の権利を証明すること。通水の利益が，家事用・農工業用の利用にとって導水が十分である範囲において，重要かつ合理的であること。隣地の状況，引水のための諸条件及び水流・取水口等を考慮して，求められた通水が最も便宜で承役地にとって最小の負担となるものであること。水は引水する権利を有する者によって建造される導水管を通して導水

されること。原則として既存の導水路や他の通水のための水路を使用してはならないこと。その他，細かな規定がある(民1034条以下)。

2 強制排水権

河川や泉の余水を排水するため，または，土地を乾かし若しくは開墾するために，暗渠又は河渠などによって隣地にその余水を通過させる必要がある場合には，強制排水のための地役権(*scarico coattivo*)が認められる(民1043条)。

土地の乾土，開墾の場合には，隣地に与える損害を可能な限り最小にするなど，特に当事者間の利益調整につき，詳細な規定が用意されている(民1044条以下)。

3 導管の支持・さし込み

河川，運河，湖又は貯水池から水を引水する権利を有する者は，必要のある場合には，その岸に導管を支えるか，もしくはさし込むことができる(*appoggio e infissione di chiusa*)。ただし，その償金を支払うほか，あらゆる損害から土地を保全するために工事をなし，かつ維持する義務を負担する(民1047条)。

4 土地建物への強制給水権

隣地所有者から強制的に水の給付を請求できる場合がある。これを強制給水権(*somministrazione coattiva di acqua*)という。人や動物の生存のため，または家事用のために必要な水が不足している場合に，隣地所有者は，余水があるときには，必要不可欠の水量に限られるが，その余水を給付する義務を負担する。ただし，水の価格の支払いは1年ごとに計算され，前払いが原則である。引水等の費用は地役権者が全額負担する(民1049条)。

この権利は，要役地の灌漑のためにも認められている。ただし，その要件は，隣地の家事・農工業用のすべての需要が満たされた上で，なお余水が存在することである(民1050条)。

なお，この強制給水権は，自然の流水に限定され，動力による地下設備で取水する場合には適用されない。

5 強制通行権

ある土地が他人の土地に囲繞されて公道への通行が不可能ないし困難であるとき，囲繞する隣地に対して強制的に通路を取得できる。この強制通行権(*passaggio coattivo*)は，イタリアでも，実務上最も重要な権利であり，裁判例も多い。強制通行権のローマ法的起源は「墓所に至る通行権」(*iter ad sepulchrum*)であるが，直接的にはイタリア中世の都市法に遡る。

民法典は，強制通行権につき，まず，一般の通行権(有償)を三態様に区別した上で，土地の譲渡・分割による無償の通行権を規定しているので，以下，この順序に従って解説する。

(1) 一般の強制通行権

(ア) 要役地が他人の土地によって囲繞され，かつ公道に至る出入り口を有せず，過大な費用・不便なくしては，その通路を得ることができない場合に，袋地所有者は耕作又は便利な使用のために隣地に対して通行権を要求できる(民1051条1項)。

要役地が公道(via pubblica)への通路をもたないことが要件であるが，かかる要役地の遮断(interclusione)には，絶対的遮断と相対的遮断がある。前者は，他人の土地によって囲繞され，直接的にも間接的にも公道に通じていない場合をいうが，後者は，公道とは接続していても，実際上は公道への出入りが不可能である場合を指しており，場所的状況により通行が事実上不可能であったり，要役地所有者にとって過度の費用・不便がなくしては通行が不可能な場合である。相対的遮断も含まれるとした点に，イタ

リア法の立法的な斬新さがある。

通行権の設定される位置・場所は，両当事者の利益のために，公道への出入り口が最も近く，かつ負担を受ける隣地にとってできるだけ損害の少ないところでなければならないとされている(同条2項)。また，要役地の便益は，「耕作」または「便利な使用」に限定される。

(イ) 車両の通行のためにも，要役地に公道に至る通路がない場合には，右の規定が適用される(同条3項)。

(ウ) (ア)(イ)いずれの通行権も，家屋，中庭・庭園及びそれらに付属する空き地に対しては認められない(同条4項)。学説では，この免除規定が(イ)の通行権のみに関連するのか，それとも(ア)の通行権にも適用されるかにつき，争いがあるが，判例はいずれの場合にも適用されると解している(Cass., 20-9-1969, n. 3118, in *Mass. Guir. it.*, 1969, 1270)。ただし，この免除規定は絶対的なものではなく，承役地が複数ある場合の選択に際して意義を有するので，庭園等を通行しないと，遮断が解消しないときには，適用されない(Cass., 13-9-1975, n. 3049, in *Mass. Guir. it.*, 1975, 874.)。

(エ) 要役地に通路が存在する場合でも，その通路が土地の需要にとって不適合であるか又は不十分であり，かつその通路を拡幅することができないときには，隣地に強制通行権が認められる(民1052条)。

ただし，農工業上の生産の必要に適合したよりよい便益の存在が要件とされている。したがって，単なる便利な使用(日常生活上の通行利用)では，通路を求めることができないが，その反面，右の要件を充足するかぎり，土地の必要に限定された便益(民1051条の場合)だけではなく，要役地と承役地との利害得失を勘案して，より一般的な利益に当該通行利用が適合しているかを判断することとなる(Cass., 17-7-1956, n. 2752 in *Mass. Foro it.*, 1956, 504)。

(2) 無償通行権

土地の有償譲渡又は分割によって袋地が生じた場合，袋地所有者は契約の相手方に対して無償通行権を取得できる(民1054条)。本条の通行権の特

第 4 節　地 役 権

徴は，無償であること，譲渡・分割行為とは無関係な第三者の土地に対しては請求できないことにある。したがって，原則的な通行権（民1051条）の成立が可能であることを前提として，かかる一般原則を修正する制度であると理解されている。そこで，家屋等の空き地に関する免除規定（同条4項）も適用される。

　契約・分割当事者の特定承継人にもこの無償通行権の規定が適用されるかどうかについては，議論があるものの，判例は，無償通行の受忍義務は当事者間に限定されると解しており（Cass., 13-8-1966, n. 2225, in Mass. Guir. it., 1966, 992 ほか），学説も一般にこれを支持する傾向にある。

　譲渡行為は有償行為に限定されているので，無償行為は除かれる。いわゆる無償通行権が認められるのは，土地の譲渡価格のなかに負担となるべき地役権の設定価格が当然に含まれている，という「推定」にあるが，無償行為の場合には，そもそも「譲渡価格」の決定という問題が当事者間では生じないので，地役権の対価を譲渡価格から控除する（ないし加算する）ことができないという事情によっている。ただし，強制執行，裁判による分割では，そのような事情はないので，適用が可能であると解されている。

　なお，本条は，通路（不十分でも）が存在する場合や，より以上の利便を求める場合には，適用されないとするのが，通説である。

6　送電線・ケーブルの強制地役

　送電線等につき，強制地役権を法定している民法典は，珍しい。古いフランスやドイツの民法典にはない。わが国でも同様であり，特別法によっている。

(1)　送電線地役

　民法典は，送電のために必要な通路の設置の受忍義務を土地所有者に課している（民1056条）。かかる送電線地役権（elettrodotto coattivo）の内容は特別法（1933年11月11日法律第1775号）にゆだねられているが，送電に必要

な変電所や導管等の設備の設置・使用権限などが送電業者に与えられ，その負担をうける承役地所有者には償金が支払われることになっている。

この地役権の主体は法律によって送電敷設の権限を有する業者に限定されるが，その設定方法は通常の強制地役に関する一般原則によって処理される。つまり，契約，判決及び行政処分のほか，時効取得や家父の用法によることも可能である。

(2) 空中ケーブルの強制地役

空中ケーブルを敷設するための地役権(passaggio coattivo di linee teleferiche)も認められている(民1057条)。農工業のために空中ケーブルを通過させること並びにその地上での工作物・施設及びそのための土地の占用を承役地所有者は受忍しなければならない。具体的な内容は，特別法による。これは，私的な利用と公共的な利用に区別され，その要件として，ケーブル敷設に行政庁の許可を得ること，自己の土地建物からの生産物の搬送に役立つものであること，かかる搬送システムが他の手段よりも特に便宜であること，さらに当該ケーブルの利用が最も便宜で相手方に損害が少ないこと，これらの事由が法定されている。

なお，要役地所有者は施設の開設の前に承役地所有者に償金を支払うことを要する。その存続期間は，20年をもって最長期間としている(更新は可能)。

III 任意地役権

1 成 立

任意地役権は，自由に合意または遺言で設定される(民1058条)。契約は有償，無償を問わず，種類も内容も自由に決めることができるが，その合意は書面に作成しなければならない(民1350条4号，782条)。また，第三者

に対抗するためにはその旨の登記を必要とする(民2643条4号)。遺言による場合には，遺言者が地役権の供与それ自体を遺贈の目的とする場合と，土地の相続人に受遺者のために地役権を設定する負担を課す場合に区別する必要がある。後者の場合には，前者と異なり，遺言の効力の発生(相続の開始)によって，当然に地役権が成立するわけではなく，受遺者と負担を負う相続人との間で「合意」がなされることとなり，それが地役の権原名義(titolo)となる。

2 当事者

設定者は承役地の処分権限を有する者であり，通常はその所有者であるが，共同所有者の場合には全員の同意が必要である(民1059条，1108条3項)。

土地に「用益権」を設定している場合でも，所有者は用益権を侵害したり，その行使を妨害したりしない限りは，用益権者の同意がなくとも，地役権を設定できる(民1060条)。永借人も，その利用の範囲内で地役権を設定できる（民1077条)。これに対して用益権者は地役権を設定でない。

地役権の取得者が要役地所有者である場合には，その永借人や用益権者も当該土地の利益ために成立した地役権を行使できる。

3 地役権の時効取得

(1) 表現地役と継続地役

地役権も物権として時効取得(uscapione)の対象となるが，ただ，表現地役権に限定されている(民1061条)。表現地役とは，その権利の行使が外部から見えることのほかに，永続性のある工作物によって行使される地役権をいう。具体的には，引水地役，観望地役，通路により行使される通行地役がこれに該当する。

フランス法やわが国のように，「継続」要件は明記されていないが，実は

「継続」とは，フランス民法典が明文の規定をおいているように，本来は「人の行為を要しないで行使されること」を指し，それ故，人の行為を必需とする通行地役は不表現地役の代表例として挙げられ(フ民688条)，その時効取得が不可能とされていた。イタリアでは，ことに通行地役権の時効取得につき実際上の必要性があることから，「継続」要件を削り取ったわけである。もともと「継続」要件は，中世の法学者バルトルスが考え出したものであり，その要件の根拠は必ずしも明らかではないが，当時からつぎのような実質的考慮が働いていたことは間違いないようである。つまり，隣人間の通行利用は，原則として善隣関係を背景とした単なる温情・好意による「忍容行為」(プレカリウム)にすぎないので，かかる忍容行為を時の経過だけで権利に高めるのは道義的にも好ましくないと考えられたことから，上記の「継続」要件が加重されたように思われるが，結局のところ，このような立場が近代法に承継された。

　イタリアでも旧民法典では「継続」要件が明記されていたが，これがなくとも，「表現」要件だけでも，同じ目的が達成できることから，新民法典では「継続」要件を加重するまでもないとされたわけである。

　これに対して，わが国では，「継続」要件に重点があることは周知の事実であるが，実は，わが国では「継続」概念そのものが修正され，「通路による通行使用」の場合には「継続」地役となるとされた上で，さらに戦後の最高裁判決は，この「継続」要件を厳格に解釈し，要役地所有者みずからが通路を開設しないと継続地役にはならないと構成した。結果的には，イタリア法に酷似するかたちとなっている。

(2)　時効取得の態様

　地役権の時効取得の態様は所有権の取得時効と同様に10年の時効と20年の時効に区別され，前者については，継続占有のほかにも善意と正権原が必要とされるので，前主に設定権限がないにも拘わらずあると誤信した場合に限定される。それ故，通行使用の実態からいえば，通常は，20年の時効が問題となろう。

4　家父の用法

イタリアでは，合意・遺言と時効取得のほかに，「家父の用法」(destinazione del padre di famiglia)という特殊な地役権成立原因が法定されている。二つの土地が同一の所有者に帰属し，かつその一方の土地が他方の土地と地役的事実状態にある場合に，かかる状態のまま，その二つの土地所有権が別々の主体に分離帰属したとき，とくに反対の約定がないかぎりは，法律上当然に一方の土地の利益のために他方の土地の負担で当該地役状態が地役権に昇格するとされている(民1062条)。

要件はつぎのようなものである。旧所有者のもとで，地役権の存在を表示する可視的な工作物によって二つの土地が客観的な支配従属関係にあると認められること，その従属関係が単なる一時的なものではなく永続性をもつこと，さらには，かかる事実状態にある二つの土地が法的に分離することが必要とされる。

したがって，時効取得と同様に，表現地役についてのみ，「家父の用法」による取得が可能となる。わが国では，分譲宅地の道路につき黙示的な通行地役権の成立を肯定する一連の判決があるが，基本的には両者は共通する事情がある。イタリアでは，これを黙示的合意とは構成しないで，法律の要件を充足すると，そのことによって地役権が成立すると解されている。また，対抗要件としての登記については，これを不要とする立場が支配的である。なお，イタリアの「家父の用法」はフランスの制度を承継したものではあるが，フランスでは，黙示合意による取得の一態様と解されている。

Ⅳ　地役権の効力と消滅

1　地役権の効力

任意地役権の主体に帰属する権限の内容・範囲は，権原つまり契約・遺

言，又は占有(時効取得と「家父の用法」の場合)によって決まる(民1063条)。

(1) 地役権者の権利義務

地役権者は，権原・占有に従って行為をしなければならず(民1085条)，当初の条件を重くするようなかたちで，承役地又は要役地にいかなる変更も加えることはできない(民1067条)。権原が明確でないならば，承役地の可能な限り最小の負担で要役地の需要を充たすように権利を行使しなければならない(民1065条)。ただし，かかる範囲内では，地役権行使に必要なすべてのことをなし得る(民1064条)。たとえば，泉での吸水地役(主たる地役)を行使するために不可欠な源泉地に至る通行のための地役権(従たる地役)は，黙示的に主たる地役に含まれると解されている。また，別段の定めがない限り，地役権の行使又は保存のために必要な工事もできる(民1069条)。

なお，地役権行使の場所は途中で変更できないのが原則ではあるが，その変更が承役地所有者にとって，かえって利益になる場合や，承役地に損害を与えない場合には，一定の要件のもとに，変更できる旨が規定されている(民1068条)。

(2) 承役地所有者の権利義務

承役地所有者は地役権の行使を制約したり，より不便にするようないかなる行為も抑制しなければならない(民1067条)。したがって，土地の状態を変更したり，地役権行使の場所を移動させることはできないが，当初の地役権行使が承役地にとって過度に重いときや，工事・修繕等を妨げるときには，地役権行使にとり同様に便利である別の場所を提供して，その位置を変更できる。この場合には，要役地所有者は，これを拒否できない(民1068条1・2項)。

承役地上での工事の経費は地役権者が負担するが，当該工事が承役地にも利益をもたらすときには，その費用は各利益に比例して分担される(民1069条3項)。

承役地所有者が権原名義ないし法律によって地役権の行使・保存の費用を負担する場合には、承役地所有権を要役地所有者に委棄して、その負担を免れることができる(民1070条1項)。この放棄には書面の作成が効力要件となっている。

要役地が分割されても、地役権は消滅せず、各土地部分に対して行使されるが、承役地の負担を重くすることはできない。また、分割により地役権が特定部分に限定されたときは、他の土地部分は地役権の負担から解放される(民1071条)。

2 地役権の消滅

(1) 地役権の消滅原因

地役権には、一般の消滅原因(期間満了、解除条件の成就、解除及び放棄等)のほかに、特別な終了原因が法定されている。

(ア) 混 同 要役地と承役地が同一所有者に帰属した場合、「何人も自己の土地に役権を有することはできない」との原則から、その成立ないし存続の要件が満たされなくなるので、とくに消滅原因として規定されている(民1072条)。

(イ) **不使用による消滅時効** 20年間にわたって地役権を行使しないと、消滅時効によって地役権は消滅する。その行使を止めた日が時効の起算日であるが、継続地役と不継続地役ではその起算日を異にする。不継続地役(通行地役等)では、行使を止めた日から起算し、継続地役(引水地役、眺望地役等)と消極地役では、その行使を妨げる事実の発生した時から、進行する(民1073条1・2項)。

断続的に行使される地役(一定の時期にのみ行使される放牧地役、樹木の伐採のための地役など)では、その行使が可能であった日又はその行使が再開されなかった日から進行する(民1073条3項)。

期間については、前主の不使用の期間も算入される(民1073条4項)。

なお、地役権不可分の原則から、共同所有者の一部の者によって行使さ

れている地役権は，他の共有者のためにもその時効を阻止することとなり，また，その特定の者のために生じた時効の中断・停止は他の共有者にもその効力が生ずる(民1073条5・6項)。

(2) 使用不能又は便益の欠如

泉が枯渇するなど何らかの原因で地役権が要役地にとっていかなる便益をももたらさなくなった場合，又はその行使を不可能にするような場所の状態の変更が生じた場合には，かかる便益の欠如ないし事実上の使用不能が時効期間を通して継続したときにのみ，当該地役権は消滅する(民1074条)。ただし，場所の状況を変更することができるか，又は便益が再現する可能性がある限りは，それは単に停止ないし休止の一態様と考えられる。

V　地役権の保護訴権

地役権の行使に対する妨害を排除するなどの目的のために，特殊な本権的保護が与えられる。ローマ法以来の伝統と用語に従い，この保護を〈*actio confessoria*〉(認諾訴権)という(民1079条)。前述したように，今日ではこの訴権は用益物権一般に拡張されているが，便宜上，ここで解説する。

本訴権によって，地役権者ないし用益物権者は，自己の権利行使を争う何人(所有者ないし第三者)に対しても自己の権利の確認を請求することができる。ただし，原告は地役権の存在とその権利行使に対する侵害を立証しなければならない。これに成功すると，争いのある地役権の確認とその自由な行使の確保が実現される。また，原告は，権利行使に対する所有者ないし第三者の事実上の妨害行為の停止を求めることができる。さらに損害賠償とともに，必要があれば，原状回復をも請求できる。

なお，本訴権は特殊な専門用語を使用しているが，所有権保護訴権に関する原則に従っているので，その原則が，一般的に又は必要な修正をほど

こして，適用されることとなる。

第5節　入会権と物上負担

　入会権と物上負担は，いずれも近代的所有権に対する重たい負担となることから，イタリア近代民法典には採用されなかったが，入会権はなお現行法のもとでも生きているし，物上負担は一部そのような趣旨が承継されている。民法の体系書でも言及されることがあるので，本書でも取り上げることとした。

I　入　会　権

1　入会権の特質

　入会権(usi civici)の歴史的推移については既に説明したので(3章第2節Iの5)，ここではその用益的権利としての性質につき簡単に解説する。今日では，前述のように，特別法により行政のコントロールのもとにあるので，行政法上の制度・権利という捉え方が強く，したがって，民法の概説書でも言及しない著書もあるが，その実体は私的な権利と思われる。

　権利の性質は，公有地(市町村ないし村落)または私有地の上に成立する集団的権利(diritti collettivi)である。権利の主体は，市町村ないし村落の住民であり，たとえば，森林で木材を採取する権利をもつ住民が存在するし，池沼で魚介類を採取する権利をもつ地域の漁民もいる。また，一定の占用地で家畜を放牧する権利を有する山間地の遊牧民もいる。別の市町村等の所有する土地に当該住民とともに入り会うこともある。

　その権利の中身は，地域の事情に応じて多様であり，たとえば，放牧権

を各ファミリーに順番で割り当てるものもあれば，木材の採取権を時期的に割り当てるものもある。

しかし，いずれにせよ，その権利は個々の構成員に帰属するのではなく，集団自体に帰属するので，共有のようには「分割」はできないし，個人の使用収益権能の譲渡性もない。また，時効で消滅することもなく，他人の時効取得によっても消滅しない，と考えられている。

入会権は自由なる所有権を強く制約することから，入会権の解消が歴史的課題であり，これについては特別法が用意されていることは前述したが，この課題は今日でも進行中である。特別法によれば，解消手続は所有者が土地を解放するために支払う補償金の分配を通して実現され，その補償金は各構成員に分配される。かかる手続は，集団的用益権限の範囲及びその権利の性質の事前の確認を通して実現され，国の特別の委員によってなされるが，憲法裁判所（1989年第398号判決）によれば，かかる政府委員は普通裁判官であるとされている。

なお，最近での重要なる改革としては，1994年法律第97号が公共事業のために対象地となる山間ゾーンの入会権の廃止を認めたことであろう。

2　集団的土地所有

ここにいう usi civici は他物権としての用益権限をいうが，イタリアでも，土地を集団自体が所有している場合もある。たとえば，エミーリア地方のある地域では，集団的な農業を行っているところもあり，そこでは農業共同体（università agrarie）に土地所有権が帰属し，広大なる農地が細分化されて，その土地部分が村落に所属するなどの一定の要件を充足する構成員・住民に分割譲渡され，かかる権利の譲受人は当該土地を耕作して収益を得ることができるが，事情によれば，別の土地部分の割り当てによって，当該土地部分を団体に返却するという形態もあるという。あたかもゲルマンの農地共同所有を彷彿とさせるものであるが，かかる所有・利用形態は真の固有の意味での入会権とは区別されているようである。

II 物上負担

1 物上負担の特質

　封建制度のもとでは，上級所有権と結合して，農用地利用者は回帰的な人的給付（夫役や現物地代）を負担したが，かかる人的負担が土地の占有（ゲベーレ）自体を根拠とする負担に重点を移行して，人的な義務という側面もなくはないものの，負担者は個人的な債務を負担するというよりも，むしろ，土地を占有利用している限りにおいてのみ，かかる義務を負担するようになったものがある。ことに前主のもとで既に発生した負担は現占有者に当然に承継された。これを物上負担(oneri reali)という。物自体を直接拘束したという意味では物権と言えるが，その際限のない負担は，近代法では嫌われて，他物権として承継されることはなかった。

　しかし，土地所有権自体に附従する義務という考え方そのものは，イタリア民法典には個々の人的給付に関して承継されている。たとえば，用益権者に義務づけられる諸負担(pesi)，永借人の土地改良義務や地代支払義務，土地改良組合の組合員・土地所有者が負担する開墾経費の分担金（民860，864条）などである。この種の義務は，物権の名義人に付帯する義務であり，かかる権利名義人である限りにおいて負担し，その権利の移転とともに当然に義務も移転することとなっている。

2 物上負担の物権性

　物上負担は，物の用益の主体である限りにおいて負担する回帰的な給付を本質としている。「なすこと」を目的とするものではあるが，かかる給付を請求することのできる主体からみれば，その権利は物権的な性質を有し，いわば物自体が義務づけられる，とも称されるゆえんである。具体的には，義務の主体は，自己の用益中に生じた義務を負担するだけではなく，前主

のもとで既に発生していた義務をも負担する。現行法にも，永借人や用益権者につき，明文の規定がある(民967，980条)。また，義務不履行が権利自体の消滅をきたすこともありうる(永借権につき，民972条)。

　特定の物との関係それ自体が給付義務の権原名義であり，その救済手段も物的訴権による。したがってまた，物権法定主義に服するので，これを認めるためには，法律の規定が必要である。この点で，既に言及してきた〈*obligatio propter rem*〉(物のための債務)とは，性質を異にする。後者では，物との関係は，給付義務の主体を決定するための手段にすぎないからであり，また，その履行の確保については，一般原則により債務者の総財産が責任財産となる。

第5章

共同所有

はじめに

　イタリア民法典は，共有については，所有権固有の制度のなかでは規定しないで，地役権(第6章)と占有(第8章)との間に独立の章(第7章)を用意しており，そこでは共有一般と建物の区分所有に関する規定が収められている。本書でも，このような位置づけには合理性があると思われるので，二つに大別して解説する。

　なお，「特殊の共有」として，近時の不動産取引実務から生成した「別荘の共有」や，慣行による「農家財産の共有」などについても取りあげることとした。

第1節　共　有　一　般

I　共有の意義と態様

　イタリア民法典は共有を他物権に関する一連の章のなかに位置づけているので，わが国でいう共有よりも概念的には広く解釈されていることとなろう。ことに同一の他物権が複数人に共同して帰属する場合にも，準共有ではなく共有である。もっとも，共有の性質や効力はわが国の共有と基本的には同様であると考えて大過なかろう。

1　共有の種類

　共有は，その成立原因によって次のような形態に区別されている。

(1) 「任意の共有」

共有に参加する者の自由な意思によって形成されることから,「任意の共有」(comunione volontaria)と称される共有形態がある。たとえば,複数人が各々金銭を出捐して同一物を購入し,共同所有者になるようなケースがこれに当たる。この共有が原則的な形態であり,民法典もこれに一団の規定を用意している(民1100条以下)。したがって,「通常の共有」(comunione ordinaria)とも称されるが,本書の解説もこの共有を中心としている。

(2) 「偶然の共有」

当事者の意思とは無関係に,偶然の事情によって共同所有者となる場合もある。たとえば,相続財産を共同相続人が共有する場合がこれに当たり,かかる共有を「偶然の共有」(comunione incidentale)という。各共同相続人の持分は法定されているが,この共有には一般の共有規定が原則的に適用される。ただし,一つの例外があり,共同相続人の1人が持分を第三者に譲渡する場合には,他の共同相続人が先買権を持っていることである。相続財産の共有関係に他人が介入することを避ける趣旨である。したがって,持分を譲渡しようとする共同相続人は事前にその旨を他の相続人に通知することが義務づけられており,これを怠った場合には,他の相続人には買戻権が与えられている(民732条)。

(3) 法定(強制)共有

法律によって直接,共有関係が形成されることもある。これを法定ないし強制共有(comunione legale o forzosa)という。先述の境界線近辺にある障壁につき,その所有者に対して共有を強制できる場合に成立するほか,区分所有建物の主壁,屋根,階段などについても,法定共有関係が成立する(民1117条)。また,イタリアの夫婦財産制は,当事者間に財産分離の合意がない限りは,法定共有財産制をとっているので,この場合にも共有関係が法上当然に成立することとなる。なお,「偶然の共有」との相違は,当事者の意思によって共有関係を解消できない点にある。

2 総　　有

　前記の「共同所有」はローマ法的起源を有するもので，その共有者の法的地位は「持分」によって規定されている。ところが，ゲルマン法的な共同所有形態では，ある物が集団(村落共同体)に帰属し，個々の構成員・住民はその物につき現実的な使用収益を集団のルールに従って行うことができたが，「持分」は現実的にも観念的にも有しない。管理処分権限は集団・村落自体に属する。このような集団的な所有形態を「総有」というが，各構成員の現実的な使用収益は，その物に対する支配権能に対応するものではないので，持分の現実化のための分割請求権はそもそも始めから存在しない。かかる総有はイタリア民法典には採用されていないが，わずかにイタリア各地方で生き残った集団的所有(domini collettivi)と，慣行的な利用権である入会権(usi civici)は，この種の総有に相当する(4章5節「入会権と物上負担」参照)。

II　共有者の権利義務

1　持分と共有物の管理

(1)　持　　分

　各共有者は，他の共有者の権利の併存によって制約され，その範囲内で共有物を使用収益することができる。その使用収益権の範囲・程度は持分によって決まる。各人の持分は，反対の証拠がない限り，等しいものと推定される(民1101条1項)。

　共有関係は，共有の存続中と共有の解消とに区別して考えるのが便宜である。

(2) 共有物の利用・管理・処分

　(ア)　**各共有者の権利義務**　各共有者は自己の持分に応じて物を自由に利用・処分する権利を有する。果実を収取したり(民1102条)，持分を譲渡したり，あるいは担保に供することができる。さらに，利用権限を第三者に譲与することもできる(民1103条)。他の共有者はこれらに反対できない。

　ただし，一定の制約がある。組合財産の共有で，組合員の人的性格が強いときには，持分を第三者に譲渡できないこともある。また，共有物を自由に利用する権限についても，物の用法を変更することまでは認められない(民1102条1項)。

　利用権限にともなって，各共有者は持分に応じて物から生ずる負担及び物の保存・利用に必要な費用を支出する義務を負う。構成員の過半数によって決せられた費用についても，同様である。ただし，自己の持分を放棄することによってこの義務を免れることができるが，費用の支出をすでに承認した者はこの限りではない(民1104条)。

　(イ)　**共有者相互間の関係**

　(a) 共有者の行為が他の共有者の権能と抵触する場合には，一定の制約が課される。共有関係の利益に反する共有物の利用や，他の共有者の正当な利用を妨げるような利用は，許されない(民1102条)。

　(b) 管理行為は共有者の持分の過半数によって決せられ，全員これに拘束される(民1105条)。共有物のより好ましい利用関係や通常の管理に係る規約は，この過半数の決議によって策定される(民1106条)。

　(c) 改良行為は，全価格の3分の2を代表する構成員の過半数によって決せられる。ただし，改良行為は物の改善，利用のよりよい便宜・利益に関わるものでなければならず，他の構成員の利用を侵害したり，過度の費用の負担を課してはならない(民1108条1項)。

　通常の管理行為を超える行為についても同様の過半数の決議が必要とされる(同条2項)。

　(d) 共有物の譲渡，他物権の設定，9年を超える賃貸借など，いわゆる処分行為については，全員の同意が必要である(民1108条2項，3項)。

ただし，共有物の改良や改修のために用いられる金銭の返還義務を担保するための抵当権の設定については，過半数で足りる（同条4項）。

(e) 決議に反対する者は，民法1109条の定める場合（通常の管理行為で共有物に重大なる損害が生ずるとき，又は特別の変更行為が特定の者に損害を生ずるときなど）には，決議の日から30日以内にかぎり，決議否認の訴えを提起することができる。

2 分割請求権

(1) 分割の意義

民法典は，共有状態を一時的なものと考えているので，いつでも分割請求をなしうる権利を各共有者に与えている（民1111条）。この分割請求権は，共有関係が存続するかぎり，消滅時効にはかからないし，また放棄することもできない。

したがって，無制限に共有を存続せしめる約定は無効である（相続財産の分割を禁止する手続のごとし）。しかし，共有者が一定の期間，共有を存続せしめることは可能である。共有関係を随時に解消できる権利についても，例外がある。自由な解消が他の構成員の利益を害するとき，裁判所は適当なる猶予期間を定めることができる（民1111条1項）（相続財産の分割については，民717条）。不分割の約定も可能であるが，10年を超えることはできない。

(2) 分割の手続

(ア) **協議による分割** これは全員合意による分割である。

(イ) **裁判による分割** 全員の合意が得られない場合には，各構成員は共有物分割の訴え（*actio communi dividundo*）を提起できる。具体的には，相続財産の分割手続きが準用され（民1116条），つぎのようになる。

(a) 各共有者は自己の持分を現物にて請求できる（民1114条，718条）。現物によるのが不公平となるならば，等価値の金銭により弁償されねばな

らない(民728条)。

　なお，共有者の一人を共有関係から離脱させるため，その持分の清算を認めることも可能とされている。民訴法600条はこれを〈separazione〉と称し，通常の分割〈divisione〉と区別している。

　(b) 土地の場合には現物分割により細分することは可能なかぎり回避しなければならない(民720条，727条1項)。

　(c) 共有物の現物分割が不適当なときは，各共有者はその売却を要求し，かつ持分に案分した代金額が分配される。

　(d) 各共有者は，共有物についての契約上の義務を連帯して負担し(民1101条，1104条)，その債務を履行した共有者は，分割手続が完了するまでに，他の共有者に対して償還されるべきことを要求できる(民1115条)。

(3) 分割の効果

　分割により，各共有者に帰属した物は，各共有者が共有権を取得した時に遡ってその物の単独所有者又は直接の承継人であるとみなされる(民757条)。それ故，未分割中も各共有者は完全な所有権を有していたとみなされることとなる。

　したがって，分割は，単に所有権の宣告的効果しかもたず，移転的効果はないと解されている。そこで，未分割中の共有者の譲渡行為は，その処分の目的物が彼の持分に関係するときにのみ，有効となる。イタリア法には，遺産分割前の相続財産の譲受人等を保護する規定はない(日本民法909条但書参照)。

第2節　建物における共同所有

I　制度の意義と沿革

1　制度の意義

　一棟の建物の各階層ないしその一部分を独立して所有する場合には，わが国では，土地と建物とが常に別の物となるので，敷地を共有して，地上建物の区分所有という観念で捉えられているが，敷地権と区分所有権は一体化されている。イタリアでは，土地と建物は一つの所有権の客体となり，地上建物は土地に吸収されるが，宅地は地上建物が存在してこそ経済的に意義があると考えられている。そこで，いわゆる集合建物の場合にも，実質的には，わが国の取り扱いと大きく異なるわけではない。

　イタリアでも，住宅，集合住宅，店舗等の一棟の建物の各階ないしその一部分を多数人が共同して使用する関係については，特別の定めがあり，この場合には，その専有部分は単独所有の客体となり，その余の共同使用の対象となる建物部分及び建物自体の敷地には強制的な共有関係が形成されるので，複雑な所有関係が形成されることとなる。そこで，かかる共同所有関係を〈condominio〉と称し，通常の共有を示す用語である〈comunione〉とは区別している。

2　制度の沿革

　この制度はローマ法には知られていない。イタリアでは，すでに旧民法典にも，若干の規定が置かれていたが(旧民562条～564条)，共有の壁・溝とともに「法定地役」の節に位置づけられていたので，共同所有というよりも，むしろ相隣関係に近いものと考えられていた。第一次世界大戦まで

は，集合建物は量的にも地域的にも限定されていたところ，大戦後は，6，7階建ての中層ビルが普及し，多人数の所有者が区分して所有する傾向が見られるようになったので，1935年に共同所有関係や管理問題等に関する特別法が制定された。新民法典は，これらを整理して，相当な数の条文を用意している。

　第二次世界大戦後は，都市の復興とも関わって，都市への人口の集中によって集合建物が全国的に普及し，その重要性を増しつつあり，今日，この種の建物の共同所有関係は，ことに大都市における居住構造の基本的構成要素となっている。

II　共有の成立と管理問題等

1　共同所有関係の成立と特質

(1)　区分所有 と condominio

　建物の共同所有関係(condominio)は，一棟の建物の水平的な階層ないし階層の一部分(専有部分)に区分された排他的な複数の所有権(proprietà esclusiva)の成立が，その前提となる。condominio 関係は，かかる区分所有者によって形成されるからである。したがって，condominio は排他的所有権と共有権との併存によって構築されるので，分割請求を予定していないことは，いうまでもない。

　また，共有者の建物の共有部分に対する権利は，区分所有権の価値の割合によって決まるのが，原則である。この点でも，通常の共有の原則には服しない。それ故，ここでの共有権については，持分平等の推定規定は働かないし，また，観念的な「持分」(quota)ではなく，量的な価格をしめす用語〈millesimi〉によって表現される。修繕・改築経費の負担もかかる区分所有権の価格の割合によって負担することとなり，集会での議決権についても，人数による決定のほかに価格の割合を基準にした決議も認められてい

る。

(2) 強制的共有部分

特段の定めがない限り，建物の構成部分のうちで，建物の構造及び存立に必要な建物の各部分(敷地，土台，主壁，屋根，階段，廊下，玄関及び中庭など)(民1117条1号)，より便利な共同利用に資するための場所(門番の詰め所・居住場所，中央暖房場，物干し場及びその他同様の共同使用の場所)(同条2号)，並びに共同の利用に供せられるすべての工作物・施設(エレベーター，上下水道設備など)(同条3号)は，専有部分の所有者の共有とされる。なお，共有物は建物の使用・管理上，本質的なものとされ，譲渡や分割請求は認められない(民1117～1119条)。

2 集会と建物の管理

(1) 集 会

建物の管理等についての共同所有者の決議機関は集会(assemblea)である。集会は，共同所有者の3分の2の多数又は権利の価格の3分の2で成立し，議決は出席者の2分の1又はその権利の価格の2分の1でなされると，有効である(民1136条)。

(2) 費用の負担

各共有者は，建物の共有部分の保存・利用のために必要な費用，共同の利益となる労務の提供のために必要な費用，及び過半数によって決議された共有物変更のための必要費につき，それぞれ共有持分の割合つまり区分所有権の価格に応じて負担する(民1123条)。この費用の負担を免れるために共有持分権を放棄することはできない(民1118条)。

(3) 共有物の管理と管理人

建物の管理権は各共有者の全員に帰属する。共有者が4人以上のときは

集会によって1人の管理人(amministratore)を選任しなければならない。任期は1年であるが、集会によって解任することもできる(民1129条)。

管理人の処置はその権限の範囲内で共同所有者を拘束するが、これに対して異議権が認められている(民1133条)。

管理人は集会の決議の執行、共有物の使用に関する規律、費用の徴収及び負担の割り当てなどの行為を処置する(民1130条)。その他、管理人は、共同所有者の代理人として訴訟行為をもなしうる(民1131条～32条)。

(4) 規　　約

共同所有者が10人を超える場合には、共有物の使用、費用の分担、建物の装飾の保護及び管理に関する規定を含む規約(regolamento)の作成が義務づけられている(民1138条)。

3　共有物の変更

(1) 共有物の変更

共有物の変更については、とくに議論がある。変更(innovazioni)とは、共有物の形態・実体を変えることのほか、本来の機能や用途を変更するすべての事実上の変更を含むとするのが判例の立場である。ただし、単なる修繕はここにいう変更ではない。

共有物の改良、より便利な利用及びより大なる収益を目的とする共有物の変更は、建物全部の価格の3分の2を代表する構成員の多数決によって決することができる(民1120条1項、1136条5項)。ただし、工作物の安全性を損なったり、建物の共有部分を共有者の1人が使用できなくなるような場合には、共有物の変更は許されない(民1120条2項)。変更の工事費用の負担については、特則がある(民1121条)。

(2) 過分の費用を必要とする変更等

建物の特別な状態又は価値との関連で過分の費用が必要な変更もしくは

奢侈目的の変更については，それが工作物，施設又は作業場につきなされ，分離して利用しうるものである場合には，かかる変更によって利益を受けない共有者は，その費用を支払う責任を負わない。分離した利用ができない場合には，この種の工事はできないが，決議に賛成した過半数の者が全面的に費用を負担するときは，別である(民1121条2項)。なお，ここにいう過分の費用ないし奢侈目的による変更とは，判例によれば，建物の特別な状態との関連で客観的な要素を考慮して判断され，共有者の経済事情に係わる個人的な要素を考慮するものではない。

(3) 階層増築権

最上階の所有者には，反対の約定がない限り，一定の条件のもとに新しい階層を増築する権限が与えられている(民1127条参照)。

4 建物の全部ないし一部の滅失

建物の全部又はその価格の4分の3に相当する部分が滅失した場合には，別段の合意がない限りは，土地ないし材料の競売を請求できる。したがって，強制的に再築するという原則はない。ただし，4分の3に満たない滅失の場合には，集会で改築の協議がなされ，これに全員が協力する義務を負う。賛成しない共有者は，他の構成員に対し自己の共有権を売却しなければならないことになっている(民1128条)。

第3節　特殊の共同所有

I　multiproprietà(いわゆる季節共同所有権)

1　共有形式と賃貸借形式

　70年代のフランスで，一つの別荘を複数人が1年間を単位として季節ごとに継続利用するという所有・共有形態が現れた。低成長期での割安の別荘供給方式であるが，イタリアでもこれが導入された。法形式的には，単なる輪番制による共同所有ではなく，一定の時節の利用が独占され，これ自体が独自の経済価値をもって取引の対象となり，相続性もある。いわば時間的に一つの不動産を共有することとなる。また，当然のことながら，その管理は専門の業者が引き受け(むしろ業者主導の取引市場が前提となっている)，販売契約には，共有分割ができない旨の約款もある(イタリアでは，この共有をmultiproprietàと称している)。

　なお，90年代に入ると，同じくフランスで(ただしイタリアのプロモーターによる事業として)，共有ではなく，債権的利用権・賃貸借という法形式で，同様の経済目的を実現するための別荘の借家供給が行われた。これをmultilocazioneという。

　通常の賃貸借との異同は，主として利用の対価が「家賃」という性質のものではなく，利用の質を高めるサービスにあるという点である。具体的には，当事者双方につぎのようなメリットがある。業者が不動産を所有するので，併せて管理業務ができるほか，室内の設備につき減価消却が認められる(企業の論理に整合する)。借主側では，何年間も通して一定の時節のバカンスを楽しめるし，その経費は比較的割安であるほかに，共有形式による場合のような面倒な管理上の法的義務もない。また，税金の負担義務もない，という便利さがある。あたかも，半ばホテル方式の管理・利用

形態でもある。

2 法的整備

　1994年10月26日にヨーロッパ統一連合の議会と委員会は，消費者保護の観点から，右のmultiproprietàと季節賃貸借とに関する指令を出した(94/47/CE)。イタリアではこれに基づき，1998年12月1日委任命令第427号が公布され，1999年2月12日に施行されたところ，この種の利用権を対象とする新たな契約類型が創設された。

　本法により規制される契約は，取引市場に現存する一連の契約をすべて含みうる広範な内容をもち，一つもしくは複数の不動産の利用を目的とする物権又はその他の権利の設定もしくは移転又はその設定・移転を約することを目的とし，契約の期間が少なくとも3年を最短期間とするほか，その利用の対価が総合対価(prezzo globale)であることを必要とする。さらに，利用期間は年間の一季節を下回ることがない一定の期間を限定しうるものであることも必要である(法1条)。法文が，〈diritto di godimento a tempo parziale〉(時節による利用権)と称する所以である。当事者の概念も広い意味で使用され，売主(veditore)と取得者(acquirente)と称される。

　移転行為の客体は所有権その他の物権(売買)だけではなく，債権的利用権も含まれる。ただし，multiproprietàと民法典の賃貸借とは別個の制度であるが，両者の機能は近似しているので，売主がmultiproprietàという用語を契約や広告で使用する場合には，契約の目的たる権利が物権であるときに限定される(法4条)。また，債権的利用権を目的とする契約は民法典の賃貸借契約と必ずしも結びつく必要はない。

　なお，約定期間が二重に限定されているので，かかる契約不動産の利用目的は観光・ホテルの用途に限定されるかのように見えるが，法文は一般的でより広い意味での「居住目的」を予定していることから，重要な点は，1年の期間を通した利用ではない，ということに限定されるだけであろう。

＊ 「消費者保護の規定」について

　EU指令第4条とその付表は，売主が事業者である場合には取得者保護のために，(a)契約の販売条件の開示，及び(b)契約の解約の手続と態様につき，加入国に具体的な措置を求めた。

　（a）　**契約の対象と販売条件**　　最低限必要とされる販売条件については，「契約目的の権利の正確な性質，並びに物件が所在する加入国の地域でかかる権利を行使するための要件が何であるか，及びかかる要件を充足するか若しくは充足しないときに，いかなる要件が他に必要とされるのかにつき明示する条項」を明らかにすることが加入国に要請されている。したがって，加入国ではその立法化が期待されていたが，イタリアでは，契約の目的である権利の性質を明確にする基準につき明文の規定は欠落している。そこで，EU指令の制限の範囲内ではあるが，当事者としては，完全な自治により契約で移転する法的地位を自由に決定できるので，一時的な住居利用権を対象とする賃貸借を選択することも可能となる。

　（b）　**解約権（クーリング・オフ）**　　契約の解約権はEU指令と98年委任命令第427号において規定されているが，当事者が売買ではなく季節賃貸借契約を選択した場合にも，同様の保護が与えられるべきであると解されている。具体的には，契約締結から10日以内に解約する権利が賃借人に認められる。契約書に重要事項の開示がないときには契約締結から3ヶ月間に伸長される。

II　その他の共同所有

1　農家相続と家産の共有

　農村部では，古くから家族間の黙示による一定の家産の共同所有形態が存在し，家族構成員が，統一的家族集団(世帯)を維持するため，相続財産を分割しないで共同生活を行うことがある。

第3節　特殊の共同所有

＊　「黙示による家族共有財産」について

　民法典は，農業経営での「黙示による家族共有財産」(comunione tacita familiare)という歴史のある制度を認め，その規律は慣行に従うとしていた(民2140条)。この制度はナポレオン民法典にもイタリア旧民法典にも知られていないが，イタリアでの近代国家統一前の幾つかの領邦国家の民法典には存在した。現行法は根強く残存する地方での慣行を制度的に認めたわけであるが，上記条文自体は75年(法律第151号)に廃止され，他方で，同一の経済的な機能を果たしうる個人所有をベイスにした家内企業(impresa familiare)の制度を導入した(民230条の2)。しかし，本条の6項は，この黙示による家族共有財産制が本条の家内企業に関する規定に反しない慣行に基づく場合には，有効である旨を定めているので，その財産管理等の運営が構成員の多数決によること，男女の労働の平等原則に反するものでないこと等の要件に矛盾しない限りは，今日でもその存続が認められる。ことに家内企業は家族の主体的な独立性と事業所得を目的とする協調組合的な性格(collaborazione)に特徴があるので，単なる連帯的な組織である家族共有制との共生が可能とする学説もある。

　この家族財産制は，通常は，夫婦・親子その他の親族が一つ屋根の下で共同生活をして，共同の農業労働によって得られた共同の利益を有する自生的・自然的なものである点に一つの特徴が見られる。家族の各構成員に対する家族の団体的拘束は弱いので，組合ではない。また，家内労働による収益を眼目としているというよりも，むしろ家族間の情誼による相互扶助に重点がある。さらに，収支の報告義務がないという点も一つの特徴として挙げられる。主として農業生活の分野で見られるが，必ずしもこれには限定されず，たとえば判例では，家畜飼育事業，肉屋，スポーツ店，さらには小売業などの事業にも認められているという。ただし，農業による場合には，農用地の集団的管理による共同の事業という面が特徴となり，その他の場合には所得の共有と収支報告のない参画という面が強くなる。

　家族財産の権利関係については，その所有名義が家族の一人の単独名義になっているときでも，このような共同事業によって得られた財産である場合には，それは実質的には共有という意味で通常の所有権ではないので，構成員個人は名義人の売却行為に異議を提起できるし，また，売却代金の分配を請求できる，と解されているようである。

　なお，具体的な内容は地方の慣習により，種種の形態があるが，地方の慣

習がないときには,「偶然の共有」ないし共同相続財産に関する規定が類推適用される(Cass., 14-1-1980, n. 337)。

2 船舶の共有

一方,船舶の共有についても特殊性がみられる。共有者各人は「株」として権利を分有するが,個々の株主は分割請求権を有しないし,また,船舶の処分・管理は一般に過半数の決議によって処置されるので,通常の管理事項のみが過半数決議による一般の共有とは,かなり大きな相違がみられる。

第6章

占 有 権

第1節　占有の意義と特質

I　占有制度の意義

1　事実状態の法的保護

　イタリア民法典によれば，占有法は「共有」の直後の章に位置づけられ，占有とは「所有権及び他物権の行使に即応した行為において示される物の上の支配」である，と定められている(民1140条)。独立の章(第3編「所有権」第8章「占有」〈possesso〉)を用意しているだけではなく，その内容も，占有の諸効果(占有訴権保護，時効取得保護及び善意占有保護等)をすべて含んでいることから，ドイツ法やフランス法とは随分と取り扱いを異にし，わが民法典に近似している。

　イタリアでも，占有が事実状態であるのに対して，所有権や他物権が権利状態であることは，いうまでもないので，両者は完全に切離されている。実体法のみならず，訴訟手続上も，その歴史的経緯があって，特異な占有訴訟制度が用意され，簡易・迅速な占有保護が企図されている。この点ではわが国とは大きな相違がある。

2　自力救済と占有保護

　イタリアでも，一定の要件のもとに，占有を侵奪された者に自力救済が認められている。破毀院によれば，奪われた占有の実力による反撃は，侵害者の行為に対して，その現場でかつ即時になされた場合にのみ適法である。かかる〈*vim vi repellere licet*〉(暴力に対しては暴力をもって撃退することが許される)との原則の適用があるかどうかの審理は事実審裁判官の責務である(Cass., 29-1-1973, n. 277, *Giur. agr.*, 1974. III, 24 ほか)。

II 占有と所持の性質

1 占有の定義

　所有権という権原名義(titolarità)と所有権の行使とは区別されるので，同様に，物の所有者であることは物の所有者として行動することとは区別される。前記の法文の定義はこのことを明らかにしている。所有者ないし他物権者としての行為・行動において顕現する物支配が占有である。

　所有者は，通常，占有者でもあるが，窃取されたときには，所有者はその物を占有せず，所有者ではない盗人が占有を有することとなる。また，無効等により失効した売買によって目的物を所持する買主も占有者である。しかし，売買の予約に基づいて，目的物の引き渡しを受けた予約権者は，単なる所持人であるので，後述の善意占有者の果実収取権の保護をうけないとするのが，破棄院の立場である(Cass., 27-2-1966, n. 1533)。

　他物権に対応する物支配も占有である，と明記されている。沿革的には，物の占有つまり所有に対応する占有のみが，法的保護に値する本来の占有であったが，周知のごとく，他物権にも拡張され，この占有を権利占有と称していた。旧民法典はかかる立場にあったが，学説はフランスの学説と同様に他物権による占有にまで占有訴権保護を拡張していた。新法は，これを明文で認めたわけである。ただし，所有による占有は「完全占有」(possesso pieno)と称し，他物権による占有を「不完全占有」(possesso minore)と称している。この種の物権としては，用益権・使用権・居住権の人役権のほかに，地上権・永借権も含まれる。地役権については，積極地役だけではなく，消極地役にも占有が認められる。時効取得には「表現」の加重要件があるが，その余の占有保護は認められる。消極地役の占有の成否は，承役地所有者が一定の不作為を遵守しているものと評価できる行動から判断される。イタリアでは，本権での通行紛争に関する裁判例が少なくないが，占有訴訟裁判も多いのは，簡易・迅速な占有保護訴訟が用意されてい

るからである(わが国では，仮処分が類似の機能を果たす)。

担保物権では，質権につき明文の規定(民1153条3項，2789条)があるが，抵当権の占有は考えられない。

2　占有と占有権

占有と占有権(*jus possessionis*)とは区別される。占有自体は権利ではない。占有という事実状態に法規が結びつけている法的効果が占有権である。ただし，かかる法的保護は暫定的なものであり，権利状態とは区別されねばならない。権利状態が証明されたときには，それと矛盾する占有権は消滅する運命にある。

占有保護の一般的機能は本質的に手段的なものである。しかし，法規が占有者に与えている保護は，より一般的な物権的保護の一部をなすものと考えられている。

3　占有と所持

(1)　**占有の構成要素（所持と占有意思）**

占有は「体素」である所持と「心素」である占有意思との二つの構成要素から成立する。したがって，占有は単純なる「所持」(*corpus possessionis*)，つまり物を自己の事実的な支配のもとに置くこと(アパートに居住したり，農地を耕作したりするごとし)とは区別される。

占有が成立するためには，「占有意思」(*animus possidendi*)，つまり物の所有者又は物権者として行動する意思が必要とされる。法文では，意思的要素には言及されていない(それ故，かかる意思は不要とする学説もある)が，破棄院も，所有権・物権の行使に即応する行動において暗黙裡に占有意思が表明されていると解している。たとえば，自動車を他人の所有物とは認めないで所持する事実であり，より具体的には，他人にその賃料を支払わないで所持することである。

占有意思は成立の要件ではあるが，継続の要件ではない。一方，占有は体素と心素で成立するが，意思のみで(solo animo)継続する。つまり，物の所持を喪失しても，その回復可能性があり，かつ，他人の事実的な処分可能性の下に入っていない限りは，占有を喪失したことにはならないという意味で，この理論の実益がある。したがって，遺失物の占有は失われないが，盗取されたときは，盗人が占有者となる。

(2) 所　　持

イタリアでは，占有は物権的権原による事実支配に限定されているので，債権的な権原名義(賃貸借契約や使用貸借契約など)で物を利用する者は，占有者ではなく，所持人(detentore)である。しかし，後述のように，所持人も一定の占有保護を享受する。

なお，利用の権原が暫定的である場合には，所持は成立しない。所持は占有の体素であり，占有の事実的な構成要素に適合した事実的支配であるので，物の暫定的な利用には所持が欠けることになるからである(ホテルでの客室の利用のごとし)。

4　所持の区別

(1) 所持の特徴・種類

イタリアでは，占有と所持の区別の重要性もさることながら，所持自体の区別も必要となる。というのは，所持であっても，占有訴権保護を享受する所持とそうでない所持があるからである。後者は，実質的には，ドイツやわが国での「占有補助関係」に近いが，なお複雑である。むしろ，オーストリア法の影響が強く，イタリアでは，「他人の名による所持」は，伝統的な学説によれば，自己の利益のためにする所持か否かにより，「資格ある所持」(detenzione qualificata)と「資格なき所持」(d.non qualificata)とに区別され，また，占有侵奪の訴権による保護を享受するかどうかにより，「独立所持」(detenzione autonoma)と「非独立所持」(d.non autonoma)とに区別さ

れる。両者の区別はそれぞれ対応しており（同義である），さらに具体的には以下のように所持は区別されている。

(2) 資格ある所持（独立所持）

賃借人のように，他人の物を自己の利益のために所持する場合には，占有訴権保護を享受できる。使用借人については，議論の余地がなくはない。ことに，「好意関係による所持」や「忍容行為」との区別が問題となるからである。しかし，判例はこれを独立所持と認めている。

また，運送人，受寄者，受任者及び請負人についても，議論があった。従来は，占有訴権保護を否定される「奉仕による所持人」とされていた。しかし，これらの所持人も，一定の債権につき目的物の上に先取特権を有するし（民2761条，2756条1項），また目的物を留置することもできるので（民2756条3項），近時の判例では，自己の利益のために所持する者と解されるようになっている。

(3) 奉仕関係 (servizio) に基づく所持

労働者が雇用者の物を所持するように，他人の利益のために所持する場合には，占有保護は否定されている（民1168条2項）。

(4) 好意関係 (ospitalita) に基づく所持

好意による所持にも占有保護が否定される（民1168条2項）。もっとも，好意が偶発的な場合には，そもそも所持自体が成立しないので，「好意による所持」の範疇の強固さには疑問をもつ見解もある。

加えて，借家人の同居の家族についても，かつては好意による所持とされていたが，今日の破棄院は，共同の所持人と認めているので，借家名義人（通常は世帯主）に対しても同居家族は占有訴権保護を享受する（Cass., 7-10-1971, n. 2753, *Foro it.*, 1971, 1, c. 79.）。別居の夫婦間でも，同様の保護を享受すると解されている（Cass., 22-1-1982, n. 511）。

5　忍容行為

(1)　性　　質

　他人の忍容(tolleranza)によって物を利用する者は，占有者とはなれない，との明文の規定がある(民1144条)。「忍容」とは，定義が法定されていないので，明確ではない面もあるが，友誼や善隣関係により，他人が一時的・暫定的に物の利用を容認する場合が代表的なものである。たとえば，友人に対し読書に必要な時間まで自己の蔵書から本を利用することを容認したり，隣人が自己の土地を暫定的に通行するのを容認したりする場合が，これに該当する。

　忍容は，好意関係に起因することが多いが，これと同義ではない。元来は，本人がその意に反して他人から積極的な侵害を被っているという精神的容態をいう(侵害行為を「耐える」という趣旨)。したがって，利用の一時性は必ずしも本質的な要件ではないので，期限に限定のない用法による使用も忍容と矛盾するわけではないが，ただ，所有者が異議を申し出ることなくして長期間にわたり使用を継続する場合には，これを単なる忍容と資格付けるためには，特別の証拠が必要とされる。

　その特質としては，忍容者の権利に対してわずかな影響をあたえるような控え目な利用行為であること，及び忍容者の禁止によって廃止される運命にある容仮的な(precario)利用であることが，挙げられている。

　なお，忍容行為が所持も排斥するかについては議論がある。所持は認められると解するならば，占有回収の訴権保護を与えられるからである(民1168条2項)。好意・奉仕による所持にはこの保護が明文で否定されているので，同様に解する見解のほか，少なくとも第三者に対しては占有保護があるとする見解などがある。

(2)　証明責任

　他人の忍容は，利用者側における占有意思を排除するので，占有の成立を妨げる。つまり，利用者側の心理状態としては，他人による忍容である

ことに対する認識とそれ以上の利用を禁止するという他人の内心を知っていることによって特徴づけられる。それ故，利用者の占有を争う者は，忍容による利用が問題となっていると主張するだけでは十分ではなく，自己の忍容を利用者が知っていることを証明する必要がある。また，利用者の占有を排斥するためには，当初の好意を証明するだけでは不十分であり，継続して忍容の存在を証明しなければならない。

6　他人の名による占有

　物権的権原による所持人も占有者であるので，所有者との占有関係がどのようになるかという問題が残される。代理占有（イタリアでも「代理人による占有」という用語が使用されることもある）ないし直接・間接占有の問題である。制限物権を設定する所有者は虚有権者となるが，なお「完全な占有」を保持し，制限物権者は同一物に対してより制限された物権に対応する占有を有することとなる。

　債権的権原による所持人との関係では，所有者は現実の所持を失うので所持人ではないが，依然として占有者にとどまる。たとえば，賃貸借では，所有者は事実上賃借人から賃料を収取することによって自己の権利を行使するし，雇用関係では，雇用者は労働者に対して指揮命令を下すことによって権利を行使できるので，その占有は失わない。

　したがって，所有者は，自己の物として所持することによって直接占有する場合のほか，所持人又は制限的な占有者を介して，間接的に占有することもできる（いわゆる間接占有）。このように同一物上に占有ないし所持が階層的に成立しうることはイタリアでも認められており，ドイツ法の直接・間接占有関係を多分に意識している事情は，わが国と同様である。ただし，占有と所持を厳格に区別しているので，所持人たる賃借人が転貸して目的物を転借人に引き渡した場合には，所持は賃借人にも残るのかという問題がある。つまり，いわゆる「間接所持関係」が形成されるのかどうかについては，意見が分かれている（破棄院判決には，転借家人のみが所持

人であるとして,これを否定したものがある)。

7 占有の種類

占有はさまざまな観点から区別できるが(強暴・平穏,隠秘・公然,過失・無過失),とくに重要な区別は善意占有と悪意占有の区別であり,その旨の明文の規定が用意されている。

(1) 善意占有と悪意占有

善意占有とは,他人の権利を侵害していることを知らないで占有していること,つまり占有者が物の他人性を知らないことを意味し,悪意占有とは,他人の物であることを知りながら占有していることである。旧法では,善意占有の要件として,権利の移転に適合した権原名義が必要とされたが,現行法では,これは要件ではない。なお,占有取得の時に善意で占有したものと推定される(民1147条)。

(2) 善意・悪意占有の効果

両者の区別の実益は,占有保護の効力においてあらわれる。まず,善意占有者は,所有者がその返還を裁判上請求する時まで占有物の果実を収取できる。ただし,その請求後の果実は,収取すべきであった果実についても責任を負担する(民1148条)。善意占有者は,一定の要件が必要であるが,動産の所有権を取得できるし,短期時効取得によって不動産も取得できる。また,占有回収訴権は善意の特定承継人・占有者には提起できない。

しかし,悪意占有者も善意占有者と同様の占有保護を享受することが少なくない。占有訴権保護,長期時効取得はいうまでもないが,特別の修繕につき費用償還請求権を有するほか,改良の結果が現存するかぎりは,その費用の償還も請求できる(民1150条1・2項)。また,果実を返還するときには,通常の修繕費も償還請求できる(同条4項)。

ただし,改良費は,悪意占有であれば,費用の額と増加した価額とのいずれか少ない額に限定される(同条3項)。

なお，善意占有者は，修繕・改良の結果が現存する場合には，償還請求権につき当該占有物を留置できる(民1152条)。留置権には優先効のあるものもあれば(いわゆる特権的留置権〈ritenzione privilegiata〉)，単純なる留置権(riten.semplice)もある(7章1節1を参照)。不動産の善意占有者は，償金の支払がなされるまでの間，留置できるにとどまる。これに対して，動産の占有者による保存・改良に関する費用については先取特権も認められ，これは第三者に対しても優先する(民2756条3項)。

III 占有の承継と転換

1 占有の相続と結合

イタリア民法典も，ドイツ法やフランス法と同様に，占有が相続される旨の規定を用意している(民1146条1項)。相続人は，相続の開始によって(相続の承認がなされると，その効果が開始時まで遡及する)，被相続人の占有を当然に継続するし，占有の資格(善意，悪意等)も，被相続人のもとでの性格を維持する。相続人は現実に物を占有している必要はない。たとえば，相続が開始すれば，占有回収の訴権の主体となりうるし，相続人は死者の時効取得の状態をそのまま継続できる。

なお，共同相続の場合には，第三者の所有物の時効取得につき共有者全員が占有の相続の効果を享受する。つまり，共有は共有の内部関係の範囲内にその効果が制限されるので，相続開始後，相続人の1人が分割前の相続財産を単独で具体的に占有しているときでも，共同相続人全員のために占有の相続が生じ，それ故，時効取得が完成することとなる(Cass., 6-1-1982, n. 22)。

これに対して，特定名義による承継では占有の自動的な継続は成立しない。単に前主の占有との結合(accessione)が可能であるに過ぎない(民1146条2項)。譲受人は前主の善意占有を承継することもできれば，悪意占有

を結合しないこともできる。

　占有の結合には，物の引渡しが必要である。それ故，結合が成立するためには，売買・贈与，遺贈等の抽象的に適合した権原名義(瑕疵は問わない)が必要となる。これは確定した判例の立場である。売買の予約は，たとい諾約者が物の引渡しを受けても，本契約がなされない限りは，ここにいう権原名義とはならない。予約権者は所持人にとどまる。また，所有権留保売買でも同様のことが妥当する。

　なお，本条は「所持」の承継・結合には適用されない。

2　占有の転換

(1)　占有の推定と証明責任

　占有と所持との実際上の区別は困難であるので，イタリア法は推定規定を用意している。所持があれば，それが単なる所持として開始されたものでないかぎりは，占有と推定されるので(民1141条1項)，この推定を争う者が，賃貸借等の権原名義を証明する義務を負担する。ただし，破毀院によれば，間接占有ではこの推定規定を援用できない。物との物理的な接触関係において，この推定を見ようとするからである。

　所持自体の証明はいかなる方法によることも可能である。判例は，財物の取得の権原名義(売買等)によっても課税台帳の記載によっても占有を推定できるとする。

(2)　所持から占有への転換

　所持人であっても，占有者への転換(mutamento)が可能であるが，一定の要件が必要である。単なる心理的容態の変更や占有意思が彼に生じたということだけでは不十分である。つぎの二態様が法定されている(民1141条2項)。

　a)　事実的支配を根拠づける権原名義が，第三者に由来する原因によって変更された場合。たとえば，賃貸借契約を権原として物を所持していた

ところ，第三者がその物の所有権を主張して，賃借人にその物を売却し，又は遺贈したときが，これに該当する。この場合，第三者が所有者ではなくて所有権が移転しなくとも，所持は売買又は相続開始の時に占有に変更する。つまり，新たな権原により占有することとなる。

b) 占有者に対して，公然と物の所有者であると称してその者に確認させるようなかたちで，異議を申し立てる場合。異議は，自己の所有物として物を保持しようとする明示の意思表示であれ，具体的な行為(黙示の異議)であれ，これを問わないが，黙示の場合には，たとえば賃借人が所有者に賃料の支払いをやめるようなものでは足りない。他人の名による利用をやめる意思があることを前主に外部から認識させることによって自らのために権利を主張することが必要である(Cass., 8-9-1986, n. 5466)。

以上の場合とは異なり，所持する物を横領した所持人は，ここにいう新権原による占有者にはなれない。たとえば，寄託契約で所持している所持人については，元の権原名義(寄託契約)がその占有取得，占有保護を妨げる。他方で，寄託者たる所有者ももはや他人による占有者とは言えないであろう。したがって，かかる場合には，所有者も占有を失うので，いずれも占有者ではないが，別の所持によって他人の物を自己の物とした盗人が占有者となり，すでに所持をしている物を不法に領得した者がそのまま占有者になるというのではない，と解釈されることとなる。

Ⅳ 占有の取得と喪失

占有は原始的に取得することもあれば，前主との関係に基づいて承継的に取得することもある。他方で，占有も消滅する場合がある。イタリア民法には，取得の方法や消滅原因についての一般的な規定はないが，次のように考えられている。

1　占有の取得

(1)　原始取得
　(ア)　占有の転換（本章1節III参照）
　(イ)　侵　　奪（本章2節II2参照）
　(ウ)　先　　占

　先占は通常，所有権（動産）の取得方法でもあるが（民923条），占有取得がいまだ所有権取得にいたらないこともある。時効取得完成前の状態であるが，占有保護を享受する場合には，先占が成立することもある。国有財産や公有財産については，占有者は占有回収の訴権のほか，行政の許可の対象となりうる場合には，それに加えて占有妨害の訴権保護を享受することもある（民1145条2，3項）。

　なお，破毀院判決には，未開墾の土地ではあるが，その先占を認めたものがある（Cass., 26-11-1986, n. 6978）。すなわち，いかなる用途にも使用されておらず，長く荒れ果てた状態で，遊牧民や放牧者の不法な行為にまかせたまま放置されていることなどの事情から，かかる未開墾の土地に対する占拠は占有侵奪にはならない，とした。

(2)　承継取得
　(ア)　引 渡 し

　占有を移転する意思によってなされる物の事実的な引渡し（現実の引渡し〈*traditio reale*〉）であり，当事者間の意思的行為である。この方法は動産には妥当するが，不動産では，常に象徴的な引渡し（*traditio ficta*）による。たとえば，アパートの鍵の引渡しとか，不動産の関連証明書の引渡しによる。

　(イ)　短手による引渡し

　この方法（*traditio brevi manu*）は，占有を取得する予定の者が，物を既に所持している場合に行われる。借家人がマンションを購入するか，または所有権留保売買の買主が所有権を取得するような場合が，これに当たる。

この場合には,「他人による占有」が消滅する。

　(ウ)　占 有 改 定

　この方法(*constitutum possessorium*)は,たとえば,所有者が物を売却したが,同時にそれを賃借するような場合に行われる。従前の占有者が所持人となり,買主は,物の引渡しがなくとも新たに占有者となるので,「他人による占有」が成立する。

　(エ)　長手による引渡し

　この方法(*traditio longa manu*)は,第三者によって占有している本人からそのままの状態で占有の引渡しを受ける場合に行われる。この場合にも,占有の事実的移転がなく,占有者が第三者にその旨の指示をすれば,受領者の支配に物が移転する。「他人による占有」の主体が変わるだけである。

2　占 有 の 消 滅

　占有の喪失は,つぎの三つの場合に生ずる(占有取得の半面としての喪失は除外)。

(a) 物を遺失し(体素の消滅),かつ,その物の回復可能性が消失した場合には,意思のみで占有を維持できない。

(b) 物が放棄・毀滅された場合には,体素のほかに,占有意思もなくなる。

(c) 所持人が他人の物を横領し,それが占有転換の要件を充足しない場合には,本人の間接占有は消滅する。

第2節　時効取得と占有訴権

I　時効取得

1　制度の趣旨

　物の占有という事実的な状態が一定の期間継続すれば，これを権利に高める制度が時効取得(usucapione)であるが，かかる物の帰属が不確定のまま何時までも存続するとすれば，社会秩序が維持できないので，物の帰属を確定し，もって一般利益を保護することが，時効取得制度の趣旨である。

　時効取得に適合する占有は，善意占有のほか，悪意占有でもよい。盗人の場合でも，その物の占有が隠秘でなくなった時から時効が進行するので，時効が完成すれば，物の所有権を取得できる。

2　短期時効取得

　占有の期間が10年間で時効取得が完成するものを10年の時効取得(usucapione decennale)ないし短期時効取得(u. abbreviata)と称するが，いくつかの要件が必要である(民1159条)。

(1)　善　　意

　ここでの善意(buona fede)は単に他人の権利の侵害を知らないことだけでは不十分であり，占有を正当化する権利の存在を確信することが必要である。善意が必要な時期は，占有取得が権原名義の成立より遅れる場合には，占有の取得の時と解されている(Cass., 8-11-1968, n. 3703)。無過失は要件ではないが，重過失は故意と同視される。

　なお，善意は法律で推定されるので，所有者側にその不存在の証明責任

がある。

(2) 権原名義

所有権の時効取得が成立するためには，所有権の取得を目的とする抽象的な権原(法律行為)(titolo)が必須とされる。たとえば，売買や贈与によって物の占有を取得したが，その契約が何らかの原因で失効して，物の占有をそのまま10年間継続していたという場合が典型的なケースである。

したがって，自称代理人や制限能力者からの取得は当然に除かれるし，所有者の代理人としての資格ある者でも，当該処分につき代理権を具備していない場合には，かかる者からの取得は非所有者からの取得にはならない。

(3) 登 記

権原名義につき，時効取得者が取得の登記(trascrizione)を経由する必要がある。この登記も，法律行為が無効となれば，有効なる登記ではないが，時効が成立するためには，とにかく登記が必要とされている。何故に必要とされたのかは，立法当時から必ずしも明らかではないが，取引行為が要件であるので，取引が登記を経由することによって完成するという趣旨が含まれているものと思われる。

なお，短期時効取得の要件は基本的にはフランス法に従っているが，登記の必要性はイタリア独自のものである。

3 長期時効取得

長期時効取得では，時効期間は20年であるが，短期時効取得の要件は必要ではなく，継続的な占有のみで足りる(民1158条)。

4　二重譲渡と時効取得

二重譲渡の対抗力問題では劣後する譲受人が，継続占有等の時効取得の要件を充足する場合，対抗力を具備して完全なる所有者となった者(ないしその承継人)に対して，時効による所有権取得を主張できるか，という難問がある。わが国では，長期時効，短期時効を問わず，判例は時効完成の前後を区別する立場から解決する姿勢を一貫しており，学説がこれを中心として激論を繰り返してきた経緯は，周知の事実である。

イタリアでは，長期時効取得については，占有のみが要件であるので，二重の譲受人も時効取得を主張できるとすることでは，一致している。この限りでは，時効取得の効果は絶対的に生ずるという伝統的なフランス法の立場に従っているものと思われる。しかし，短期時効については，権原名義が必要であるほか，登記も必須の要件になっているので，学説では，意見が分かれている。ある説では，時効取得は非所有者からの取得が要件となっているので，第一譲受人が遅れて登記をして劣後した場合には，その取得行為の時には譲渡人は無権利者ではないことを理由に，この種の場合には，短期時効の要件を充足しないと構成して，結局のところ，第二譲受人が遅れて登記をした場合にしか認められない，とする。さらに，二重譲渡の場合には，登記の対抗力の問題しか生じないとして，短期時効取得を一般的に否定する見解もある。

判例は，二重譲渡ケースの場合でも，短期時効の要件さえ充足すれば，時効による取得を肯定する。ただし，遅れて登記をした第二譲受人が登記との関連で第一譲受人の存在につき重過失があれば，適用されない，と解している(Cass., 18-8-1956, n. 3123, *Foro it.*, 1957, 1, 1810)。

5　時効取得特例法

特別法所定の要件を満たす一定の高さ以上にある山岳地の小農地(付属建物が必要)については，長期時効の期間は15年，短期時効では5年に短

縮されている(民1159条の2)。所有者の怠慢を非難し,直接耕作者の所有権取得を容易にして,農業労働の発展と保護に資するためである。

6 動産の時効取得

動産の時効取得についても明文の規定がある。「集合動産」も不動産とほぼ同様に20年と10年の時効取得が可能であり(民1160条),通常の動産では,10年の時効には権原名義は不要で善意のみが要件とされている(民1161条)。また,登記に服する動産については,短期時効取得の期間は3年,長期時効取得では10年とされている(民1162条)。

II 占 有 訴 権

1 占有訴権の意義

(1) 占有訴訟の実際的な機能

占有訴訟(azioni possessorie)は,前述した所有権や他物権の保護を目的とする本権訴訟(azioni petitorie)とは質的に異なり,あくまでも事実的支配の現状を保全するものであることは,イタリアでも同様である。所有権と占有を完全に切離して,占有に独自の法的保護を与えるという考え方は,ローマ法に遡るが,中世社会の混乱期に占有それ自体をきわめて簡易・迅速な手続きで保護するという制度が生成し,かかる伝統を承継しているのが,ほかでもないイタリア法である。占有訴訟は,比較法的には(ことにドイツでは)その衰退傾向が著しいが,イタリアでは,占有訴訟の手続構造に特異性があるので,現在でも活発に利用されている所以でもある。

むろん,イタリアでも,物支配の秩序は究極的には所有秩序によって規定されることは,いうまでもない。問題は,そこに至るまでの物支配秩序の保護をどのように考えるかという基本的な姿勢の相違によるものであろ

う。歴史的な経緯に左右される面も強いように思われる。

　なお，占有訴訟としては，基本的には占有回収の訴え(azione di reintegrazione)と占有妨害の訴え(a.di manutenzione)の二種類のみであり，ほかに妨害予防に対する保護訴権としては，占有訴訟とは別の訴権である新工事妨害予防又は危険予防の訴権(民法第3編第9章)が用意されている(本章3節参照)。

(2) 占有訴権保護の根拠

　何故に占有に訴権保護が与えられるのか，ドイツ普通法学が激論を繰り返したが，容易には解決しえない難題であり，イタリアでも，社会的秩序・平穏の維持という，より高次の社会的な利益を保護することを眼目とする見解などについて，言及されるのを常とする。

2　占有回収の訴え

(1) 目　的

　この訴権は，占有者及び所持人が物の占有ないし所持を奪われたときに，その物の再取得を可能にするために認められるものであるから，原状回復的機能をもつ（民1168条）。

(2) 主　体

　この訴訟の主体は占有者であり，占有者が所有権をもつか否かは問題とはならない。侵害された物が私物ではなく公物でも保護される(民1145条)。たとえば，海水浴施設を事実上開設した者が海岸の一部を占有している場合でも，私人間の関係では，占有保護を享受する。また，先述したように，好意・奉仕関係によるのではない所持人もこの訴権の主体となりうる。

　行政庁による占有侵害に対しては，それが固有の権限に拠る行為(atti jure imperii〈権力行為〉)の範囲内でなされた限りは，提起できない。ただし，行政主体の財産権の行使としてなされた行為(atti jure gestionis〈管理

行為〉)のときには，提起できると解されている。また，(司法)公務員(いわゆる執行官)を介してなされる占有侵害については，通説は，債務名義の無効を知りながら占有を奪うことに占有侵奪の意思があるとして，これを認めるが，判例は，公務員の行為がそれ自体として違法であるということだけでは消極的であり，私人が詐欺的に公務員を利用した場合にのみ認めている。

(3) 要 件

(ア) 占有の侵奪

物の全部ないし一部の占有が奪われること，つまり体素の喪失が必要であるので，侵害者には，他人の意思に反してその占有・所持に取って代わろうとする意思，つまり「占有侵奪の意思」(*animus spoliandi*)が必要となる(Cass., 26-5-1969, n. 1869)。

(イ) 強暴・隠秘

対象は動産，不動産を問わないが，強暴又は隠秘によって占有を侵奪されたこと(spoglio)が必要である。強暴・隠秘によらない占有侵害は，妨害訴訟の保護の対象となる。元来，強暴(violento)は厳格に解されており，実力または恐喝による占有侵奪に限定されている。しかし，判例はこれを非常に広く解しており，事実的な行為による占有侵奪だけではなく，占有者の意思(推定的意思も含む)に反する行為による占有侵奪も含むとしているので，強暴の要件は，事実上は「侵奪」の要件に解消されているという。隠秘とは，占有侵奪が占有者・所持人の不知の間になされることである。

(ウ) 善意の特定承継人

占有を侵奪した者から特定名義で占有を取得した者は，その侵奪の事実を知らないときには，この訴権の被告とはならない(民1169条)。

(エ) 出訴期間の制限

占有回収訴訟では，侵奪から1年以内に訴えを提起しなければならない(民1168条1項)。隠秘によるときは侵奪の発見から右の期間が起算される。1年が経過すれば，占有は侵奪の行為者のもとで確定する。あとは，所有

権の証明が前提となるが，本権訴訟で解決される。

3 占有妨害の訴え

(1) 目　　的
　占有妨害の訴訟とは，占有者の意思に反することを知りながら，現になされている占有行使の態様を変更ないし制限することによって，占有の完全なる状態に対して妨害が加えられた場合に，かかる妨害の停止を目的とする救済手段である（民1170条）。占有回収訴訟のように，必ずしも原状回復を本体とするものではなく，妨害の予防的な機能もあり，現実の侵害がなくとも，根拠ある「侵害のおそれ」が生じたときには，認められる（Cass., 15-2-1962, n. 313）。

(2) 主　　体
　占有を妨害された占有者（共同占有者）がこの訴訟の原告である。しかも，不動産及び集合動産の占有者に限定されているので，単一の動産の占有者は保護されない。所持人については肯定する学説もあるが，判例は一貫して否定している。財産管理人（遺言執行者，破産管財人等）には原告適格がある。なお，占有者は現実の所持を有しなくとも提起できる。

(3) 要　　件
　(ア)　妨　害（molestia）
　ここにいう妨害は，侵奪との区別が特に問題となる。訴権の種類を異にするからである。両者の区別は，わが国で理解されているような全面的な占有侵害（物の占有喪失）と部分的な占有侵害（占有喪失以外の占有妨害）との区別に対応するものではない。
　侵奪とは，物の支配に直接影響を与え，物ないし物の一部の事実的な処分可能性を奪うことであるが，妨害は事実的な内実に対して影響を与えるものではなく，事実支配の行使を妨げたり，より困難にすることを目的と

する行為をいう(Cass., 28-7-1986, n. 4835, *Mass. Foro. it*, 1986)。占有者の意思に反して妨害しようとする意思(*animus turbandi*)が必要であるが、この意思は単に占有の変更が占有者の意思に反することを知っておれば足りる。

予防的な妨害排除も認められるので、物理的な占有状態の変更や現実の損害の発生は必要ではない。単なる妨害の意思の表明だけでは足りないが、占有行使に対する異議の表明が、それを行為に移そうとする固い意思を表明する行為者の行動を伴うものである場合には、具体的な妨害行為に現実に入っていなくとも、妨害の要件を満たす(Cass.,18-12-1978,n.6055)。

なお、妨害行為は、事実的な行為による妨害のほかに、権利の行使に対して異議を申し立てる場合(権利の妨害)も含まれる。

(イ) その他の要件

この訴権が成立するためには、さらに幾つかの要件が充足されねばならない。まず、占有が一年間継続していることが必要である。また、強暴・隠秘による占有ではないことも要件である。これらの要件は時効取得の要件と共通している。

(4) 具体例

隣地からの immissioni に対して認めた事例がある。地役権については、表現地役、消極地役、不継続地役のほかに、さらに不表現地役にまで保護が拡大している。

建物距離保持の法定義務の違反が隣地の占有妨害を構成するとした事例は多い。採光窓の設置の法定距離違反は権利の妨害となるとした判例もある。

エネルギーの占有についても妨害が認められる。民間のテレビ会社は送電用設備を占有することによってそのエネルギーまでも占有しているとされ、他の送電者による度重なる侵害によって惹起される送電妨害の停止を認めた事例もある。

4 原状回復的占有妨害の訴え

民法典は，占有妨害の訴えの一種として，強暴・隠秘によらない占有侵奪に対する占有保護訴権を認めている（民1170条3項）。侵害の態様は侵奪（spoglio）であり，したがって原状回復を目的とするが，その保護の要件は妨害の訴えの要件が必要とされる訴権である。ただし，前述のように，強暴の要件が大幅に緩和されているので，本訴権が機能する範囲は限定されるであろう。

5 訴訟手続

(1) 保全訴訟と占有訴訟

(ア) 改正前

占有訴訟手続は，90年の民訴法改正によって，かなり大きな改革を経験した。改正前では，プレトールに対する申立・訴状の提出によって開始され，手続は二段階に区別されていた。第一段階は略式審理であり，プレトールの命令で終結する（仮の暫定処分も可能）。第二段階は，通常の訴訟審理手続に従ってなされ，判決で終了する。

(イ) 占有訴訟手続の改革

改正法では，占有訴訟手続自体の二段階構成は廃止されたが，「略式裁判」（民訴法第4編「特別訴訟」の第1章）の中で「保全訴訟」(procedimenti cautelari) に関する規定（第3節）が大幅に修正・補充され，一般原則のほか特別の規定が用意されたところ（民訴669条の2以下），占有訴訟にも保全訴訟の一般原則が補充的に適用されるようになった（民訴703条2項）。しかし，占有訴訟は，保全訴訟とは別の節（第4節）で規定されている。なお，98年改正法により，プレトールの制度が廃止され，第一審はすべて単独裁判官制に統一された。

占有訴訟も危険な状態に対して現状を保全し，本権訴訟を準備・有効にするという機能をもっているので，保全訴訟と近似している面もある。し

かし，保全訴訟の「手段的性格」は明らかであるが，占有訴訟については，伝統的にかかる手段的性格はイタリアでは希薄である。あくまでも占有自体は独自の保護に値する実体権として位置づけられている。それゆえ，占有訴訟も独自の性格を有する訴訟という位置づけが，訴訟法でも貫徹されたと考えられている。ただ，改正民訴法が，保全訴訟手続を準用したことから，占有訴訟との関係が必ずしも明確ではないので，第一段階と第二段階との関係を統一して理解するのかどうか，学説では意見が分かれている。しかし，破毀院は手続の重層構造を認める。第一段階は略式訴訟であり，命令で終結し，これに対して異議を認める（この手続は保全訴訟手続の一般原則に従う）。第二段階は，占有訴訟内部の手続であり，通常の訴訟手続として判決によってのみ終結し，その不服は控訴の方法による（Cass., Sez. un., 24-2-1998, n. 1984, in *Giur. it.*, 1998, 2255）。

なお，占有訴訟は訴状をもって，事件が生じた場所に所在する管轄権のある裁判官に提起しなければならない（民訴 703 条 1 項，21 条 2 項）。

(2) 本権訴訟との関係

(ア) 本権訴訟継続中の占有訴訟

本権訴訟継続中に生じた事実に基づく占有訴訟については，本権訴訟の裁判官に提起しなければならない（名誉裁判官のもとでの訴訟では，地裁に提起する（民訴 669 条の 4 第 3 項））。ただし，占有の回収を目的とする訴訟では，管轄権のある裁判官に提起されたときには，必要不可欠の暫定処分をした上で，事件を本権訴訟の裁判官に移送する（民訴 704 条）。

(イ) 重畳禁止の原則

旧民訴法は，フランス法にしたがって，厳格な重畳禁止の原則を採用していた。すなわち，占有訴訟の原告も被告も，占有訴訟が終了するまでは，本権訴訟を提起できない。また，本権訴訟の当事者は，占有訴訟を提起することもできないとされた。

現行法は，占有訴訟が継続中は，占有訴訟の被告についてのみ，本権訴訟を提起できないものとして，この原則の適用を緩和した。この場合には，

占有訴訟が終結し，その給付判決が執行されるまでは，提起できないことになっている(民訴705条)。

趣旨は，占有訴訟の独自性を認め本権訴訟によってその意義が希薄にならないようにするためには，占有を侵害した被告にのみ，本権の主張を禁じれば足りると考えられたからである。それ故，占有訴訟の原告は本権訴訟を重複して提起することもできるし，また，一方で敗訴しても他方を提起することは，重畳禁止の原則には触れない。その限りでは，わが民法典と共通する。

(ウ) **違 憲 判 決**

憲法裁判所1992年第25号判決 (*Giust. civ.*, 1992, I, 856) は，占有訴訟の被告に本権訴訟を禁じた右の法条が違憲であるとした。権利名義人である被告に対し，本権訴訟で回復できるであろう一時的な犠牲を強いることによって，被告に回復し難い権利侵害(pregiudizio irreparabile)をもたらすことがある，というのがその理由である。具体的には，登録に服しない動産につき，被侵奪者(原告)が盗人，故売人，不誠実な発見者，及び詐欺の容疑者であるときには，いったん占有を回復すると，それを善意の第三者に譲渡できることとなり，第三者が善意取得するならば，被告に重大な権利侵害が生ずることとなる。また，不動産については，たとえば原告の占有を侵害した被告が地上に工場の建築を終えたような場合，本権訴訟で勝訴するであろう被告に対して，その工作物の破壊を命ずるならば，被告に回復し得ない損害をもたらすこととなる。

そこで，憲法裁判所は，占有訴訟の判決の執行が被告に回復し難い損害を生じさせる場合には，占有訴訟を麻痺させるために，別訴で本権訴訟を提起できるとした。さらに，憲法裁判所は，その後の一連の判決によって，占有訴訟の被告に対し，占有訴訟が根拠のないものであることを証明する場合に限定されるが，この種の本権に基づく「抗弁」(eccezioni)を提起しうることも認めた。

(3) 本権に基づく抗弁

　占有訴訟では，いうまでもなく所有権等の本権を理由に裁判はできない。しかし，イタリアでは，保護されるべき占有の性質と範囲を確認するために(*ad colorandam possessionem*)被告によって提出された権原名義(titolo)の審理をすることができる。これを「なしたが，権利に基づいてなしたとの抗弁」(eccezione *feci sed jure feci*)という。とくに，申立人の占有状態が成立した時期，及び被告によってなされた行為が自己の適法な占有の範囲内で行使されたことに関して，かかる抗弁の提出が許される。裁判官は，占有の存在及び範囲並びに占有を成立させうる限界と時期に係る証明の要素を引き出すために相互の占有の基礎となっている権原名義を審理することができると解されている。

第3節　新工事・危害告発訴権

Ⅰ　告発訴権の特質

　この告発訴権は，工事により近隣地に損害のおそれが生じた場合，及び建物や樹木等の物に起因して重大かつ急迫の危険がある場合に，その損害ないし危険の発生を取り除くため，所有者ないし占有者に認められる簡易・迅速な救済手段である。前者を新工事告発訴権(denunzia di nuova opera)，後者を危害告発訴権(denunzia di danno temuto)と称し，民法典は占有訴訟の次の章(第9章)で2ケ条（民1171条～1172条）を用意している。

　占有訴訟と酷似しているが，占有訴訟は物の占有に対して生じた侵害状態を除却することを眼目としているのに対して，告発訴権は侵害のおそれを取り除くことを目的とする「保全的性質」を本質としている。また，占有訴訟は事実関係とそれに与えられた法的効果の保護を目的としているが，告発訴権は，占有を前提とするものの，占有を保護することではなく，物

の物理的状態それ自体が裁判による保護の内容となっている。

　それ故，本権訴訟との重畳は禁止されない。たとえば，隣人が建物間の法定距離保持義務に違反したとき，土地の所有者は，その選択により，本権訴訟，占有訴訟，あるいは告発訴権のいずれを提起するかを自由に決定できる(Cass., 29-3-1996, n. 2891)。また，占有者は，将来，占有妨害訴権を提起することを予定して，告発訴権を提起し妨害の予防的措置を講じた上で(この訴権の係属中でも，占有訴訟は提起できる)，占有妨害を証明して妨害除却の終局的な裁判によって妨害を停止させること(惹起された工事の縮小の実現)もできると解されている(Cass., 23-11-1987, n. 8627)。

II　新工事告発訴権

(1)　主　　体

　所有者と他物権者(占有は不要)のほかに，占有者も訴権の主体となりうるが，担保物権者や所持人は提起できない。地役権者も含まれる。物権者ないし占有者の債権者は代位により原告適格を持つ。各財産管理人も提起できる。

　被告は，何らかの権原名義により工事を行った者である。工事がなされた土地の所有者は，工事の実行者と推定される。

　なお，行政庁の公権力の範囲内での行為については，行政庁に対しても，事業許可を受けた私人に対しても，本訴権を提起できないが(行政訴訟の対象となりうる)，危険な状態が，公共事業自体ではなく，他人の権利侵害を回避するため注意義務と技術基準を課している規則に違反してなされた権限行使の態様に起因する場合には，これを提起できるとするのが破毀院の立場である。かかる場合には，通常訴訟の裁判官は，行政庁の当該事実的行為のみを斟酌すれば足り，それが公権力の範囲内の行為かどうかは考慮してはならない(Cass. sez. un. 15-7-1986, n. 4566, Cass. sez. un. 19-5-1995, n. 5474)。たとえば，公道の管理義務に違反して生じた危険を予防する場

合が，これに当たる。

(2) 要　件

　本訴権の提起可能性は，工事に起因する「根拠のある損害のおそれ」(ragionevole pericolo)の存否に左右される(民1171条1項)。その評価は平均人を基準とし，厳格な専門的・技術的基準によるものではない。

　この損害は，現実に侵害が生じていなくとも，「将来の損害」の原因になると考えられるような工事によるものでも可能である。また，建築自体による損害ではなくとも，その間接的な効果に起因するものでもよい(immissioniのごとし)。

　損害は，事実的な損害だけではなく，法的な権限の行使に対する侵害行為でもよいとされる。たとえば，建築法規違反による損害では，違反行為が民法典の相隣関係に関する規定(民873条～899条)を補完する性格の規範に関するときには，提起できる。ただし，一般的な利益に係る規定に違反するときは，具体的な権利侵害が生じないので，除かれる。

　なお，工事が完成するか，または工事の着手から1年が経過すると，本訴権は提起できない。

(3) 救済措置

　裁判所は，簡略な事実審理のもとで，工事の禁止を命ずることもあれば，工事の続行を容認することもあるが，いずれの場合でも，それぞれ各当事者に適当な担保の提供を命ずることができる (同条2項)。本案の裁判で相手方の異議が認められたときに，工事禁止による損害を担保し，逆に，告発権者が有利な判決を得たときは，工事続行により被った損害を担保するためである。

III 危害告発訴権

(1) 意　義

　建物や樹木，その他の物に起因して，自己の権利・占有の客体である物につき「重大かつ急迫の危険」(danno grave e prossimo)が迫っている場合には，権利者ないし占有者がその危険を回避する措置を裁判所に求めることができる(民1172条1項)。

　この訴権は危険の除去を目的としているので，新工事告発訴権よりも広範な権限が裁判官に与えられている。両者の差異は，侵害の態様と救済手段にある。新工事告発訴権では，物に対してなされた何らかの侵害行為(facere)が問題となり，その救済手段も侵害行為の禁止と担保の提供であるが，危害告発訴権では，危険を生ぜしめうる物(建物等)の状態を取り除く義務の違反(non facere)が問題となっており，したがって，その救済手段は，かかる物の完全なる処分権能を有する者に対して，危険の原因を除去するために必要な範囲のことを実現するよう命令することである。たとえば，工事により重大かつ切迫した危険が生じた場合には，危害告発訴権では，行為自体を問題とするのではなく，完成した工事の結果によって規定された危険な状態が問題となるわけである(Cass., 9-3-1989, n. 1237)。

　他方，占有妨害の訴権との相違は，ここでの危険が重大にして急迫の損害が切迫していることにおいて具体化しているのに対して，占有妨害訴権では，何らかの事実・権利の妨害の存続が本体となり，危険自体は，占有に対して既に実現された権利侵害的な変更の結果の将来への単なる反映・投影にすぎない，という点にある。

(2) 主　体

　主体一般については，新工事告発訴権の場合と基本的には同様に考えてよい。建物の共有（区分所有建物）で，共有物の保守・管理自体の工事により生じた危険に対して，共有者は自己の区分所有権を保護するために，本

訴権を提起できるとした事例がある(Cass., 17-7-1967, n. 1808)。なお，通常の共有における必要な修繕等の管理義務の範囲内では，共有者間での本訴権の行使は認められていない。

(3) 要　件

「物による物に対して」生じうる将来の損害に関する危険の存在が要件であり，「人による人に対する危険」は要件とはならない。かかる危険の重大性と急迫性も必要である。重大性とは，物を著しく破壊ないし変更したり，あるいは著しく危険にさらすことである。急迫とは，事件が直ぐに実現される可能性があることをいうが，必ずしも緊迫である必要はない。

(4) 救済措置

危険のある物の所有者・占有者に対して，危険を予防するために必要な工事を整備ないし実施することが命じられるほかに，必要な場合には，将来の損害につき当事者に担保の提供も命じられる(同条2項)。

IV　訴訟手続

(1) 保全手続と本案訴訟

告発訴権の訴訟手続は，民事訴訟法典では，保全訴訟の一環として規定されている(民訴688条以下)。たとえば，これを独自に提起することも，本案訴訟の継続中に提起することもできる。前者では，請求は訴状(ricorso)により，事件の生じた場所に所在する管轄権のある裁判官に申し立てる。後者の場合には，本案訴訟の裁判官に管轄権があり，申立行為にも限定はない。

告発訴権自体は保全手続であるが，審理手続は保全手続(provvedimento cautelare)と本案手続(giudizio di merito)の二段階に分かれる。保全手続は簡易・迅速な裁判によって将来の裁判を保全することを目的とする。これ

に対して，本案訴訟では，保護の基礎となる要件の存否を審理して，危険の現実的存在と行為の違法性につき究極的な判断を下すこととなる。本案訴訟の性格は，当事者間の関係に応じて占有的性格（占有訴訟）か，又は本権的性格（本権訴訟）となるが，保全訴訟とは相互に独立した性格と機能をもつので，その要件は保全訴訟のために必要な要件とは区別される。たとえば，告発訴権が「所持人」によって自己の権利が侵害されたことを根拠にして提起されると，原告適格を欠くことになり，保全手続の要件も否定される（現状保全の処分はできない）が，本案訴訟への移行は可能と解されている。

告発訴訟では，保全手続から本案訴訟への移行は，保全的要件の容認・否認にかかわらず，また形式の必要な新たな申立行為がなされなくとも可能であり，本案手続は（その要件が充足していることを前提とするが）既に展開している保全手続の当然の続行として形成される。

(2) 停止命令

告発訴権の裁判は保全的性格の停止命令である。それゆえ，裁判官は，この段階では，既になされた工事の破壊を命ずることはできない。ただし，停止命令後になされた工事部分の除却は可能である。

第 7 章

担保物権

第1節　担保物権の性質

I　担保物権の意義と機能

1　民法典の立場

　イタリア民法典では，第6編「権利の保護」の第3章「責任財産，優先権の原因及び担保財産の保全」(Della responsabilità patorimoniale, delle cause di prelazione, e della conservazione della garanzia patorimoniale.)（民2740条以下）というタイトルのなかで，先取特権，質権及び抵当権がこの順番で規定されている。

　抵当権は質権とともに担保物権と解されている。先取特権は，法律により特定の債権に優先効を与え，物に対する権利でもあるので，担保物権と同様の機能を果たすが，その性質につき議論があり，少なくとも担保物権とは解されていない。「留置権」はそもそも物的責任の制度中には存在しない。

　いずれにせよ，用益物権とはその位置づけを全く異にする。債権があってこその権利であるので（担保物権の「附従性」），「権利の保護」という位置づけがなされているように思われる。抵当権の直後に「債権者代位訴権と詐害行為取消訴権」がおかれ，つぎの第4章「裁判上の権利保護」で強制執行（差押・強制売却等）が用意されているのも，そのような趣旨と解される。

　ところで，債権契約ではあるものの物権的な担保機能を果しうる制度が民法典において用意されていることは，すでに登記との関連で言及した（2章2節Ⅲの1(8)）。本章では，かかる「不動産収益担保」についても解説を加えることとした。

* **「留置権」について**

　留置権(diritto di ritenzione)とは，物に関して生じた債権を保全するため，債務者の物を所持する債権者が債権の満足を受けるまで，その物の返還を拒絶するという私的な自助救済手段である。この留置権には，他の債権者に対する優先効が与えられる特別の留置権もある。いわゆる「特権的留置権」(ritenzione privilegiata)と称される。たとえば，動産の保存・管理に関する貸金ないし費用(民2756条3項)や運送人・受任者・受託者・係争物保管者の債権(民2761条)については，当該動産に対してこの種の留置権が成立する。民法典では，いずれも先取特権として規定されているものである。この留置権は第三者にも対抗できるので，目的物が第三者に譲渡され，その譲受人が物の返還を請求したときでも，債権者は留置できる。債務者が破産して破産管財人が請求しても留置できることになっている(破産53条3項)。

　これに対して，かかる先取権のない留置権もある。いわゆる「単純なる留置権」(ritenzione semplice)であり，たとえば，民法典では，1152条(善意占有者の修繕・改良費償還請求権)，1502条(買戻権者の必要費・有益費償還請求権)，1006条・1011条(用益権者の修繕費等の償還請求権)，975条(永借人の改良費償還請求権)のほかに，748条(持戻し不動産に関する改良費等の償還請求)などの条文にも明記されている。単純なる留置権は第三者に対抗できない。また，この種の留置権による自助手段はあくまでも例外であるので，明文のない場合には，たとい債権者が債務者の物を所持していても，その一般化はできないとするのが，判例・多数説である。

　なお，留置権は物の所持という事実状態に基づく権利であるので，債権者が所持を喪失すれば，留置権も消滅する。

2　担保物権の機能

　「債務と責任」，「債権と担保」は，それぞれ区別しなければならないし，また，両者は相関関係にある(債権・債務，責任・担保)。債務は特定の給付を目的とし，責任は，債務者の全財産を対象としている。債権は特定の給付に対する権利であり，担保は債務者の全財産からなる。前述の民法典の章立てのタイトルは，かかる事情によるものである。

債務者は全財産によりその債務を履行しなければならない(民2740条)。逆にいえば，債権者は債務者の全財産から満足を受けることができる(民2741条1項)。いうまでもなく，同一の債務者に対して債権者が複数いれば，債権者は平等の割合をもって権利を行使することとなる。

しかし，この平等原則には例外があり，優先権の適法な原因(causa legittima prelazione)になるものとして，特段の定めがある場合は別にして，抵当権，質権及び先取特権が明記されている(同条2項)。

II 抵当権と質権の特質

1 追及権と優先弁済権

債権者に特定の財物から確実に満足をえられる権限を付与する特別の担保権が，抵当権と質権である。両者は特定の債権の担保のために特定の財物を拘束する機能をもっている。財物は債務者だけではなく，第三者(物上保証人)の所有に属する物でもよい。質権の対象となりうるものは，動産，動産の集合物，債権(民2784条)及びその他の権利であるが(民2806条)，抵当権は不動産ないし不動産物権(用益権，地上権及び永借権)か，または登記に服する動産に限定されている(民2810条)。

抵当権と質権は伝統的に他人の物の上の担保物権とされている。債務者は担保目的物を自由に売却できるが，一方，担保物権者は担保目的物に対してつぎの二つの権利を有する。まず，債権者は，目的物が何人の手中に移転しても，これに対して強制執行手続をとることができる(いわゆる「追及権」〈diritto di seguito〉をもつ)。このようにすべての第三者(物の所有者)に対して対抗できるということから，質権と抵当権は物権という観念で把握されているわけである。

さらに，抵当権者と質権者は，同一の債務者に対する他の一般債権者に優先して，担保目的物の強制売却によって得られた売得金から満足をうけ

ることのできる権利を有している。強制売却によって被担保債権に充るまで目的物を売得金に換価することが可能となり，その全額が優先的に担保債権者に帰属する。売得金に余剰があれば，他の債権者に分配され，なお残余があれば，債務者ないし物上保証人に残される。

2　担保権と占有

物に対する質権は，占有・占有訴権保護に適し，善意取得も可能である。権利質は占有には適しない。また，抵当権も占有には適しない。

質権と抵当権は時効によっては取得できない。時効取得の可能な権利は，所有権と用益物権(diritto reale di godimento)だけである。抵当権と質権は，用益物権と対置され，物の利用を権利名義人に与えるのではなく，債権の担保を供与するものと解されているからである。

＊　「抵当権の法的性質」について

イタリアでも，抵当権の物権性につき，異論がないわけではない。抵当権が物権であるとする学説は，今日の通説であり，古くはユスティニアヌス帝法時代にまで遡るが，旧民法典では，その旨の明文の規定(旧民1964条)を置いていた。現行法には明文の規定はないが，抵当権者が強制売却によって債権の満足を得るために目的物を第三取得者のもとにまで追及することができるところに，物権性があると解されている。また，債権者が債務者の協力なくして何人に対しても追及できるという点に，物支配の直接性もある，とする。

しかし，かかる実体法的な追及権(diritto di seguito)ないしは優先効(prelazione)に根拠を置くことに疑問を呈する学説もある。ある高名な学説によれば，抵当権は実体権ではなく単なる訴訟上の制度にすぎない。抵当権は，質も同様に，通常の訴権よりも特別に強化された特殊の執行訴権を権利名義人に帰属させるものである，とする。別の見解も，実体権であることは否定しないが，その物権性を否定する。この見解は，抵当権者が財物から満足を得るためには国家の定めた強制徴収手続を利用せざるを得ず，当事者間の合意で直接その利益を実現できないことを理由とする。

一方，第三の見解もある。抵当権は，その効力からみれば，あるものは債権であり，あるものは物権であるので，抵当権は物権と債権の中間形態であるという。さらに，権利の機能面からみて，「価値への権利」(diritto al valore)とみる見解もある，という。

Ⅲ　担保目的物の滅失・毀損

1　増担保等

目的物が毀損・滅失して債権の担保に不足をきたした場合には，増担保か，もしくは債権の履行を直ちに請求できる(民2743条)。債務者が担保を減少させた場合に期限の利益を喪失する旨の規定(民1186条)との関連は，次のようになる。債務者の帰責事由によるときには，債権者は直ちに期限の利益を喪失させることができる。債務者の帰責事由によることを証明できないときには，他の担保を請求できる。

なお，抵当権については，この種の「事実上の侵害行為」(第三者によるものを含む)に対して，その停止命令や保全処分が認められている(民2813条)。

2　保険金債権等への代位

先取特権，質権及び抵当権の目的物に保険が付されていた場合には，それが滅失・毀損したとき，抵当権等は上記の順位で所有者の保険金請求権に対して代位する(保険金が物の修復に使用されたときは除く)。ただし，滅失・毀損の時(登記がなされる抵当権の場合は抵当権者がその事実の通知を受領した時)から30日以内に，債権者は保険者(第三債務者)に対して所有者への保険金の支払につき「異議」(opposizione)を申し立てる必要がある。強制地役，強制共有権が担保目的物に設定されたとき及びその物が特別法により公用徴収されたときも，同様にその補償金の上に代位する(民2742条)。

ところで，損害賠償金への代位については，明文の規定は存在しない。ただし，船舶につき，そのような趣旨の規定が特別法にあるようであるが，この問題のほか，「抵当保険契約」と物上代位との関連については将来の課題としたい。

なお，この伝統的な制度は日本民法の「物上代位」(旧民304条)に影響を与えている。

Ⅳ　流抵当・流質特約の禁止

担保目的物の価値は通常，被担保債権額よりも大きい。しかし，債権者は債務者や他の債権者の損失のもとに当該目的物から被担保債権よりもより以上の利益を取得することはできない，とされている。つまり不履行のときに，当該目的物の所有権を取得しうる旨の特約，「流担保特約」(patto commissorio)は無効とされる(民2744条)。担保目的に代えて売買という形式をとっても，この強行法を回避することはできない(民1344条により，「不法な原因」による契約となる)。この問題は，非典型担保論との関連で，後述する。

Ⅴ　担保物権の不可分性

抵当権も質権も，分割できないという性質(indivisibilità)をもっている(民2799条，2809条)。被担保債権が一部弁済されても，債権の満足を得るまでは全部の目的物に対して担保権は存続し，たとい目的物が可分でも，その一部分の担保権が消滅するわけではないし，また目的物の価値が増大したときも同様である。ただし，債権者の行為によって，この性質を修正できるとするのが定説である。

第2節　抵　当　権

　いわゆる「近代的抵当権論」はしばらく措くとしても，近代法の抵当権(ipoteca)は，その公示手段である登記制度と不即不離の関係にある。周知のごとく，フランスでは，抵当権の登記は，抵当権自体の沿革と独特の性質から，一般の登記とは別個に取り扱われてきた。その強い影響下にあるイタリアでも同様である。ただし，イタリアの新民法典では(第6編第3章「責任財産」第4節「抵当権」2808条以下，第5款「抵当権の登記と更新」2827条以下)，フランス法とは異なった面もみられることは，後述の通りである。本節では，イタリア抵当制度の特質を明らかにするとともに，必要な範囲で抵当権の登記制度にも言及することとした。

　ところで，イタリアでも金融市場の動向に対応するため，ことに企業の金融手段につき幾つかの改革がなされてきたが，ごく最近では，現在及び将来の集合債権の譲渡性を迅速・安全に確保するため，これを証券化するという手法(cartolarizzazione)が導入された(1999年法律第130号)。抵当権の特質や現実的機能も，このような新たなる金融取引制度との関連も踏まえた上で，明らかにされる必要があるが，この問題は将来の課題とせざるを得ない。

I　沿革小史

　質(pegno)ないし抵当(ipoteca)という用語は，沿革的には，今日のように一定の定型的な制度を示すものではなく，財物により債権者を満足させることを目的とする性質を異にした多様な諸制度を総称した。つまり，簡便な方法による債権の物的な担保制度であった。かかる制度は時代の金融政策とリンクすることはいうまでもないが，ここではイタリアの学説によ

りながら制度の沿革を素描することしかできない。ことに抵当権の優先弁済権と追及権を中心として検討してみよう。

(1) ローマ法

ローマの時代では、債権を担保する方法は、債務者の所持する物を取り上げたうえで、その意思に影響力を与えて債務の弁済を促すことを目的とした(pignus, datio pignoris)。しかし、おそらく、債務者の利益、とくにその所有物の取引の必要性から、質物の引渡しは、やがて質物の合意(conventio pignoris)にとって代わられるようになった。ただし、債権者は潜在的な占有を取得し、債務者が不履行すれば、みずからを「占有中におくこと」の訴権(interdictum Servianum)を与えられ、これによって占有を現実化できた。やがて、この訴権は第三者に対しても提起できるようになる(actio Serviana)。

ところで、この種の担保権の起源は、農用地賃貸人が賃料債権を担保するために小作人によって「持ち込まれ、運び込まれた物」(invecta e illata)の上に設定されたものであり、家畜や労働用具が主要な担保の目的物であった。

このような状態から、債務者が不履行すれば、債権者が目的物を自己の物にする旨の約款ないし物を売却する旨の約款が質に結合され、さらに、かかる約款が質の本質的要素となるまでに発展した。売却権(jus vendendi)の生成である。

(2) 東ローマの法

ギリシャ法の影響下にある東部では、別の物的担保制度が生成した。当初は、債務者の不履行を停止条件として担保目的物が債務者から債権者に売却された。つぎに、かかる間接的な方法から、債務の期限が経過すれば、債権者に担保目的物を自分の物にする権限が認められ、さらに債権者は満足をうるために目的物を売却する権限を与えられた。しかし、目的物は債権者の占有中にはなく、債務者が目的物を譲渡することができたので、債

権者の売却権は，自己の債権を満足させるための有効な手段とはならなかった。

そこで債務者の譲渡権を制限する必要があった。jus vendendi を効果的なものにするために，譲渡権限を否定し，目的物を第三取得者の手中にまで追及できるようにした。これがギリシャ・東部法の抵当権(hypotheca)である。

(3) その後の発展

ビザンツ法が，古典期後およびユスティニアヌス帝時代において，ローマの pignus にどのような影響を与えたかは，必ずしも明らかではない。ローマの質がギリシャの抵当に接触して，売却権を確保するため債務者の譲渡権を制限するまでに至ったか，それとも第三取得者への所有権移転は放任するが，売却権は第三者のもとでも認めるのか，学説は分かれている。しかし，売却前に第三者に対して提起しなければならない占有回復訴権は，所有物返還訴権に類似しているので，譲渡権を制限するイデアは既に形成されていたとする見解が穏当であろう。

他方，ゲルマン法でも，質は，債務者の意思に影響力を与えるにとどまる素朴な占有質から，債権者の担保目的物に対する将来の売却権を確保するため債務者の譲渡権限を制限するところの物的担保(neure Satzung)にまで発展している。

フランス古法では，ローマ法から離れて，取引実務から nantissement 方式(フランス北部のナンティスマン地方の慣習では，所有権譲渡は裁判所の帳簿の記入により効力が発生し，かつかかる公示形式が対抗要件となっていた)が生成し，質もかかる日付により対抗力を取得したが，これは譲渡制限を予定し，〈obligatio specialis〉(特定担保拘束)という名称の neure Satzung であり，「物的責任」(obligatio rei)に酷似している。すなわち，その物的担保拘束は，neure Satzung と同様に，特定の不動産に対する事前の担保指定によって実現され，学説は好んで抵当と同視し，抵当とも称した。

以上の譲渡制限の形式では，その形式を最初に備えた当該債権者の特別

の執行訴権・売却権が，目的物件を他の債権者の執行訴権から外してしまう範囲内では，その担保目的が実現されているといえよう。

いずれにせよ，かかる法秩序のなかでは，特別の執行訴権・売却権は債権関係自体によるのではなく，物的な担保の形式から生ずるものであると考えられていたことに注目しなければならない（それ故，債務者の一般財産に対して一般的な執行訴権をもつためには，〈hypotheca generalis〉（包括抵当）ないし〈obligatio generalis〉（包括担保拘束）を設定することが必要であるとされた）。ただし，かかる物的拘束が特別訴権の付与の反映なのか，それとも，特別訴権の奏功を保障するための手段なのかは，必ずしも定かではない。

しかし，時代が進むと，かかる物的担保の形式は，重大なる不便をもたらした。取引の安全に対する支障，債務者や第三取得者の利益の重大なる障害となった。そこで，対立する利害を調整するための別の方途がそれに代わるようになる。つまり，負担を受ける物の所有権は第三者に移転されるが，第三者からそれを〈espropriazione〉（強制徴収）することによって，債権者がかかる物から満足を受けることができるものとされた。売却権の保障は，譲渡権の制限ではなく，第三取得者への追奪可能性によって確保されるようになった。

かかる新たな担保制度(抵当と称される)の変革はいつの時代であるのかは，定かではない。ローマの質が他物権として抵当も含まれるようになったとき(ユ帝時代)には，すでにかかるものが生じていたという見解も必ずしも的はずれではない。

しかし，ポティエはかかる状態を明確にしていない。彼によれば，抵当は物権ではあるが，第三者取得者のもとにある物につき，債権者は売却権を有せず，物の占有を回復するための訴権しか認めていない。その回復訴権を〈actio hypothecaria〉と称している。Domatも，抵当について，第三者に対する〈evincere〉（追奪）の権利を認めているが，第三者のもとでの〈espropriazione〉については言及していないので，第三者の手元には所有権ではなく，単なる占有しかないという観念であったのであろう。いずれ

にせよ，フランス民法典前の学説は，ローマの古い時代での質制度の影響下にあり，抵当債権者には担保目的物に対する特定の執行訴権が帰属し，その前提として第三者から占有を取り上げるものと考えていたこととなろう。

(4) 近代民法典

ナポレオン民法典は，抵当目的物の所有権は第三取得者に移転するとした上で，担保債権者には第三者に対する強制徴収を認めるという制度を導入し，かかる立場がイタリア1865年民法典にも承継されている。もっとも，旧法では，歴史的な残滓が認められ，第三取得者というよりも第三占有者と称していた。民事訴訟法でも，訴訟手続は直接第三取得者に対して開始されるのではないことのほか，執行名義も彼には送達されないことになっていた。また，抵当訴権は第三者の占有を前提としていた。

1942年民法典はこのような痕跡をすべて消去した。また，担保問題の解決，つまり対立する利害の解決は立法者に留保され，公序に属することであるので，譲渡制限を本質とする担保の形式については，私人が特約することはできないと解され，今日に至っている。

(5) 登記制度の改革

(ア) 1970年代以降，民法典の抵当権制度は幾つかの改革を経験している。一般の登記制度の改革と共通することが少なくないが，抵当権登記との関連で重要と思われる改革について言及しておこう。

前述した75年5月19日法律第151号によって，夫婦財産制の改革がなされたが，それとの関係で「嫁資財産制」が廃止されたため（民法166条の2は嫁資の設定を将来において全面的に禁止する），これに関連する抵当権も廃止された（民法2817条，2832条，2833条及び2849条。2843条の文言中で「嫁資」は温存されているが，これも廃止されたと考えられている）。

つぎに85年2月27日法律第52号は，取引実務の実態にあわせるかたちで抵当権の主体適格を法人格をもたない団体にも拡張した（2章2節Ⅰを参

（イ）登記のコンピュータ化　同85年法は，さらに登記簿のコンピュータシステムを導入したことは前述した。抵当権登記との関連では，登記申請書に関する民法 2839 条と抵当不動産の表示に関する民法 2826 条，及び目録書の所要事項を定める民法 2859 条など，関連条項が修正されている。また，抵当権登記簿は，更新に服する登記簿と服しない登記簿に分かれていたが，これを一本の登記簿にまとめた（民 2679 条）。

II　抵当権の成立と登記

1　旧法典と新法典の立場

イタリアでは，フランス法の影響を受けて，抵当権は，当事者間の合意による任意抵当権のほかに，裁判上の抵当権と法律による法定抵当権の 3 種がある。旧法典の通説によれば，後者の成立には登記が必要とされることに疑問がなかったが，任意抵当権も合意ではなく登記によって設定されると解されていた。担保拘束としての抵当は，第三者や他の債権者に対してのみ効力を有し，かつ，かかる効力が登記に依存する（旧法 1981 条）ものであることから，そのように考えられていたのである。債務者に対する関係での若干の特別の効力については（担保目的物の使用・収益の制限等），「財の拘束」としての担保関係の設定に起因するというよりも，担保関係に従属する特別の関係（人的な関係）から生ずると解されていたという。

新法は，明文の規定によって，抵当権は登記に基づいて設定されるとした（民 2808 条）。前述のように，旧法 1981 条は抵当が第三者との関係でのみ効力を生じ，かつ，かかる効果は登記により成立するとしていた（加えて，第三者に対する効力の存在とリンクする他の効力も登記に起因するとした）が，新法の規定は当事者間の効力も登記に依存するとしたものである。

なお，ドイツ法が認める所有者抵当という制度はイタリアには存在しな

い。

2 抵当権設定の権原名義

(1) 抵当権の種類と権原名義

　抵当権は抵当権設定の権原名義(titolo)の性質によって以下の三類型に区別される。権原名義は抵当権の設定(ひいては抵当権設定の登記)，更新及び再設定(債務の消滅が無効の場合など)のための権利を生じさせる法律行為ないし法的地位であり，その他の効力も包摂する概念として，「抵当への権利」〈diritto all' ipoteca〉とも称される。以下，三種の抵当権につき概説する。

　　(ア)　任意抵当権

　任意抵当権(ipoteca volontaria)は当事者間の合意または債務者・物上保証人の一方的意思によって設定されるが(遺言は除く)，書面が作成されないと無効である(民2821条)。任意抵当権と裁判上ないし法定の抵当権との区別は，抵当権の登記のための権原名義に起因する。なお，抵当権設定行為の「予約」(その旨の登記)も可能とする学説がある。

　　(イ)　法定抵当権

　法定抵当権(ipoteca legale)の権原名義は法定されており(民2817条)，債務者の意思に反して設定されることもある。たとえば，譲渡行為から生ずる債権の履行を担保するため，当該譲渡不動産(又は登記動産)に対して譲渡人が法定抵当権を取得したり，相続財産等の共有物の分割において，持分を超える現物分割取得者に対して，他の共有者がその代償金請求権の履行につき当該現物に対し法定抵当権を取得したりする。国が刑事法の規定により，被告人又は民事責任を負担する国民の財物に対して，罰金，訴訟費用及び監獄処分による生計費用の償還等の履行を担保するために，抵当権を取得することもある。

　上記の譲渡人や分割当事者による法定抵当権の登記については，85年法律第52号の改正によって，当事者が申請しなくとも，登記官が譲渡行

為等の登記の申請があれば，譲渡人等の利益のためにその旨の抵当登記をしなければならなくなった(民2834条)。登記に必要な権原証書も公文書等も不要であるし，また既に債務が履行されたことや債権者が抵当権を放棄したこととかの裁判上の確認も不要とされている。これに対して，国による法定抵当権や裁判上の抵当権は債権者のイニシアティブによる。

　(ウ)　裁判上の抵当権

　裁判上の抵当権(ipoteca giudiziale)とは，金銭債権やその他の債権関係の履行請求に係る給付判決を得た債権者が，当該判決を抵当権の登記の権原名義として，債務者の財産に対して取得した抵当権をいう(民2818条)。判決は，既判力により確定していなくともよいし(棄却されれば，登記は抹消される)，また，仮執行宣言付きでなくとも構わない。略式の支払命令(民訴法655条)や執行力のある仲裁裁決(民2819条)でもよい。裁判所の認証があれば，外国判決でも抵当権を設定できる(民2820条)。

(2)　抵当権登記の権原名義

　したがって，抵当権の権原名義とは，債権関係ではなく，以上のような法律行為ないし法的地位自体を意味し，抵当権はこれらの権原によって設定される。ただし，通常は，かかる権原は「証書」(documento)を含めて考えられている。抵当権の登記のためには，法律は公証された形式の証書を必須としているからである。当事者はかかる形式的な証書に基づいて抵当権の登記を経由できる。登記官は，その実質的な関係の瑕疵を問題にできない。他方で，抵当権の法的原因としての権原名義については，それによって当事者間に物的な権利関係を生じさせるので，その旨の公示が必要となる。

　いずれにせよ，抵当権の公示によって，第三者が抵当権の存在とその内容を知りうるので，不動産取引の安全と債権の流通が確保されることとなる。

3　抵当権の成立上の瑕疵と登記——附従性

　抵当権の成立には登記が必須であることは，前述した。かかる登記がなければ抵当権は成立しないが，かかる登記の形式が具備されれば，抵当権は有効に成立するのかという問題では，別個の考慮が必要である。イタリアでは，公信の原則が採用されていないので（ただし，後述のように，一定の「抹消登記」には公信力がある），登記が有効になされたとしても，その法的原因である権原名義に瑕疵があり，権原名義が無効となれば，抵当権も失効する。登記は権原名義自体の瑕疵を治癒できないことに注意すべきである。

　この問題は，抵当権の附従性の原則と関連する。抵当権は債権に附従するので，債権を生み出す権原名義が無効・取消し等によって失効すれば，抵当権も消滅することとなる。ただし，取消原因のある権原名義による登記は，追認によって有効に確定する旨の規定がわざわざ置かれている（民2824条）。

　法定抵当権でも，その原因たる行為等が失効すれば，同じことが妥当する。裁判上の抵当権も，判決が変更されたり，支払命令が異議で失効すれば，やはり抵当権も消滅する。ただし，抵当権の消滅・登記の抹消によって，不利益をうける一定の第三者を保護する必要性もあるが，これは後述する。

　なお，債務者自身が債権の失効を抗弁しないときには，附従性の原則により，抵当不動産の第三取得者や物上保証人が債権者に対してこれを抗弁できることになっている。

4　抵当権の「特定性」

　抵当権は特定性をもち，かつ分割することができない。特定の物・権利のみがその負担の対象となり，かつ特定の債務を担保するためにのみ成立する。「抵当権の特定性」の原則（principio di specialità）はつぎの二面におい

て現れる。その趣旨は，財物の流通と債権の流動化を保護することにある。

(1) 抵当目的物の特定性

抵当権の目的物については，特定性の原則から，「特に指定された物」に制限される。それ故，現代法は，かつての「包括抵当」を認めない。また，後述のように，他人の物(民2822条)や将来発生する物(民2823条)は，抵当権の客体とはならない。

ただし，分割されていない共有物の持分については，抵当権が成立する。このことは，わが国では持分権は独立の所有権と同視されるので，当然のことと考えられているが，イタリア法では，「未分割の共有物」はいずれは分割され，当該物がその抵当債務者の所有に分割帰属しないことも予測されるので，特定性の観点からいえば，問題が生ずるわけであり，その際の処理も必要となる。そこで，民法典は，持分の上にも抵当権が成立しうることを明記した上で，分割により，債務者が別の物を取得したときには，分割の日から90日以内にその物につき新たに抵当権の登記がなされると，当初の抵当登記の順位(登記された債権額の限度で)を保全できる旨を規定している(民2825条)。

(2) 被担保債権の特定性

抵当権は，登記された一定の「金額」についてのみ成立する。ただし，このことは，被担保債権が金銭債権でなければならないということではない。任意抵当権では，物の給付や「なす債務」についても，その債務の履行を担保するために抵当権を設定することはできる。かかる場合には，物的担保としての抵当権は，不履行による損害賠償債権を担保するので，人的担保のうちで，塡補保証(*fideiussio indemnitatis*)が果たす機能と類似の機能を果たすこととなる。

被担保債権の範囲は法定されている。元本のほか，これに付随するものとして，抵当権設定費用，登記・更新に係る経費のほかに，執行手続から生ずる通常の費用が明記されている(民2855条1項)。ただし，競売のため

の裁判費用は，先取特権が認められているので(民2770条)，ここから除かれる。また，それ以上の裁判上の経費は，その旨の特約を登記していた場合にのみ認められる。

　元本の利息にも制限がある(民2855条2項)。差押えから過去の2年分の利息に限定され，これには特別の登記は必要ではないが，元本の登記にその利率が登記されていることが必要とされる。その余の延滞利息については，特別の登記がなされると，その時の順位を得ることができるが，差押えから売却の時までの期間の利息に限定され，しかも〈法定利率〉に制限される(同条3項)。

　なお，債権は特定の法律関係から将来発生するものでもよいが，確定額を重視するという「特定性の原則」から，わが国での根抵当権はイタリアでは認められない。この種の債権の担保は人的な担保に限定される。

　　＊　「法定利率」について
　　　もともと民法典は金銭債権の法定利率を年5％と法定していた(民1284条)。しかし，その後，経済事情の変動に対応しきれなくなったため，同法は財務大臣のデクレートによって，毎年，年利を指定できるように改正された。一時，90年代のインフレ(インフレ率20％にも上った)当時では，10％の時代もあったが，それが落ち着いてからは年利5％に戻り，さらに，98年12月のデクレートでは年利2.5％，ごく最近では，2001年1月から年利3.5％と指定されている。

Ⅲ　抵当不動産と利用・管理問題

1　後順位の用益物権の保護

　イタリアでは旧法時代から，抵当目的物の所有者の処分権限と抵当権者の担保の完全性との調和をはかるために，抵当権設定後の用益物権の帰趨につき議論があった。つまり，譲渡可能性のない物権(地役権，使用権及び

居住権)と譲渡性のある物権(用益権，永借権及び地上権)とを厳格に区別した上で，前者は抵当権者には対抗できず，また譲渡性がなく，競売もできないので，かかる物権取得者は第三取得者としては考えられないとされた。これに対して，後者は第三取得者と考えられ，通説では，抵当権者は用益権等を虚有権(nuda proprietas)から分離して競売手続をとらなければならないと解されていたが，反対説もあった。

　現行法は，両者の利害を調整するため，従来の経緯を踏まえながら，これを立法的に解決した。すなわち，地役権と人役権(用益権も含む)は，抵当権に基づく競売によって消滅する(したがって，抵当権者は地役権等を土地の所有権から分離して競売することを強要されない)が，売却代金に余分が生ずれば，物権者は後順位抵当権者に優先して，その権利の評価額の弁償金を取得できる(民2812条1・2項)。これに対して，地上権と永借権の場合には，第三取得者の保護と同様の保護を可能な範囲で享有できるとして(同条3項)，担保目的物の所有者の保護をより優先させた。つまり，抵当権者は設定者の権利ないし土地の所有権とは分離して競売手続をとらなければならないし，物権的利用権者は，これに対して，滌除(抵当権消滅請求)などの保護を享受できるようになった。

　要するに，抵当権に遅れる用益物権者も執行手続に参加したり，競売に対して一定の保護を享受するので，抵当権者は全面的に用益物権の設定を排斥できるのではないこととなろう。

2　賃料の前払い・譲渡・放棄

　イタリアでは，古くから，抵当目的物からの賃料債権による収益につき，所有者と抵当権者の利害調整をどのようにするかという難題があり，ことに家賃の前払いに関して論及されてきた。というのは，後述のように，抵当権設定後の賃借権には対抗力の存否の問題が残されるが，いずれにせよ，所有者は抵当不動産の使用収益権限を奪われるわけではないので，たとえば，一般債権者に賃貸した上で，その賃料の前払いを受けるなどして，自

己の債務と相殺することもできるからである。

　旧法時代では，賃料の免除・前払いにつき，3年以内で，抵当権の登記よりも先の確定日付によるものであるならば(抵当権登記よりも先の登記があるときはもう3年間)，抵当権者に対抗できるとする民法の規定(旧民1932条7号)と，免除は慣行がなければ(3年以上の慣行は認めない)競落人(買受人)に対抗できないという民訴法の規定(旧民訴687条)との調整をはかるために，学説では意見が分かれていた。ある説では，旧民訴法687条により，賃借人が競落人に二重払いを余儀なくされたときには，その償還のために，前払いが3年以内に限り，他の債権者に優先して弁済を受けられるとし，抵当権登記よりも先の前払いの登記があれば，3年以上の償還がうけられる，と解したが，かかる優先効を認めない見解もあった。一方，譲渡については，明文がなかった。

　現行法は，つぎのような調整をした。一方では，資金を必要とし，将来の賃料を譲渡する方途をもちうる所有者の処分権限を尊重して，かかる処分権限がなくなる通常の時期(つまり差押えの時)までの収益は所有者に帰属させるとともに，他方で，この将来の不確定な時期以降の収益については，長期間にわたる賃料の前払い・譲渡が収益から還元される土地価格を相当程度まで減じることになるので，抵当権者側の担保の完全性を尊重して，これを短期間に限定するというポリシーを採用した。つまり，譲渡・免除(前払いを含む)が登記されていない場合には，3年以内の将来の賃料につき，差押え前の確定日付があるときに限り，差押えの日から1年内の期間に限定して抵当権者に対抗できるとした(民2812条4項)。前述したように，差押えは，抵当目的物の果実収取権を所有者から奪うものであり，他方で，差押え後の抵当権の登記は効力がない(民2916条1号)からである。

　これに対して，譲渡等につき登記(民2643条9号の登記)がなされ，その登記が抵当権の登記よりも先行しておれば，抵当権者に完全に対抗できる。逆に，抵当権の登記に遅れれば，かかる登記でも抵当権に対抗できるが，差押え後1年間に限定されている(民2812条5項)。結局，譲渡等の登記が遅れたときは，登記がない場合と等しくなるわけである。

なお，一般の強制売却手続における差押債権者および競売目的物の買受人との関係でも，同趣旨の規定がある(民2918条，2924条)。

3 賃貸借の帰趨

(1) 抵当権と賃借権

抵当権設定後の賃貸借契約を保護する特別な規定は抵当権法のなかには存在しない。抵当権と賃借権の対抗問題については，基本的には登記法の原則により，旧法時代から判例・学説はつぎのように処理している。

9年を超えない賃貸借は，抵当権に基づく「差押前」に確定日付のあることを条件として，抵当権者に対して対抗できる。9年を超える賃貸借は，抵当権の登記の前にその旨の登記を経由することによって，抵当権者に対抗できる(民2643条8号，2644条)。その登記がない場合には，賃貸借契約の締結日から9年間に限って，存続する(後述の民法2923条の類推適用)。

結局のところ，対抗問題とはいうものの，必ずしも抵当権と賃貸借の先後関係だけで処理されていないこととなろう。この点は，売買と賃貸借の対抗問題でも同様であり，多分に政策的な考慮も加わっていることは，既に検討したところである。

(2) 強制売却と賃貸借

ところで，一般の強制執行の原則のなかに，差押債権者ひいては競売不動産の買受人(aggiudicatario)との関係で賃貸借を保護する旨の規定が一箇条用意されている(民2923条1項〜4項)。この原則は，抵当権と賃貸借の関係とは，別の次元の問題であり，イタリアでは，とくに規定上，この種の問題については明文の規定をそれぞれの箇所で置いていることは(賃料の免除・譲渡等の規制)，すでに本書でも注記してきたところである。ただし，関連する問題であるので，簡単に言及しておこう。本条は「売買は賃貸借を破らない」との原則の延長線上にあるものと理解されている。具体的にはつぎのようになる。

(ア) 保護される賃貸借

買主に対抗しうる賃貸借は，差押前に確定日付によって締結されたものであることが必要である（民2923条1項）。かかる確定日付がない賃貸借では，賃借人が差押前に目的物を所持しているときに限って保護されるが，この場合の存続期間は期間の定めがない賃貸借として扱われる。たとえば，家屋の賃貸借は1年の予告期間で終了するし，家具付きやアパートの場合には，家賃の契約の期間（民1574条）で終了するほか，契約書で目的物の譲渡時に解約権が留保されているときは，解約の告知により一定の期間経過後に終了する（民1603条）。

9年を超える賃貸借の場合には，登記すれば，その存続期間が保護される。しかし，登記のない9年を超える賃貸借は，契約の成立から9年の期間しか，対抗できない（民2923条2項）。ただし，特別法（78年法律第392号）によって，営業用賃貸借は6年の最短期間が法定され，かつ，解約につき正当事由がないと更新されるので，「12年間」が保護されるところ，この場合は9年を超えることとなるが，当初の期間を基準として考えるので，登記がなくとも，買受人に対抗できると解されている。

(イ) 詐害的賃貸借

確定日付が差押えより前に成立している賃貸借でも，その賃料の額が正当な賃料額または従前の賃貸借から結果する賃料額の3分の1に満たない額である場合には，買主はかかる賃貸借を受忍する義務はないと規定されている（民2923条3項）。要するに，「売買は賃貸借を破らない」との一般原則の例外として，買主を詐害する目的の賃貸借を保護しないという趣旨である。

Ⅳ　抵当権の対象

1　抵当権の客体

　抵当権の客体は不動産と登記に服する動産だけではなく，用益物権も含まれるが，譲渡性のない使用権，居住権及び地役権は，その権利の性質から除かれる。法文も，これを意識的に排除している（民2810条）。抵当可能性は，取引の安全性に関わるので，私的自治は制限され，同条は厳格に解釈されている。賃借権も排除されている。

2　問題となる客体

　民法典は，抵当権登記の当否との関連で，幾つかの特別な客体につき規定しているので，以下，簡単に解説を加えておこう。

(1)　「将来の物」と「他人の物」
　任意抵当権では，将来において現存する予定の物につき，直ちに登記できない旨の規定がある（民2823条）。つまり，現存しない限り抵当権の客体とはなりえないとしている。本条の趣旨は債務者を暴利から保護することにある。これに対して，裁判上の抵当権については，このような危惧はないので，将来の物抵当権登記の対象となり，判決によって有効に登記ができる。

(2)　限定承認された相続財産と相続人不存在の相続財産
　この種の相続財産は，相続人の固有財産から分離されて，相続債権者全員のために共同の責任財産になる。そこで，このような状態になると，被相続人の各債権者は給付判決を得て，かかる判決に基づく裁判上の抵当権を当該相続財産に対して取得するため，そのような登記手続をとることに

第2節　抵当権　　271

なるはずである。しかしながら，個々の債権者がこの種の抵当権を介して優先権を取得できるとするのは，平等原則に反するであろう。裁判上の抵当権は，債権の原因とは無関係で，その成立自体が被担保債権によって条件づけられることのない特別の担保権であるからである。

そこで，民法典は，かかる「共同の担保財産」としての相続財産には裁判上の抵当権の登記はできないものとした。被相続人・債務者の死亡前に給付判決を取得していた場合でも，事情を異にしないので，この場合にも登記はできないとした(民2830条)。

これに対して，法定抵当権や任意抵当権は登記ができると解されている。これらの抵当権は被相続人・債務者との関係で成立し，通常，その担保権は具体的な債権の成立が条件となっているものであることから，債務者の死亡によって抵当権の登記が妨げられるのは正当ではないからである。

なお，限定承認された相続財産につき相続人との間で任意抵当権を設定することは有効ではあるが，この場合には，そもそも限定承認自体が失効すると定められている(民493条)。一方，相続人自身の債権者は，かかる相続財産に法定抵当権・裁判上の抵当権を有効に取得できるが，この場合には，限定承認自体が存在するので，被相続人の債権者に遅れることとなる。

3　抵当権の物的範囲

抵当権の効力の及ぶ物的な対象範囲が問題となるのは，抵当不動産の従物(pertinenze)，改良(miglioramenti)と附合物(accessioni)であるが，民法典はいずれにもその効力が及ぶと規定している(民2810条1号，民2811条)。ただし，これらの物ないし改良状態については，抵当権の特定性とも関連するので，少しく説明を要しよう。

(1)　従　　物

従物は独立した物であるが，経済的には不動産と一体となって継続的に

その効用に資する物であり(民817条)，本来，それ自体のためには抵当権を設定することができないものである。しかし，動産で不動産の従物と観念されるかぎりにおいて，当然にその抵当権の範囲に含まれると解されている(民2810条1号参照)。したがって，抵当権の権原証書や登記においてそれを特定・識別する必要はない。従物関係の終了は，それ自体としては，既存の権利者(ここでは抵当権者)には対抗できないが(民818条)，不動産から離脱した場合，たとえば主物とは独自に第三者に譲渡されたり，引き渡されたりすると，かかる関係は終了する。このような場合に際して，抵当目的物に対して損傷が与えられたり，そのおそれある行為がなされたときには，抵当権者は増担保の請求(民2743条)や損傷行為の停止・必要な保全的処分を請求できる(民2813条)。

かかる従物と主物の法的な関係は，抵当権者と所有者との利害を調整するための政策的考慮による。経済的な一体性を破壊して競売するのは，抵当権者にとっても国民経済的にも得策ではない半面，負担を受ける所有者が従物を譲渡できないとするのも，農業や工場の経営に多大の不便を強いることになるので，結局のところ，従物の分離を認めた上で，担保価値の減少が懸念される場合には，抵当権者に上記のような救済を認めるというところに落ち着いたわけである。

ところで，実際上はいかなる場合に従物関係の成立があるのかが問題となるが，判例では従来，工場に備え付けられた工場用の機械について具体例が散見されるところ，原則としてかかる機械類はその不動産の従物ではないと構成され，かなり厳格に解される傾向がある(Cass., 26-1-1985, n. 391, in *Dir. fall.*, 1985, II, 395など)。これらの機械類は総合的に生産活動を実現するために企業全体の構成部分として組み入れられ，単に不動産に奉仕するという性格のものではなく，一つの財産を成立させるに適した物理的な結合を成して，当該不動産と同体となっている(incorporati)限りにおいては，従物というよりも，民法2811条の附合物と構成するべきである，という。附合物であると，その後の分離行為によっても抵当権の効力は排除されないこととなる。なお，倉庫内の材料やホテルの室内の備品類

(Cass., 29-9-1993, n. 9760, *Foro it.*, 1994, 1, 1840)も従物ではないと解されている。

(2) 改良と附合物

(ア) これらについては，当該不動産の抵当権の効力は自動的に拡張され(民2811条)，設定登記にその旨の記載は必要とされない。抵当権設定後の物であるときには，附記登記があれば足りると解されている。改良とは，当該不動産の価値を高めるが，それ自体としては独自性をもたないものである。一方，ここにいう附合物(accessioni)は広義に解され，厳格な意味での付加物(民934条にいう地上・地下の工作物)のほかに，同体的構成物(incorporazione)と果実(frutti)とを含むと解されている。

同体的構成物である限りは，抵当権の効力は，債務者が破産して企業の財産が分解したという事情によっても，依然として維持される。けだし，かかる分解はすでに民法2811条によって形成された抵当権の目的物の範囲を崩すことができないからである(Cass., 26-1-1985, n. 391; Cass., 9-4-1984, n. 2257, *Foro it.*, 1984, I, c. 2239 ほか)。

(イ) 附合物への抵当権の拡張でとくに重要なものは地上の建物であるが，建築予定の将来の建物につき，その敷地の抵当権の効力は，登記にその旨の言及がなくとも，これに拡張されるまでに及んでいる。そこで，たとえば消費貸借契約が建築経費の融資のために締結され，その抵当権が建築されるべき建物の価値を考慮にいれた金額に基づいて登記される場合には，土地の価格を超えた金額が融資されることとなる。

ちなみに，将来建築予定の建物の取得については，「予約の登記」がなされるのが通常であり，この予約登記と抵当権との関連が問題となるところ，特別法(93年委任命令第385号)により建物・集合建物の購入の助成に係る特別の融資債権の担保ために設定された抵当権との優先順位については，予約権者が予約で引き受けた上記融資債務の負担金の範囲内では，予約登記が先行しても，上記の特別法による抵当権が優先する旨の特例規定が新設されている(民2825条の2)。

(ウ) 一方,「果実」については, 議論がある。含まないと解する学説でも, 差押え後の果実は執行法の一般原則により抵当権が及ぶと解して, 結局, 結論的には肯定説と同じになる見解もある。判例は, 抵当権者には不動産の競売代価につき優先効が与えられていることから(民2808条), 不動産の賃貸借による収益にも及ぶと解している。ただし, 果実も附合物に含まれると解する場合でも, 差押えまでは, 所有者は自由に果実を処分できる。第三取得者のもとにある果実については, 同趣旨の明文の規定がある(民2865条)。差押えの時期が基準とされているのは, 取引の円滑のために財物の最大限の利用を所有者の自由にゆだねることが妥当とされたこと, 及び既に分離した果実を追及することが実際上困難であることが, その主たる理由である。

V　抵当権の更新

1　更新の意義と効力

　抵当権はその登記の日付から20年間しか効力を有しないので,「更新」(rinnovazione)が必要となる。期間経過前に更新されないと消滅する(民2847条)。期間前に更新された抵当権は新たに設定・登記された抵当権であり, 更新前の抵当権とは別のものであって, その順位は新登記の日付による。ただし, 権原証書は同一である。再登記は20年の期間の経過を待つことなく, 何度でも行うことができる。
　期間を制限している法文の趣旨は, つぎのように説明されている。いつまでも抵当権が存続すると, 第三者にとってはその調査が著しく困難となり, 被担保債権が弁済や時効等で消滅しているのではないか, という疑問も生ずる。かかる疑問を解消してくれるような情報の確実さは保障されていないので, 結局, 取引の安全を害することとなり, 債権の流通も阻害される。そこで, 法がいわゆる抵当権の消滅時効を認めたわけである(正確

第2節　抵 当 権

には除斥期間である)。ただし，新たな抵当権の設定・登記によって，その時効は中断される。

　更新が上記のような公示の目的にあるとすれば，本来，「更新されない登記」の効果は，更新期間経過後の目的物の取得者と債権者に対してのみ失効する，と限定されるはずであるが，法文はすべての第三者に対して効力が消滅すると規定している(民2847条)。それ故，更新期間中に登記に基づいて抵当不動産を取得した第三者や債権者に対しても抵当権は失効することとなろう。

　「更新された抵当権」は，更新期間中の抵当不動産の第三取得者に対しては，その登記を経由できない(民2848条2項)。また，更新期間中に設定された他物権も尊重せざるを得ないであろう。ただし，第三者の権利取得は生前行為によるものに限定されるので，相続人に対しては期間経過後でも更新をなしうる。

2　更新の登記手続

　新登記であるから，通常の登記と同様の要件が必要であるが，それに加えて原登記を更新する旨の意思を目録書に記載することが必要とされている(民2850条)。また，権原証書は同一であるので，目録書(2通)は旧登記の目録書に一致するものが提出されねばならない。

　なお，更新当時に抵当不動産が債務者の相続人(ないしその承継人)に承継されていることが登記簿上明らかである場合には，更新の登記は「相続人に対しても」経由される必要がある(民2851条)。相続人が未登記の抵当目的物を承継した場合には，相続人に対してのみ登記手続がとられるが(民2829条)，更新の登記の場合には，原債務者(物上保証人)との関係でも登記が必要となる。

　民法2851条の趣旨は更新の登記があるかどうかの検索を容易にするためであり，相続人のもとで20年以上も経過しているときには，20年間の追跡調査をする第三者は，相続人の名による抵当権を見出すことはないし，

また，相続人から被相続人にまで遡って調査しなければならないときに，錯誤が生じうるからである。したがってまた，本条の趣旨から，相続人に対して経由されていない更新の登記は無効とする破毀院判決がある(Cass., 28-1-1930, *Foro it.*, 1930, 1, 569)。

VI 抵当権の順位と移転

1 抵当権の順位

同一不動産に複数の抵当権が成立しうることはいうまでもない。イタリアでも成立の順番により一番抵当，二番抵当と称される。同一日付の抵当権は登記簿の順番によって優先順位がきまる。この場合，債務者が一番抵当権者に債務を完済すれば，一番抵当権は確定的に消滅するので(民2878条3号)，その結果，二番抵当権が一番に昇進することとなろう。

イタリアでは，その登記システムから，同時に別の主体が同一不動産につき登記を申請して，同順位となることがありうる。この場合には，同一の番号が付され，登記済証にその旨が付記されるが(民2853条)，問題は優先効がどうなるかである。民法は，債権額に案分比例すると定めている(民2854条)。

2 抵当権の移転と順位の変更

(1) 代 位

後順位の抵当権者は(一般債権者も)，先順位の抵当権者に対してその債権を弁済することによって，先順位抵当権者の権利に代位(surrogazione)することができる(いわゆる「弁済による抵当権への代位」)(民1203条)。

損失を受けた抵当権者の代位(いわゆる「追奪による抵当権への代位」)もある。ひとつ又は複数の不動産につき抵当権を有する債権者は，先順位の抵

当権者が当該不動産の売得金から優先して満足を受けたときに，同一債務者の他の担保不動産に対して先順位抵当権者が有していた抵当権(登記)に代位することができる(民2856条)。この代位によって損失を受けた債権者にも，さらに同様の代位権が帰属する。いわば先順位抵当権の移転である。

ただし，この場合の代位は目的物が債務者所有の不動産に限定される(民2857条)。

代位には，次の処分・拘束と同様に附記登記が要件であり，その他同様の原則に服する。なお，後者のイタリア伝統の代位制度は，わが国での「共同抵当」の異時配当に関する規定(日民392条2項)に影響を与えている。

(2) 抵当権の処分・拘束

抵当権の譲渡，質入れ，順位の変更及び嫁資としての設定，並びに当該債権の仮差押え・差押え又は強制割当(assegnazione)(強制執行手続により特定の債権者に差押物件・債権が付与されること)によって，抵当権の移転ないし拘束(vincolo)が生じた場合には，当該抵当権の登記の余白にその旨が附記されねばならない，と定められている(民2843条1項)。この附記がなされないと，抵当権の移転・拘束がその効力を生じない(民2843条2項)。附記がなされると，附記の権利名義人の同意がないかぎり，その抹消はできないし，登記に関する必要な通知もこの名義人に対してなされる必要がある。

旧法時代では，抵当権の処分・拘束が第三者に対して効力を有するためには附記が必要かどうかにつき争いがあった。当時の通説・判例によれば，附記は，これによって譲受人の同意のない抹消登記を阻止し，かつ通知を受領できるようにするための譲受人の権能であり，利害関係人の優先順位は譲渡・拘束の通知を基準とした。これに対して，現行法は，抵当権の処分・拘束の第三者効は附記によるとして，これを立法的に解決したわけである。

附記登記は抵当権の処分についてのみ必要とされるので，債権自体の処分については，抵当権によって担保されている場合でも，債務者との関係では附記登記は不要であり，債権譲渡の形式(民法1265条所定の通知・承諾)

だけで足りる。したがってまた，複数の債権譲渡相互間での優劣も，附記登記ではなく通知・承諾の先後によって，処理される(Cass., 10-7-1980, n. 4419)。

ただし，抵当権の処分がなされた場合に，被担保債権の譲渡・拘束についても，民法1265条所定の通知・承諾や民訴法543条(差押文書の送達)の手続が必要かどうかの問題が残された。債務者との関係では，原債権者への弁済を禁止するため，当然のことながら，かかる形式は必要であるが，第三者との関係ではどうか。債権から独立した抵当権は認められないので，考え方は次の2通りしかない。甲説によれば，抵当権の附記登記が債権の取得・拘束の優先効の基準となり，債権自体の形式は原債権者への支払いを阻止することにのみ意味をもつ。乙説によれば，抵当権の取得・拘束が第三者効を有するためにも，債権自体の形式が必要とされる。

条文の語法は甲説に親しみやすいし，従前の学説も，そのように解する傾向があった。また，現行民法典の予備草案(報告書)も，附記登記のない譲渡の第三者効を認めないことは，附記登記を促進することとなり，登記されている譲渡人側の詐欺的な抹消登記の可能性も回避できるとしていた。さらに，仮に債権譲渡にも附記登記が優先効の基準となるとする見解をとらない場合には，複数の債権譲受人のうち，一方が先に通知をなし，他方が先に附記登記をしたようなケースでは，いずれが優先するのか，解決できないことになる，との疑念もだされている。

本条にいう附記の必要な事項は例示的であり，物権的効果をもつ債権の処分・拘束はすべて含まれる(用益権の設定等)。ただし，死亡による移転は除かれる。証券的債権には特例があることは，後述する。

なお，抵当債権につき共同してその弁済を義務づけられる者が債務を弁済した場合には，原債権者の権利に法定代位するが(民1203条3項)，この場合の代位も第三者との関係が問題となるのではないことから，附記登記が不要と解されている。したがってまた，その旨の付記登記がなくとも，原債権者は代位した債権者の抵当権を侵害しないようにする義務を負担するので，ことに抵当目的物の権利名義人に対し抵当権の登記の抹消につき

同意を与えないようにしなければならない(Cass., 27-12-1963, n. 3222)。

(3) 順位の降格・交換

　抵当権者相互間でなされる順位の変更には降格(順位が連続している場合)と交換とがあるが，順位に由来するすべての権利が移転することとなる。いうまでもなく，交換の場合には，中間の債権者を害しないようにするために，先順位の抵当権が把握している額の範囲内でしか変更は生じない。

　旧法典下では，順位の変更は債権の譲受人に対して物権的効力をもつか，また，二重の同順位譲受人間の優劣の基準はなにか，につき議論されていたが，当事者間での債権的な効力しかないと考えられていたようである。それゆえ，特別な優先の基準はなく，一般原則により先に債務の履行を受けた者が優先した。また，債権の譲受人は譲渡の通知がなくとも常に優先した。

　現行法は順位の変更に物権的効果を認めた。抵当権の真の固有の交換である。それ故，同順位の複数の譲受人相互間での優劣は，先に経由された附記登記によって決まる。順位の取得と債権の取得・拘束との優劣は，先に附記登記をした者が優先する。それ故，附記登記の後に債権を取得ないし拘束した者は，変換された順位の担保つきで，債権を取得・拘束することとなる。

　なお，抵当権の抹消，順位の変更及びすべての処分行為は，先順位にある債権者の同意なくしては効力を生じないと解されている。

Ⅶ　第三取得者と物上保証人

1　第三者取得者の責任と権限

(1)　第三取得者の法的地位

　第三取得者(terzo acquirente)は，債務者の債務に服するわけではないので債権者との関係で債務を引き受けないが，ただ，債権者の執行訴権に服する状態におかれることになる。これを裏から見れば，前述した抵当権の沿革が明らかにしているように，抵当債権者が抵当目的物の第三取得者に対しても強制徴収(espropriazione forzata)(差押・強制売却)の権限を有することにほかならない。

　この強制徴収の手続きは，債務者に対する執行名義があれば足り，第三取得者に対する固有の執行名義は不要と解されている。このような解釈は，「債務なき責任」という第三取得者の法的地位や民事訴訟法603条の文言(第三者への執行証書の送付を規定する)，さらには債務者の有する抗弁の援用を認めている民法の規定(民2870条，2859条)から，導かれる(Cass., 6-5-1975, n. 1746)。

(2)　抵当権からの解放

　したがって，債務不履行があると，第三取得者に対しても強制徴収の手続きをとることができる。第三取得者がかかる強制徴収を回避する方途はつぎの三つである

　　(ア)　任意の弁済

　抵当債権者に被担保債権の債権額を全額支払うことによって抵当権を消滅させることができる(民2858条)。この方法は債権額が担保目的物の価値より小さいときに意味があり，逆の場合には，第三者は次の委附の手続をとることになる。利息についても，債務者の負担する範囲内につき(民2855条2項参照)，正式に申し入れた日から過去2年分を負担する。

第2節 抵当権

(イ) 委附

委附（rilascio）は競売の管轄権のある地裁の書記局に届け出るなどの一定の要件が必要であるが，目的物の価値が債権額に満たないときに，第三者にとって意味がある。すなわち，債権者の差押えから10日以内に届け出る必要があり，差押えの登記にその旨が附記される（民2861条）。委附によって第三取得者は煩わしい執行手続から解放され，裁判所は，債権者等の申立により選任した財産管理人を相手方として目的物の競売手続をとることになる。

委附の附記登記の前に登記された抵当権や地役権等の他物権は競売によって消滅しない。また，第三取得者がその取得の前に自己の利益のために設定した抵当権や地役権等は，競売後に復活する（民2862条）。競売による売得金は各債権者の債権に充当されるが，余剰があれば，第三取得者に還付される。競売がなされないときは，目的物を取り戻すこともできる（民2863条）。

なお，抵当権者に弁済すべき債務を負担している債務者（共同債務者も含む），保証人および債務引受人などは委附できない。

(ウ) 滌除

滌除（抵当権消滅請求）（purgazione）は，目的物の取得価額に等しい額（無償行為の場合には目的物の価格）を債権者に提供することによってなされる（民2889条，2890条）。裁判手続外でもなしうるが，債権者により差押えの通知がなされたときは，その日から30日以内にする必要がある（民2889条2項）。これに対して，抵当権者は，上記の手続の通知を受けた日から40日以内に，裁判所に異議の申立をなし，競売手続をとることができる（民2891条）。ただし，抵当権者が少なくともその価額の10分の1を超える価額で売却できないときは自らがその価額で取得する旨の意思を表示しないと，目的物は第三取得者の提供した価額で抵当権から解放される。

なお，滌除も，抵当権者に弁済すべき債務を負担している債務者などには認められない。

(エ) いわゆる「代価弁済」(「強制滌除」)

日本民法 377 条の「代価弁済」はイタリア旧法 2023 条が母法であり、現行法 2867 条もこれを承継している。しかし、今日の判例・通説によれば、この制度は抵当権・抵当債権によるものではなく、むしろ譲渡人の個人的権利であると捉えられ、関心も低い(全く言及しない著書もある)。むしろ、今日での実務では、公証人のもとで関係当事者全員が協議によって、抵当債務、売買代金及び抵当権登記の抹消につき、一括して処理することが多いという。

(3) 求償権と代位

第三取得者が弁済、競売及び委附によって損害を被った場合には、前主に対してその損害の求償を請求できる(民 2866 条 1 項)。また、償還につき満足を受けた抵当権者の権利に代位することもできる(同条 2 項)。ただし、当該目的物が第三者の所有に帰属しているときには、自己の取得の登記が先行していないと、代位は認められない。また、代位には附記登記が必要である(同条 3 項)。

(4) 債務者の抗弁の援用

第三取得者の取得の登記後に、債務者に対して裁判上の請求がなされた場合に、第三取得者は、当該訴訟に参加しなかったときには、債務者が主張しなかった抗弁を債権者に対して主張できる(民 2859 条)。

(5) 保証人との関係

抵当債権が連帯保証人によっても担保されている場合に、抵当債務を弁済して抵当権者に代位した第三取得者は、主債務者のほかに連帯保証人に対しても、その全額の弁済を請求できる(Cass., 11-11-1977, n. 4890, *Giur. it.*, 1978, I, 1. 243)。

2 物上保証人の法的地位

(ア) 物上保証人(terzo datore)も第三取得者の地位に近い。物上保証人は特約がない限りは先順位の債権者に対して「検索の抗弁」を有しない(民2868条)。強制執行を回避するためには，債権者に債務を弁済しなければならない。強制執行に服したり，債務を弁済したときには，債務者に対して償還請求権を有し，そのために抵当権者に代位できる(民2871条1項)。債務者の保証人に対しても求償権を有し，また他の物上保証人に対してもその負担部分の範囲で求償できる(民2871条3項)。

なお，債務者の抗弁権も第三取得者の場合と同様の要件のもとで援用できる(民2870条)。

(イ) 物上保証人は事前の求償権を有するか。保証人については，一定の要件のもとに，たとえば債務者が無資力になったにもかかわらず，保証人の責任を免責させるか，または必要な担保を提供しない場合などには，明文の規定によって事前の求償ができることになっている(民1953条)。判例は，保証は人的担保であり，保証人は自己のすべての財産をもって債務の履行につき責任を負担するが，物上保証は当該目的物のみで責任を負担する物的担保であることから，その構造・機能に相違のある抵当権の物上保証には同条を類推適用できない，と解している(Cass., 6-5-1994, n. 4420, *Giust. civ.*, 1994, I, 1175)。

(ウ) 債務者と物上保証人とによって同一の債務の担保のために抵当権が設定されている場合に，債務者の担保物件に対する強制徴収を介して，民法2855条の規定により抵当権が及ぶ範囲の利息も含めて債権全額が満足せしめられたときには，物上保証人の負担する抵当権も消滅する。したがって，債務者の抵当権によって担保されない範囲の毎年の利息は優先効から排除されるので，債権者はその支払いを物上保証人に対しても追求できない，と解されている(Cass., 30-3-1981, n. 1815)。

(エ) 物上保証人の代位については，旧民法典では，法上当然に生じ，その旨の附記登記は抵当権者自身による抵当権登記の抹消を阻止すること

のみを目的としていた。現行法では，附記登記は抵当権が物上保証人に移転するための必須の要件であり，したがって抵当権の行使のための条件となる(Cass., 25-10-1972. n. 3241, *Foro it.*, 1973, I, 1882)。

　また，弁済した物上保証人による代位の附記登記は，債務者が破産した後に経由された場合でも，有効である。かかる附記は代位される抵当権者の原抵当権登記に代わるものであり，新たに抵当権を創設する登記ではないので，破産財団を侵害するものとはならないからである(Cass., 25-7-1992, n. 8983, *Giust. civ.*, 1993, I, 400)。なお，破産法45条は破産宣告後の手続は破産債権者に対抗できない旨を規定しているが，ここでの代位の登記は破産の継続中でもなし得ると解されている(Cass., 20-10-1972, n. 3241, *cit*)。

　　＊　「保証人の法的地位」について
　　　抵当債務の保証人(fideiussore)については，特別の規定がないので法定代位や保証人の代位に関する一般の規定に従うが，判例があるので簡単に説明しておこう。
　　　抵当債権者が保証人から満足を受けたにもかかわらず，保証人が代位によりその名義の変更を請求する権限(これは前述のように抵当権登記に附記することによってなされる)を行使しないことから，依然として債権者が抵当名義を保持している場合には，弁済した保証人は，第三者に対して物的担保を主張することはできないとしても，法定代位(民1203条)ないし保証人の代位(民1949条)によって，債権者の権利を承継できるので，債権者に対して抵当権登記の抹消を請求しうる権限を有する，と解されている(Cass., 23-3-1995, n. 3387, *Giust. civ.*, 1996, I, 181)。
　　　保証人が優先効のある抵当債権を満足させた上で，当該抵当権の代位・移転につき自己の利益のための「附記登記」を経由したとしても，その登記が債務者(企業)の破産宣告に遅れたときには，他の共同債権者には対抗できない(Cass., 14-2-1980, n. 1060, *Foro it.*, 1981, I, 1166)。

VIII 抵当権の縮減と消滅

1 抵当権の縮減

(1) 制度の趣旨

利害関係人(債務者，第三取得者及び後順位債権者)によって抵当権(登記された債権額又は可分な目的物の一部分につき)の縮減(riduzione)を請求できる場合が法定されている。その立法趣旨は，こうである。イタリアでは，ことに裁判上の抵当権については，被担保債権(額)と登記された債権額とが一致しない場合がある。たとえば，別訴で損害賠償の給付判決がなされるときや，物や「なすこと」を目的とする給付判決のときには，被担保債権は確定していない。この場合に，判決を待たねば確定しないが，後に確定するであろう被担保債権を登記前に確定しなければならないとすると，債権者にとっては不便である。登記の遅滞によって債権者に損失が生ずるおそれもある。他方で，過大な債権額の登記は所有者の処分可能性の支障となる。それ故，民法典は，債権者が目録書で被担保債権の額を概算で確定することを許容した上で(民2838条)，後に判決で債権額が確定すれば，一定の要件のもとで債務者側に縮減の請求を認めたわけである。

(2) 縮減の可能な場合

次の四つのケースに限定されている(民2872条以下)。①被担保債権額が評価されていない(つまり一定額に限定されていない)もので，目録書記載の額が判決によって宣告された額と比べて，その5分の1を超える場合(民2874条)。②権原証書では目的物が一物に特定されておらず，かつ複数の担保目的物全体の価額が，登記された被担保債権の総額と比べて，その3分の1を超える場合(民2875条)。③一部弁済により債権が一部消滅した場合(民2873条2項)。この場合には，債権額，目的物が特定しているときでも，減縮が認められるが，債務の消滅が少なくとも5分の1に達している

ことが要件となっている。④抵当登記された建物の最上階に階層が増築され、3分の1の容量が増大した場合（民2873条3項）（更地上の建物についても類推する説がある）。

　①は、債権額のみの縮減であり、債権額が特定されていない抵当権としては、主として「裁判上の抵当権」を念頭に置いている（これだけに限定する説もある）。②は、複数の担保目的物から幾つかを外すものであり、正確には縮減ではなく、「制限」(restrizione)であるともいわれている。縮減の要件は5分の1の超過であるのに対して、制限（目的物の価値の過多）の要件は3分の1の超過であるので（民2876条）、両者は規律を異にするからである。なお、「制限」は、一物でも区分可能な部分があれば、認められることもある（民2872条2項）。③の一部弁済の場合には、担保目的物については「抵当権の不可分性」の原則が妥当するので、その縮減はできない。しかし、民法典は、債権額についてのみ前記の一定割合の債権消滅を要件として縮減できるとした。

　なお、当事者間の合意でも、抵当権を縮減できると解されている。ただし、これは正確には縮減ではなく、一部放棄であるとする見解もある。

2　抵当権の消滅と抹消登記

(1)　抵当権の消滅事由

　抵当権消滅事由は法定されている。登記の抹消は抵当権を消滅させるが（民2878条1号）、これについては後述する。附従性によって、被担保債権の消滅も抵当権を消滅させる（同条3号）。抵当目的物の滅失も原則的に抵当権を消滅させるが、民法2742条所定の場合（本章1節Ⅲ2参照）、物上代位が認められる（同条4号）。その他、前述した更新期間経過により抵当権は消滅するし（同条2号）、放棄による消滅（同条5号）や条件・期限付抵当権の条件成就・期限到来による消滅（同条6号）のほかに、抵当権を消滅させる裁判も法定されている（同条7号）。しかし、これらに限定されるわけではない。

問題の焦点は，抵当権の消滅につき利益をもつ当事者(債務者，物上保証人，第三取得者及び他の債権者)と，抵当権の維持・存続に利益を有する当事者(抵当債権の取得者や外見上消滅したにすぎない債権を有する債権者)との利害の調整にあり，この種の問題は目的物の滅失，目的物の時効取得による債権消滅及び期限・条件による消滅の場合には生じない。そこで，民法は，「放棄」について規定しているが(民2879条)，ここでは公示の原則を優先させ，第三者の保護に重点をおいている。

ところで，放棄などによる抵当権の消滅については，登記の権原名義それ自体を消滅させることを目的としているのか，それとも単に登記だけの消滅を目的としているのかを区別する必要がある。債権者が権原名義自体を放棄したり，権原名義が取り消されたりして，抵当権が消滅したときは，すべての第三者のために抵当権は消滅し，その登記はもはやいかなる価値もない(権原が無効や債権不存在のときと同様)。これに対して，放棄が担保つまり登記のみに係り，将来別の関係で抵当権を設定することを留保しているときは，それがなされた関係当事者，つまり第三取得者や後順位債権者の利益にのみ生ずる(債務者の利益には生じない)。

なお，抵当権の権原名義が取り消されたり，解除されたりした場合に，その間に当該抵当権を取得した第三者の保護については，民法典は沈黙している。一般の物権変動の場合には，第三者保護の規定(民2652条)があることは前述したが，抵当権の場合には，その解除等により第三者の権利も失効することとならざるを得ないであろう。

(2) **放棄による消滅**

(ア) 抵当権の権原名義の放棄

放棄により抵当権の権原名義つまり担保目的自体が消滅する場合には，抵当権の消滅を知らないで抵当権を取得した第三者との利害を調整する必要がある。債権自体が消滅したときには抵当権も消滅するので，この場合には第三者は保護されないが，債権者が放棄するときには，かかる第三者の保護が必要となる。民法2879条は，抵当権の抹消登記よりも先に当該

抵当権の取得を登記した第三者を保護している。

　これに対して，抵当権の抹消が先に登記されていた場合には，抵当権の消滅につき利益を有する当事者である他の抵当権者や抵当不動産の第三取得者の利益保護が優先する。つまり，抵当権者は，先順位の抵当権消滅による順位を保持して，債権を譲渡できるし，第三取得者は抵当権から解放された土地所有権を取得できる。

　(イ)　抵当権の放棄

　この場合には，債権者は既存の抵当権登記のみを放棄するにすぎないので，再登記のための権原名義は有効なままである。第三者との関係は，上記(ア)で述べたことがそのまま妥当する。放棄して抹消を合意するだけで，その旨の公示がない限りは，何らの効力も生じない。

(3)　放棄等の消滅効が失効した場合

　放棄・弁済等により抵当権の消滅が登記された後に，その消滅を信頼して，後順位の抵当債権者が債権を第三者に譲渡し，又は第三者が抵当不動産を購入した場合には，放棄・弁済等の有効性を第三者が確認するのは著しく困難なので，民法は，放棄等が無効とされ又は取り消された場合には，抵当権は第三者との関係では復活しないものとした(民2881条)。それ故，債務者・物上保証人との関係でのみ効力をもつに過ぎない。つまり，新たな登記(日付)のための権原名義としての効力をもつ。

　なお，抵当権の登記簿での抹消登記がなされないままの状態で抹消の原因が失効したときには，既存の抵当権登記は有効なままである，と解されているようである。

(4)　抵当権登記の抹消と公信力

　抵当権は登記の抹消(cancellazione)によって消滅する，と法定されていることは前述した。ここにいう抹消とは「登記の無効」の附記登記を含む。すなわち，抵当権登記は，さまざまな原因により無効となることがある。手続違反(管轄違反，民2827条)，登記の権原名義の無効・取消し，条件等の

附款の効果，更新手続の未了などである。

かかる場合，抵当権の消滅につき利益を有する第三者(抵当不動産の第三取得者等)は，その抹消の原因をいちいち調査することは事実上困難である。そこで，真の消滅事由が存在しなくとも，登記簿に無効の附記登記が経由されると，抵当権は消滅したものとされた。抵当権登記が原始的に無効な場合でも，放棄・弁済等が無効な場合でも，事情を異にしない。この限りで，抹消登記を信頼した第三者が保護されることとなる。ただし，真の消滅事由が存在しない場合には，抵当権者が再登記の権原名義を有していることは，いうまでもない(ただし，この場合は，新登記の時から効力が生ずるにすぎない。民2881条)。

IX 証券的債権と抵当権

イタリアでは，フランス法と同様に，証券に化体した債権を担保するための抵当権が認められているので，説明の便宜上，ここで解説しておこう。

1 指図債権と持参人払債権

(1) 制度の意義と機能

指図債権(obbligazioni all'ordine)又は持参人払債権(obbligazioni all'portatore)を担保するためにも抵当権の登記ができる(民2831条1項)。かかる証券的債権(典型例は手形)の不履行に備えて，債務者等の不動産に債権者が抵当権を取得するための要件と手続きが規定されているが，とくに登記官が証券面に抵当権の登記につき「附記」することが本質的要件と解されている(民2831条2・3項参照)。

法文は抵当権のための権原名義に言及しているかたちとなっているが，むしろ抵当権の登記の権原名義・証書がここでの問題である。証券的債権の原因関係(消費貸借契約など)がここでの登記の権原名義になるのではな

いからである。したがってまた，この制度の機能は，抵当権と形式的な権原証書とを直結させることによって，抵当債権の流動化を企図していることになるであろう。むろん「抵当証券」ではない。

(2) 被担保債権の範囲

かかる抵当権は，証券面に記載されたすべての債権を担保しうる（振出，裏書及び保証）。また，証券的債権だけではなく，原因債権も担保できる。ただし，抵当権は特定の債権を担保するという特質を有するものであるから，その旨の登記が必要である。

担保される債権の範囲は，設定行為によって決まるので，裁判上の抵当権では当該判決の中身による。任意抵当権では，当事者間の抵当権設定行為の解釈の問題となるが，証券的債権の担保であるが故に，裏書による債権を担保の範囲から除外するためには，明瞭なかたちで(in mode espresso)，その旨の合意をする必要がある。

(3) 抵当権の移転

旧法典下では，手形債権の抵当権は債権の移転の効果として移転するのか，それとも抵当権の譲渡行為が必要かにつき，争いがあったが，通説は前説をとっていた。現行法はこれを立法的に解決し，かかる抵当権は証券の現在の占有者（裏書人）のために登記され，順次，占有者に移転するとした（民2831条2項）。要するに，手形債権一般の移転は裏書によって自動的になされるが，その抵当権もかかる裏書によって移転し，抵当権登記簿への登記，あるいはその余白への特別の附記を必要としないとした。通常の抵当権の移転には，附記を必要とすることについては，前述した（民2843条参照）。

なお，受取人名義の抵当権登記が欠缺している場合には，被裏書人が直接自己名義で登記することはできないと解されているので，この場合には，上記の原則は適用されないこととなる。

(4) 手形の書換

　実務上重要な問題としては，担保されている手形債権の証券が書き換えられたり，差し替えられた場合に，原手形債権の抵当権の効力が新たな証券的債権にも及ぶか，という議論があり，学説でも意見が分かれている。現在の判例・通説は，つぎのように二重の形式を具備すれば，新手形にも抵当権の効力が及ぶとしている。つまり，原手形債権の抵当権登記を新手形上に附記し，その他の必要な要件をすべて改訂すること，及び新手形への書換・差替の事実を旧手形上に附記すること，これらの形式が必要とされている。このような形式要件が履行されることによって，新手形の所持人は適時に附記された新手形を呈示すれば，抵当権の保護を享受しうるので，旧手形(附記がなされているので，もはや物的担保を主張するに適しないもの)の呈示は不必要となる。

(5) 抵当債権の無因性

　抵当権に関する人的抗弁を善意の裏書人に対抗できるかという問題もあるが，これを否定するのが判例であり，一部の学説も判例を支持する。この見解によれば，抵当権設定の法律行為が無効・解除等で失効した場合にも，手形債権のための抵当権は有効であり，同様に，非所有者から手形を取得した場合にも，手形所持人の利益のために抵当権の有効性は認められることとなる。

2 無記名債権と記名債権

(1) 無記名証券

　無記名証券についても，指図証券と同様の規定を用意しているので(民2831条1項)，以上のことがそのまま妥当する。さらに，民法典は，無記名証券が債権者集団のために発行される場合に，その抵当権の登記手続につき規定している(同条3項)。具体的には会社・法人，その他一定の団体が発行する証券的債権(社債など)であり，この場合には，個別に特定されない

一団の債権者のために単一の抵当権が設定されるので，学者は，これを集団抵当(ipoteca collettiva)とか，団体抵当(ipoteca di masse)とか称している。

かかる場合には，たとえば会社ならば，その総会の決議で抵当権の設定が承認されると，証券が発行されていなくとも，それだけで登記が可能と解されている。

(2) 記名證券

記名証券については規定がないが，指図証券の規定の準用によって，その証券的債権につき抵当権の設定が可能と解されている。

X 登記手続

抵当権の登記手続については，「通常の登記」につき説明したことが基本的には妥当するので，ここでは必要な範囲に限定して解説する。

1 申請手続

(1) 申請人と管轄登記所

抵当権の登記を請求できる者は登記に必要な法所定の権原証書を保有している者であり，形式的な要件を充足している限り，原則として登記官はこれを受理しなければならない。

申請する登記所は，当該不動産の所在する不動産登記所である(民2827条)。登記簿自体は人的に編成されているが，申請場所につき物的な制度を採用したのは，登記の検索の便宜のためであることは前述した。

登記所の管轄区域は本来の行政地域である市町村を単位とする。管轄登記所を誤ると，その登記は無効となる。公示の原則の帰結である。

(2) 目録書等

　抵当権の登記にも，一般の登記と同様に，申請人は権原証書とともに一定の事項を記載(署名)した目録書二通(一通は登記済証として下付)を提出しなければならない。その記載事項には，担保不動産のほかに，債権額，利息等の固有の記載は当然に必要であるが，そのほか当事者の家名・名前，出生の場所と年月日，及び課税上のアルファベット順に決められた債権者・債務者に係る番号なども必要であり(なお，1985年改正法は，民法2839条1号所定の当事者の住所・居所及び職業の記載要件を廃止し，これを課税台帳の記載事項とした)，その他特殊性がみられる(民2839条)。

　証券的債権の抵当権については，特別の要件が加重されており，指図証券では登記官にこれを提示することになっている。無記名債権では，発行証券の複写を添付する。

(3) 不動産の表示とその特定

　抵当権の設定行為には，当該不動産の種類(性質)，所在する市町村及び課税証明書の記載事項を特に指示しなければならないことになっている(民2826条)。85年改正法前では，不動産登記簿の番号や課税台帳地図，及び少なくとも三方の境界線の指示が必要とされていた(特別法は，三方の境界線の指示のみを要件としている)。

　また，建築中の建物については，その敷地の課税証明書記載事項を指示する必要があり(本条最後段)，この後段部分は新設されたものである。

　そこで，抵当権の登記を申請するために必要な「目録書」でも，当該不動産を特定する必要があるので，民法2826条所定の事項の記載が必要となる(民2839条2項7号)。

(4) 有効な登記の成立

　登記は，申請人が目録書と権原証書を提出して登記官が受理するだけでは成立しない。登記官が目録書の内容を登記簿に記入することが必要である。軽微な遺漏・誤謬では無効とはならないが，当事者，抵当不動産及び

債権額が不明瞭な目録書に基づいてなされた登記は無効となる(民2841条)。債務者・債権者の同一性の認識は人的編成様式をとる場合にはことのほか重要であることはいうまでもないが，そのほかの登記事項についても，第三者に正確な情報を与えることが公示の目的とされているからである。

* 「死者名義の抵当権登記」について

死者との関係で登記名義を有しうる債権者が，いまだ抵当権登記を経由していない場合には，その相続人に対して登記をしなければならないが，かかる調査の間に第三者が先に登記を了してしまうおそれがある。そこで，かかる債権者の利益のために，簡便なる登記手続が認められている(民2829条)。すなわち，登記は「死者の名義」で実現できるとしている。第三者側からみれば，相続人への移転の登記がなされるまでは，被相続人の氏名を検索しなければならないということとなろう。逆に，相続登記が経由されていれば，債権者はもはや死者名義ではなしえず，相続人との関係で登記をしなければならない。

2 登記の種類

すでにこれまでの説明からも明らかなように，抵当権の登記は四つに区別され，先ず「抵当権登記」(iscrizione)がなされるが，これが抵当権の成立要件となり(当事者間でのみ効力のある合意による設定は認められない)，かつその日付・受付順位が優先順位を決定する。つぎに抵当権の譲渡や代位などがあれば，右の既存の登記に「附記」(annotazione)がなされる。抵当権の登記は20年間で失効するので，これを失効させないためには，「更新」(rinnovazione)のために新登記が必要とされる。最後に，債権が消滅するか，又は放棄されると，抵当権は消滅するので，その「抹消登記」(cancellazione)が必要となる。

附記・抹消登記の申請形式は，基本的には抵当権登記に準ずるので，私署証書によるときはその署名の認証が必要であり，また目録書も2部必要である。いずれも，当該登記の余白に記入される。

なお，指図証券では，現在の証券所持人の氏名を目録書と登記に記載しなければならない。登記官はさらに指図証券面にも抵当権の登記がなされている旨を附記する。無記名証券の場合は，債権者団体のための登記には，発行者，発行日，証券の組と番号及び券面額が記入され，集団抵当の場合には，その代表者の氏名が登記の余白に記載されることとなっている(民2831条3項)。

さらに，指図証券につき裏書の附記を申請する当事者は，完全な裏書のある証券(白地では要件を満たさない)を提出しなければならない。ただし，証券を登記官に寄託する必要はないし，また，不動産登記簿の附記にあたり，証券に言及する必要もない。

第3節　質権と先取特権

I　質　権

1　質権の種類と機能

質権(pegno)は動産，債権及びその他の権利の上に成立する。成立自体には書面の形式は必要ではないが，優先効をもつためには原則として確定日付のある書面(いわゆる質権証書〈scrittura pegno〉)が必要とされる(民2787条3項，2800条参照)。

質権は，質の対象である動産等を換価して，そこから他の債権者に優先して満足をうけることを目的とする担保物権である。

質権は債権を担保するものであるから，債権の原因となる契約が失効すれば，質契約も無効となる。

2 動産の質権

(1) 物の引渡し

　動産の質権は要物契約であるので，物の引渡しが成立要件となり，債権者又は当事者が指定する者に目的物を引き渡さねばならない。動産の排他的処分権限が証券化されているときには(倉荷証券のごとし)，その証券の引渡しで足りる。

　商品を表象する証券ではない債権証書の質権は，動産の質権であり，証券が動産と同視され，証券に記載されている債権の質権ではない。それゆえ，証券の引渡しによって質権が成立するので，債務者への確定日付ある通知等は不要である。

　物の引渡しは所有者・債権者から占有を取りあげることとなり，この事実によって，所有者から当該目的物を譲り受けようとする第三者側は，譲渡人が占有をもたないので完全なる処分権限を有しない状態にある事情を推知することが可能となるわけである。

(2) 物の保管義務と果実

　(ア) 債権者は質物につき受託者と同様の保管義務を負担するので，物の滅失・毀損につき一般の原則に従って責任を負う。ただし，保管費用の償還を請求できる(民2790条)。債権者は保存のために必要な使用のほかは，質物を利用できないが(民2792条)，質物から生ずる果実は収取できる。この場合には，保管費用に充当し，余分があれば，利息，元本にも順次充当することができる(民2791条)。

　第三者が質物を保管するときには，債務が消滅するまで，第三者が物の保管義務を負担し，債務が履行されるか，又は不履行になるかに応じて，目的物を設定者に返還するか，又は債権者に引き渡すかの対応を余儀なくされる。

　(イ) 保管義務に違反して物を濫用したときには，設定者は質物の保管(sequestro)を裁判所に請求できる(民2793条)。この保管は「裁判上の仮差

押え」(民訴670条)とは違うが，その類推適用が可能であると解されている。

本条による保管が認められると，第三者たる受託者によって保管されるが（又はそれが不適であるときには当事者が共同で保管することとなる）(民2786条2項)，保管費用は債権者の負担である。

なお，本条の寄託により質債権者から目的物の占有が奪われることとなるが，質権は消滅しない。

(3) 被担保債権

(ア) 担保される債権の範囲は元本と利息であるが，利息は，差押えの年度までに発生している利息のすべてに及ぶほか，差押えの後でも，競売されるまでにすでに期限の到来した利息（ただし，〈法定利率〉を限度とする）には及ぶ（民2788条)。抵当権のように限定されていない点に注目すべきである。

(イ) 債権は確定した一定の債権であり，将来の債権については，債権の原因となる法律関係が設定時に存在しなければならない。多数の不確定な債権が物的担保に適しないことは，抵当権の場合と同様である。それゆえ，当事者間で設定される将来の法律関係に基づいて発生するような将来の債権は，質債権とはならない。

(4) 売却手続と優先弁済権

債務者が債務をすべて完済すれば，債権者は質物を返還しなければならないことはもちろんであるが，その債務を履行しないときには，債権者は法定の手続を履践して質物の売却手続をとり，その売得金から優先して弁済をうけることができる。

まず，債権者は裁判所を通して債務者ないし物上保証人に債務の弁済がなければ売却する旨の通知をする。これに対して，債務者は異議があれば，通知から5日以内に異議を申し立てることができるが，異議に理由がなければ，売却手続に進むことができる。

債権者としては，一般の強制売却（民2910条，民訴502条以下）の手続を

とることもできるが，質物の固有の売却手続(民2797条)はそれよりも簡易・迅速である(執行名義も不要)。すなわち，債権者が委託した権限ある公務員を介して売却してもらうこともできれば，特に当事者間で売却方法を約定しておれば，そのような方式によることも可能とされているからである(同条2項，4項)。売却は債権者の権限であって義務ではないので，特段の事情がない限り，売却の遅滞により債務者に生じた損害につき責めを負わないと解されている。

この方式による売却がなされるまでは，他の債権者は質物に対して強制執行の手続をとり，特別の売却手続を阻止できる。しかし，売却されたときには，たとい優先効を有していても，そこから債権の満足を受けることができるのみである。

なお，共同担保であるときに，一部の物の売却で債権の満足を得られるときには，裁判所は売却の対象を一部の物に制限できる(同条3項)。

(5) 質物の帰属清算

債権者は裁判官に対して質物の所有権を自己に帰属させた上で，鑑定評価または市場価格のある物はその時価により清算して，余分があれば，債務者(又は物上保証人)にそれを支払うという形式の換価方法(assegnazione)を申請できる(民2798条)。既に述べたように流質は禁止されているので，裁判所が関与することとなり，また，質物の換価手続も法定されている。債権者は執行名義を有していれば，通常の強制執行手続を択一的に申請できるので，いずれを選択するかは債権者の自由である。ただし，両者の先後関係が問題となるが，強制執行手続の申請をした後でも，本条の帰属清算を申請できるし，本条の申請をした後でも，裁判官の宣告があるまでは強制執行手続をとることができる，と解されている。

なお，他の債権者が質物を差し押さえたときには，質債権者はこの手続を請求できないと解されている。

3 債権の質権

(1) 意義と優先効

債権質(*pignus nominis*)については，しばしば銀行が融資先(債務者)の債権を質にとり，その事業のために融資をするという方式がとられる。これは，動産質とは種種の局面で差異がある。

債権質も当事者間では合意で成立するが，質権設定の書面の作成と第三債務者に対する通知ないしその承諾が確定日付ある書面でなされない限り優先効が与えられない(民2800条)。この通知等によって，第三債務者は原債権者・債務者への支払いを妨げられることとなり，結局，債権の担保機能が維持されるわけである。

なお，原債権に証書があれば，債務者はこれを質権者に引き渡さなければならない(民2801条)。

(2) 第三債務者の抗弁権

質権は担保される債務に附従することは前述した。この附従性から，第三債務者は自己の債権者に主張することのできたすべての抗弁を質権者に対抗できる。ただし，質権設定を無留保承諾したときは，この限りではない(民2805条)。

(3) 換価方法

債権質では，質権者は原債権の期限が満了すれば，これを取り立てる義務を負担する。取り立てた金銭等は裁判所の定める場所に寄託し，自己の債権の期限が経過すれば，それを自己の債権額に充るまで満足を受けることができる。残余があれば，債務者に返還される(民2803条)。

結局，質債権者は自己の債務者に属する債権を回収するための委任上の権限・義務を有しているのに等しいことになると解されている。

4 債権以外の権利の質権

債権とは異なる権利の質権は, その権利の移転に必要とされている形式で設定することができる(民2806条)。たとえば, 有限会社の持分の移転については, 社員帳簿へ「附記」することが要件となる(民2479条2項)。工業発明権(特許権)の質権もその移転の形式（中央特許庁への登記が対抗要件）同様である(工業発明特許法66条, 69条)。これに対して, 著作物の質権と知的作品の利用による収益の質権は, それぞれ物の質権と債権の質権になる旨が法定(著作権法111条)されている。

5 不 規 則 質

質物が一定の金銭又は代替物であり, その処分権が債権者に与えられる場合には, 通常の質ではないので,「不規則質」(pegno irregolare)と称されている。民法典では銀行の担保貸付につき法定されているが(民1851条), 学説では, これに限定されるものではないと考えられているようである(ただし, 流質特約の禁止との問題がある)。銀行が質権者であるときには自動的に不規則質となるが, この場合には, 質物は銀行の所有に移転し, 債務の履行時には同質・同量のもの(*tantundem*)を債務者に返還しなければならないのに対して, 不履行の場合には, 履行期の担保目的物の価額を基準にして被担保債権額を超過する部分を債務者に返還すれば足りるという担保形式となる。

II 先 取 特 権

1 意 義 と 性 質

同一債務者に対する複数の債権者は, 平等の条件で〈*par condicio*〉, 債

務者の一般財産から満足を受けることができる。したがって，ある債権者がみずから強制売却の手続をとった場合でも，他の債権者とともにその債権額に案分して売却代金から満足をうけることができるにすぎない。

この一般原則の例外措置として，法律によって一定のポリシーからある種の債権につき優先的に満足を受けられる地位が認められている。これが先取特権(privilegi)である。何故に一定の債権のみに優先権が認められるのか，先取特権制度の趣旨はそれぞれの債権に応じて多様であり，一元的基礎をもたない。

たとえば，日常生活上の最小限必要なものに対する配慮(ことに一般先取特権の場合)や，当事者間の公平(ホテル経営者，賃貸人及び運送人等の債権)のほか，労働者の保護や生産の保護という面も強い。また，国の取得するさまざまな債権や社会保険負担金などの公共的な債権も，相当な程度まで保護されている。

先取特権は，法律に直接の原因をもつ権利であるので，抵当権や質権とは性質を異にする権利であり，法律が認めたものに限定され，それ以外に当事者が創設することはできない。裁判官も類推適用は差し控えねばならない。あくまでも原則は平等な満足である。破毀院によれば，〈*par condicio creditorem*〉の原則は「公序」に属することであり，先取特権の優先効は例外的性格をもつので類推解釈は許されないと解されている(Cass., 17-2-1990, n. 1510, in *Giur. it.*, 1990, 1, 1. 1435)。

2　先取特権の種類

(1)　区別の意義

先取特権は，一般と特別の先取特権に区別され，一般の先取特権は債務者のすべての動産に及ぶ。動産には動産を目的とする権利も含む(民813条)。特別の先取特権は，特定の動産と不動産のみを対象とし(民2746条)，債権と目的物との特殊な関係に基づいて認められている。

具体的効果の違いは，主としてつぎの点にある。一般の先取特権は原則

として目的物に対する第三者の権利を害しえないが(ただし，例外が法定されている)，動産の特別先取特権は，所有権や用益物権との対抗関係では，先取特権の成立後に取得された権利に優先する(民2747条)。不動産先取特権については規定がないが，「時において早ければ，権利においてより強し」との原則による，と考えられている。イタリアの先取特権は「公示」に基礎をおく制度ではないからである(ただし，後述のように例外もある)。

もう一点の違いは，特別先取特権と質権ないし抵当権の優先関係が法定されていることである(後述参照)。

(2) 一般の先取特権

動産上の一般先取特権は(民2751条)，慣習の範囲内での埋葬費用(1号)，死亡前6ヶ月間の医療費(2号)，緊急用の衣食住に用いられた最後の六ヶ月間の経費(3号)及最後の3ヶ月間の法律上認められた扶養料(4号)が，この順番で優先効をもつ。公平と人の健康(1・2号)及び人間の連帯関係に配慮した規定である。ただし，他の先取特権との優先順位は民法2778条では，15番目になっている(同条17号)。

つぎに労働・生産に対する特別の配慮から，裁判費用には遅れるが，最上位に位置づけられている一団の先取特権がある。75年法律第426号改正により，補充されたものであり(民2751条の2)，先取特権制度に対する重大なる改変をもたらした。

一般労働者の給料債権・退職補償金，及び社会保険・社会保障負担金の雇用者側による不払いないし無効な解雇に起因する労働者の損害賠償債権(同条1号)，専門職業人・知的労働者の最後の2年分の給料(2号)や代理商の最後の1年分の手数料(3号)，直接耕作者が有する生産物の売却債権(4号)のほかに，手工業事業者や生産組合の役務債権・製品の売却代金も，これに含まれる(5号)。その後，農業共同組合(その連合団体)による生産物の売却代金(5号の2)(1992年法律第59号改正)と一時雇用の派遣事業主が派遣先事業主に対して取得する報酬等の債権(1997年法律第196号)が付け加えられた(5号の3)。なお，本条1号が，労働災害による労働者の損害

賠償債権(社会保険・社会保障給付で満足させられない範囲)につき明文の規定を欠くのは，違憲とされている(Cort cost. 17-11-1983, n. 326)。

また，国・自治体の租税債権にも先取特権が付与されている(民2752条)。さらに，雇用者の負担する社会保険負担金につき，徴収権限を有する関係団体が雇用者の動産に対して一般の先取特権を有する。これには特別法に基づく疾病・老齢・遺族のための義務的な保険(民2753条)とその他の社会保障・福祉(民2754条)上の保険に区別され，後者の債権は一定額に限定されている。なお，後者の負担金(失業保険等)は労働者もその半分を分担するが，支払義務のあるのは雇用者である(民2115条)。

(3) 特別の先取特権
(ア) 動産の先取特権
(a) 先取特権の種類　特定の動産に対する先取特権によって担保される債権もさまざまなものが法定されている(民2755条以下)。たとえば，債権者共通の利益となる係争物の保管及び強制徴収の経費(民2755条)については，当該動産に対して，また，動産の保存・改良のための貸付金及び経費については，債権者の手元にある当該動産に対して，それぞれ先取特権が付与される(民2756条)。後者の先取特権では，債権者が善意である限り，当該動産に対し権利を有する第三者にも優先するほか，満足を受けるまでは，動産を留置できる(同条2・3項)。同様の保護を享受するものとしては，運送人・受任者等の先取特権(民2761条)がある。このほか第三者に対する優先効のあるものとしては，農業生産に必要な供給と農事労働に係る債権の先取特権(収取された果実)(民2757条)や旅館主の顧客に対する債権の先取特権がある(持ち込まれた顧客の手荷物)(民2760条)。

他に，農事契約(永借権，普通・折半小作及び賃貸借)にかかる賃料債権(収取された果実)や事業所得に係る国の租税債権(事業用動産)(民2759条)などが法定されている(なお，農業信用機関の債権に関する規定(民2766条)は，1993年委任命令第385号で廃止されている)。

(b) 機械売買代金の先取特権　動産の先取特権でやや興味深いの

は，機械類の売却代金のための売主の先取特権である。15.49 ユーロ(3万リラ)以上の代価で機械を売却した売主は，代金債権につき引き渡された当該機械に対して特別の先取特権を有する。当該機械が買主又は第三者の不動産と一体となっているときでも，追求できる(民2762条1項)。ただし，取り外しによって重大なる損害を生ずるときは，その価格についてのみ先取特権を行使しうるにすぎない。

本条の先取特権には，ほかに重要な要件が課されている。当該機械の所在する管轄裁判所に備え付けられている登録簿に売買と債権が記載されている証明書(documento)に基づいて登記しなければならない(同条2項)。また，本条の先取特権は売却の日から3年間しか効果がないことのほか，買主が登記場所において当該機械を占有していることが必要とされる(同条3項)。これは，善意の第三者側から売主側の強い権利が存在することを認識できるようにするためである。

本条の先取特権は，買主に売買代金を融資した銀行にも与えられ(ただし，債権の目的，金額，満期日等のほか当該機械の正確な指示が加重要件とされる)，売主との優先関係は，その登記の時が基準となる(同条4・5項)。

本条の登記は先取特権の成立要件と解されているので，当該機械に対して差押え又は破産の宣告があれば，その後は本条の先取特権は実現されない。

なお，1965年法律1329号によれば，258.22ユーロ(50万リラ)を下回らない額の新品の工作機械類については，一定の加重要件が課されているが，特別の保護がある。この特別法上の先取特権は「合意」によるものであり，登記は対抗要件に過ぎない。存続期間は6年間までであり，また，本条の3項の要件にも服しない。

その余の動産の売買代金については，規定がない(ただし，農業生産物や手工業事業者・生産組合等の製品の売却代金については，一般の先取特権が認められていることは，前述した)。ことに登記の可能な動産については，本条との問題が生ずるが，これらは民法所定の抵当権のみが可能とされている。

(イ)　不動産の先取特権

　係争物の保管又は強制徴収による裁判上の経費(民2770条)，保存・改良ために支出された貸付金・経費，不動産所得税(民2771条，75年税制改革により改正)と間接税(民2772条)，公水利用許可による国の債権(民2774条)，及び開墾・改良事業による負担金(民2775条)について定められている。さらに，「予約の登記」の改正(民2645条の2)との関連で，登記を経由した予約が不履行となった場合，予約権者はその不履行に起因する債権につき予約の対象である当該不動産に対し特別の先取特権を取得できるようになった(民2775条の2)。ただし，この先取特権は当該不動産を取得するために予約権者に融資した担保債権者，及び特別法により建物の購入資金を融資した債権者の抵当権(民2825条の2)には対抗できない。

　そのほか，労働契約関係の終了にともなう補償金債権が，動産執行で満足を得られなかった場合に，その補償的措置として，不動産の代価に対して優先権が認められる。また，前記の動産上の一般先取特権によって優先効が認められる債権や社会保障関連団体に支払らわれるべき負担金等の債権が，動産執行により効を奏しなかったときにも，同様の保護がある(民2776条)。

3　優　先　順　位

(1)　先取特権相互間の優先順位

　一般先取特権と特別の先取特権との相互間，及びそれぞれの先取特権の中での相互の優先順位については，詳細な規定がある(民2777条以下)。

　(ア)　裁判上の費用と労働・生産関連債権の優先性

　まず，裁判上の経費が常に優先することは，前述した。その次に，前述した労働・生産関連の債権につき規定する民法2751条の2所定の動産一般先取特権に対して(1号，2・3号，4・5号という順位)優先効が認められる。特別法によりすべての債権に優先すると定められている先取特権でも，裁判費用の先取特権と民法2751条の2所定の動産一般先取特権が優先するこ

とになっている(民2777条1項, 3項)。

(イ) 動産先取特権相互の関係

さらに，同一の動産の上で一般と特別の先取特権が競合する場合には，どうなるか。その優先順位(民2778条1号乃至20号，3号・9号は削除)のガイドラインを示せば次のようになる。なお，同順位の先取特権はその額に比例して競合する(民2782条)。

① 雇主に対する社会保険上(障害・老齢・遺族)の負担金債権(民2753条)
② 不動産所得(賃料)に対する税金(ただし，不動産から分離して賃料に対し権利を行使する場合のみ動産とみなされる)(民2771条)
③ 動産の保存・改良のための貸付金と経費(民2756条)
④ 耕作・収穫事業に雇用された労働者の賃金債権(民2757条)
⑤ 種子・肥料・農薬及び灌漑用水の供給に係る債権，並びに耕作・収穫労働の債権(民2757条)。競合するときには，収穫労働の債権が優先し，次に耕作労働の債権が続き，最後にその他の債権が位置づけられる。
⑥ 国の間接税(民2758条)，及び納税者の商品に対する先取特権によって担保される所得税(民2759条)
⑦ 雇用者が支払い義務を負担する①以外の一定額の社会保障・福祉分担金に対する債権(民2754条)
⑧ 加害者に対する犯罪に係る債権(民2768条)
⑨ 被保険物の被害者の損害賠償請求権(民2767条)
⑩ ホテル経営者の顧客に対する債権(民2760条)
⑪ 運送人，受任者等の債権(民2761条)
⑫ 機械の売却代金債権と銀行の当該融資債権(民2762条)
⑬ 地主の永借人に対する小作料債権(民2763条)
⑭ 不動産賃貸人の債権(民2764条)と折半小作・普通小作契約の貸与者の債権(民2765条)
⑮ 埋葬費用，医療費，必需品の供給及び扶養料に関する債権(民2751条)

⑯ 国の直接税(所得税)(民2752条1項)
⑰ 国の付加価値税等の債権(民2752条3項)
⑱ 地方公共団体の税金・料金・賦課金(民2752条4項)

(ウ)　不動産先取特権相互の関係

同一不動産に対し複数の先取特権が競合した場合には，その優先順位は次のようになる(民2780条)。

① 不動産所得に対する所得税(民2771条)
② 開墾・改良事業による土地改良組合員の分担金(民864条)に対する債権(民2775条)
③ 公水利用許可に係る国の債権(民2774条)
④ 国の間接税(民2772条1項)
⑤ 地方公共団体の不動産増加税(民2772条1項)
⑥ 予約不履行に基づく予約権者の債権(民2775条の2)

(2)　**質権・抵当権との優先順位**

質権は動産の先取特権に優先する(民2748条)。ただし，裁判費用の先取特権には遅れる(民2777条1項)。

不動産の抵当権は，同一不動産上の先取特権に遅れる(民2748条2項)。動産の抵当権については規定がないが，同様に考えられている。ただし，自動車の抵当権については，特別の位置が明記されている(民2779条)。民法2778条10号所定の債権(犯罪に起因する国・被害者等の債権につき没収された物に対する先取特権)(前記の⑧)の次の順位になる。

第4節　不動産収益担保

1　意義と性質

　物的な責任財産を確保するという意味での担保権は，民法典では以上の三類型に限定される。ところが，人的担保制度の一種(したがって，債権契約)として，いわゆる「不動産収益担保権」(anticretico)(民1960条)が用意されている。この担保権は，前述のように(2章2節Ⅲ1(8)参照)，本来は設定当事者間での債権的効力にとどまるが，登記が可能であるので(民2643条12号)，登記がなされると第三取得者や抵当権者等にも対抗できる。そこで，担保物権(不動産質)(フ民2085条参照)の機能を果たすことが可能である。

　学説では，担保的性質を強調する説，主たる関係に基づく給付の代位という側面に焦点を合わせて満足的な性格を強調する説のほかに，担保的な機能を本質として，それに満足的な性質が付帯すると解釈する折衷説に分かれるが，折衷説が支配的である。

　なお，この担保権も主たる債権に附従するものであるので，その成立・存続は主たる債権に依存する。

2　成立と存続

(1)　設定契約と主体

　遺言では設定できないとするのが通説である。設定主体は，所有者，用益権者，永借人及び共同所有者(持分の範囲内)である。使用権者・居住権者，及び賃借人は設定できない。通説によれば，転担保も排斥される。

　なお，第三者も債権者や債務者のために設定できる。

(2) 諾成・有償契約

本担保契約は,「物の引渡し」を要件としていない。合意だけで成立する諾成契約(contratto consensuale)である。不動産の引渡しは,契約の履行と解されている。ただし,厳正契約(cont.solenne)であるので,証書が必要とされる(民1350条7号)。債務者が主体の場合には有償名義であり,第三者が主体の場合には無償名義である。

(3) 目 的 物

不動産に限定されている。非典型契約としては,動産も可能である。とくに企業や登記可能な動産類が対象となるようである。

(4) 存 続 期 間

存続期間は10年を超えることはできない(民1962条2項)(強行法)。

3 担保権者の権利義務

(1) 収益権能と果実充当

担保権者は当該不動産を利用できる。目的物の果実を収取するほか,賃貸することもできる。既に賃貸されている不動産については,貸主の地位を承継する。

担保権者は,その収益をまず利息に充当し,余分があれば,元本に充当する権限を有し,義務を負う(民1960条)。このことによって,債務が完済されれば,担保権も消滅する。

(2) 相　殺

当事者間の契約によって,債権者は利息債権と債務者に対する自己の債務とを相殺することができる。ただし,かかる特約があっても,債務者は何時でも利息(残額)と元本を支払って,主たる債務を消滅させることができる(民1964条)。

(3) 管理義務

債権者は「良家父の注意義務」(善管注意義務)をもって目的物を管理し，農地の場合はさらに耕作しなければならない(民1961条2項)。また，税・負担金の支払義務も負う(同条1項)。目的物の経済的な用法に従って利用する義務を負担するわけである。

債権者が管理義務に違反したときでも，契約の解除は認められないが，動産質に関する規定(民2793条)を準用して，濫用に対する「物の保管請求」が可能と解されている。

4　流担保特約の禁止

契約締結後であっても，債務者が債務を不履行した場合に，目的不動産の所有権を債権者に移転する旨の合意は禁止される(民1963条)(強行法)。

第5節　いわゆる非典型担保論

イタリアでは物的担保が制限されていることは前述した。わが国のような非典型担保は認められていない。何故に法定された担保にのみ限定されているのか，その事情を知るためにも裁判実務の検討は必要であろう。判例では，「流担保特約の禁止」の原則(民2744条)との関連で議論されている。

1　流担保特約の禁止と所有権譲渡による担保

流担保特約の禁止原則(divieto del patto commissorio)は，債権者による不当な心理的強制から債務者を解放するとともに，他の債権者の責任財産を保全するという目的を有するので，この原則は，当事者が法定の担保契約

以外で，債務者の財物の所有権移転によって債権者の債権を担保する機能を担わせようとする法律行為にも拡張されなければならない，と解されている (Cass., 12-2-1993, n. 1787, *Giur. it.*, 1994, 1, 1. 64)。

それゆえ，たとい売買や交換という適法な形式をとったとしても，同一の条件のもとにある交換の機能や売買契約の「定型性」が欠けるので，法律によって禁止された結果を達成することを可能とする手段として契約が締結されたかぎりでは，それは「不法な原因」(causa illecita)となり，無効である (Cass., 10-2-1997, n. 1233, *Riv. not.*, 1998, 299)。いかなる行為がこの原則に違反して無効となるかは，抽象的な原則を立てることが困難であり，個別具体的に解決するしかない。いうまでもなく，消費貸借上の債務の期限が経過した後では，この種の契約(代物弁済等)は有効である。以下，判例で問題となったケースを検討してみよう。

消費貸借と売買契約とが相互に依存した関係にあり，一定の期限までに債務の弁済がないときには，債権者に究極的に売買の目的たる財物が移転するというかたちで，物的担保目的を売買を介して実現しようとする当事者の意図が明白である場合には，無効である (Cass., 18-5-1988, n. 3462, *Vita. not.*, 1988, 667)。消費貸借契約に付帯して借主から貸主に引き渡された不動産につき売却権限の代理権が付与され，債務の不履行があれば，それを売却しかつその対価を債権者が取得するというかたちの合意も，機能的には消費貸借と結合しているので，無効である (Cass., 1-6-1993, n. 6112, *Riv. dir. comm.*, 1994, II, 135)。

2　担保目的の信託的売買

ただし，担保目的でなされる信託的売買(vendita fiduciaria)は，流担保特約付き消費貸借を偽装する売買とは区別されねばならない。信託的売買では，目的物の所有権は現実的にかつ直接的に債務者から債権者に移転し，債務が一定の期間内に弁済等によって消滅したときに，債権者が売主たる債務者に目的物を逆譲渡するという，単なる債権的な効力をもつにすぎな

い当事者間での合意に基づく義務を負担する契約が問題となっているからである。これに対して，後者の偽装売買では，当事者は，外形上は債務者＝売主，債権者＝買主という売買の形式をとりながら，具体的には債務者が債務を不履行したときにのみ所有権が債権者に移転するという合意をなしており，停止条件付売買と同様の状態にあるので(Cass., 8-5-1984, n. 2795; 21-1-1980, n. 462, *Arch. civ.* 1980, 681 ほか多数)，かかる合意は流担保特約禁止原則に違反することとなるわけである。なお，仮装売買の証明責任は債務者にあり，売買契約が証書で信託的売買であることを確認できる場合には，仮装売買の証明は明確かつ一義的なものでなければならない(Cass., 21-1-1980, n. 462. *cit.*)。

3 担保目的の買戻約款付売買・再売買契約

この種の売買も，たとい目的物の所有権が現実に買主に移転する場合であっても，買主によってなされた金銭の支払いが売買の対価ではなく，消費貸借を形成し，かつ，所有権の移転が担保になるというかたちで，担保目的で締結されている場合には，無効である。かかる売買は流担保契約という性格をもつので，直接にはこの種の約款を形成するものではないとしても，流担保特約禁止の原則を回避するための手段となり，法律(民1344条)によって禁止された「不法の原因」による契約となる(Cass., 4-4-1996, n. 1657 ほか多数)。

4 担保目的としての「売買の予約」

債務者が不履行した場合に，債権者の利益のためになされた「売買の予約」(vendita preliminare)は，流担保特約禁止の原則に違反して無効である(Cass., 16-8-1990, n. 8325, *Giur. it.*, 1991, 1, 1. 1208)。買戻約款付売買の予約も，それが予約行使期間内まで，予約権者である買主が貸付けた金銭の返還を担保する場合，したがってまた，予約が先に又は同時になされた消費

貸借契約と手段関係にあることが立証された場合には，たとい目的物の占有の直接的な移転が予定されていなくとも，流担保特約を偽装するものである (Cass., 19-9-1992, n. 10749, *Giust. civ.*, 1993, 1, 3055)。

予約も登記できることは前述したが，結局のところ，わが国のような仮登記担保は認められる余地がないこととなろう。

5　小　括

以上を通して言えば，頑なとも言えるほどに，債務者や他の債権者の保護に徹しており，取引実務が手を替え品を替えてさまざまな担保目的の法的形式を送り出してくるにもかかわらず，基本的な姿勢を一貫させているのが，イタリアの理論と裁判実務の立場であるといえよう。

高金利に泣かされる債務者の保護というポリシーは，古くはローマ時代からの国家的重点課題であった。流質等の特約を禁止するという原則はかかるポリシーの反映ともいえよう。まさしく，「公序」に属する大原則ともいえるのである。軽々に妥協してはならないことを教えられる。

ひるがえって，わが国の担保制度を省察してみよう。「抵当直流」を禁止する規定がないという事情を考慮に入れても，流担保特約に対してはむしろ寛容でありすぎたのではなかろうか。たとえば，仮登記担保という法的形式は，わが国の金融取引と物的担保法にとって果たして有益な制度であるのかどうか，歴史的な推移のなかで改めて検討される時期が来るであろう。

■著者紹介

岡本詔治（おかもと・しょうじ）

1944年　大阪市に生まれる
1970年　大阪市立大学大学院修了
1971年　松山商科大学（現松山大学）
1976年　島根大学
1994年　博士（法学）大阪市立大学
2003年　龍谷大学法学部教授

■主著

〈著書〉

『無償利用契約の研究』（法律文化社，1989年）
『隣地通行権の理論と裁判』（信山社，1992年）
『私道通行権入門』（信山社，1995年）
『損害賠償の範囲1（総論・売買）』（一粒社，1999年）
『不動産無償利用権の理論と裁判』（信山社，2001年）

〈論文〉

「イタリア取得時効制度の構造と特質㈠㈡㈢完」民商法雑誌100巻3・4・5号（1989年）
「イタリアの土地所有権制度について」『土地法の理論的展開』（乾昭三編）（1990年，法律文化社）
「イタリア都市計画法制の史的考察(上)(下)」島大法学37巻4号，38巻1号（1994年）
「イタリア住居賃貸借制度の構造と特質(上)(中)(下)」島大法学45巻4号，46巻1号，3号（2002年）
「「居住権」の再構築」『借地借家法の新展開』（松井宏興・岡本詔治・牛尾洋也編）（2004年，信山社）

イタリア物権法

2004年（平成16年）10月8日　初版第1刷発行

著　者　　岡　本　詔　治
発行者　　今　井　　　貴
発行所　　信山社出版株式会社

〔〒113-0033〕東京都文京区本郷6-2-9-102
電話　03（3818）1019
FAX　03（3818）0344

Printed in Japan.

©岡本詔治，2004　　　印刷・製本／松澤印刷・大三製本

ISBN4-7972-3136-X C3332

親族法準コンメンタール 婚姻I	沼 正也著	三〇〇〇〇円
危険負担の研究	半田吉信著	一二五〇〇円
ドイツ債務法現代化法	半田吉信著	一一〇〇〇円
契約法講義	半田吉信著	予四五〇〇円
谷口知平先生追悼論文集 林良平・甲斐道太郎 編 I 家族法 II 契約法 III 財産法・補遺		I 一三五九二円 II 一九二二八円 III 二五二四三円
民法学と比較法学の諸相 山畠正男・藪重夫・五十嵐清先生古稀記念 I II III		I 一二〇〇〇円 II 一二八〇〇円 III 一四五〇〇円
民法拾遺 平井一雄著 1 総則・担保 2 債権・親族相続・民事特別法		1 一八〇〇〇円 2 二四〇〇〇円

信山社

——— シリーズ・新刊 ———

信山社リーガルクリニック叢書
労 働 の 法　　　　　　　　　　　水谷英夫 著　二〇〇〇円

インターネットと法　　　　　　　　酒匂一郎 著　二〇〇〇円

信山社政策法学ライブラリィ
内部告発（ホイッスル・ブロウァー）の法的設計　　阿部泰隆 著　一一〇〇円

法曹養成実務入門講座
第一巻 法曹のあり方　法曹倫理　　林屋礼二・小堀樹・藤田耕三・小堀井清彦・小野寺規夫・河野正憲・田中康郎・奥田隆文 編　三一〇〇円

判例総合解説シリーズ
権利金・更新料の判例総合解説　　　石外克喜 著　二九〇〇円

即時取得の判例総合解説　　　　　　生熊長幸 著　二二〇〇円

不当利得の判例総合解説　　　　　　土田哲也 著　二四〇〇円

保証人保護の判例総合解説　　　　　平野裕之 著　三二〇〇円

——— 信 山 社 ———
価格は税別の本体価格

―――― 法律学の森 ――――

債権総論〔第2版〕I	潮見佳男 著	近刊
債権総論〔第2版〕II 債権保全・回収・保証・帰属変更	潮見佳男 著	四八〇〇円
契約各論 I 総論・財産権移転型契約	潮見佳男 著	四二〇〇円
不法行為法	潮見佳男 著	四七〇〇円
不当利得法	藤原正則 著	四五〇〇円
イギリス労働法	小宮文人 著	三八〇〇円
プラクティス民法 債権総論	潮見佳男 著	三二〇〇円

―――― 信山社 ――――

価格は税別の本体価格